탁 소장님!
여기가 **이단**인가요?

묻고 답하며 땀 흘려온
10500일의 기록

탁 소장님! 여기가 이단인가요?

탁지원 지음

도서출판 **현대종교**

삶은 고단하지만 완수해야만 하는 책무임을 가르쳐주신 아버지와
사랑만이 모든 것을 가능케 한다는 것을
기도와 삶으로 보여주신 어머니에게,
굳건한 동역자 삼형제와 현대종교 직원들에게,
끝으로 사랑하는 아내와 두 아들에게 이 책을 바칩니다.

추천사

20년간 강사로 섬겨온 서울신학대학교 제자
권수애 사모
누군가는 해야 할 일이라 생각하나 그 누군가가 '나'라는 것은 부정했던 부족함을 안고 책을 읽으며 절실히 깨달았다. 특히 가짜가 있다는 것은 진짜가 있기 때문이라 했던 수업 때의 이야기가 기억난다. 당시 이단에 대한 경각심과 끓었던 거룩한 분노가 이 책을 통해 다시 생각났다. 책을 읽으시는 많은 분들이 현대종교의 사역에 관심과 응원을 더 해주시길 바란다.

첫 코스타 때(중국 북경) 만나 지금까지 교제하고 있는 부부 동역자
이대승, 박대신 부부
코스타 때 강사 섬김을 통해 저희 부부가 탁 소장님과 인연을 맺은 지 벌써 18년이 됐다. 만나면 늘 기분 좋게 반겨주셨고, 현대종교를 통해 여러 이단이 밝혀져 감사하고 있다. 책을 읽으며 소장님이 겪어온 삶을 생각하니 뭉클하고 짠한 마음이 든다.

이단 대처 언론인이자 이단 사역자

기독교포털뉴스 정윤석 기자

'스토리가 스펙을 이긴다'는 책이 인기를 끈 적이 있다. 외적 스펙보다 개인의 유일한 스토리가 더 소중한 시대이니 자신만의 특별한 이야기를 만들어 보라는 내용이 담겨 있다. 그런데 탁지원 소장은 스펙은 물론 스토리까지 갖춘 매우 보기 드문 이단 대처 사역자이다. 그의 가장 큰 스펙은 뭐니 뭐니해도 이단 문제 전문지인 현대종교의 역사와 함께한 산 증인이라는 점이다. 여기에 더해 탁 소장님은 30년 동안 변함없이 이단 대처 사역을 하면서 겪고 체험해온 그만의 진국 같은 이야기들이 있다. 그래서 그는 스펙과 스토리를 함께 갖춘 한국교회의 소중한 자원임이 틀림없다. 그의 스토리는 매달 발행되는 현대종교에 '닛시 칼럼'이란 이름으로 연재되어왔다. 현대종교에는 중요한 이단 정보뿐 아니라 이단 대처의 현장에서 사역하는 이의 목소리에 귀를 기울일 수 있는 칼럼이 있어서 내게 읽는 재미를 더해 주곤 했다. 그의 이단 대처 사역 30주년을 앞두고 닛시 칼럼을 엮은 책이 나오게 되어 매우 기쁘다. 그가 이단 대처의 최전선에서 겪은 애환이 서려 있는 이 책은 후학들의 가슴속에 전쟁터의 북과 같이 큰 울림을, 때로는 여름날 소나기 같은 속 시원함을 안겨 줄 것이라 확신한다. 탁 소장님의 첫 번째 책 출간을 축하드리며, 이단 대처 사역을 향한 노고를 격려하고, 아울러 응원하는 바이다.

탁 소장님! 여기가 이단인가요?

전 현대종교 기자, 현 빛과 소금 기자
이승연 기자

탁지원 소장을 보노라면, 그의 삶을 버겁게 하는 '책임'의 무게가 느껴진다. 맨발의 천사 최춘선 할아버지의 "진리는 고독해도 날로 더욱 담대해진다"라는 가슴 뜨겁게 하는 이야기도 떠오른다. 이단들에게 수도 없이 고소장이 날아오고, 날카로운 말들과 온기 없는 시선이 마음을 할퀴어도, 그가 지금까지 담대하게 이 길을 고집하는 건, 그에게 주어진 '진리 수호의 사명' 때문일 터! 이 책은 탁 소장이 '사명의 길' 위에서 건져 올린 수많은 사색과 묵상들을 덤덤하게 담아냈다. 이 책을 통해 각자에게 주어진 사명 앞에 지금 나는 어떤 모습으로 서 있는지를 점검해 봤으면 한다.

선친 때부터 2대에 걸쳐 현대종교를 섬기고 있는 현대종교 지킴이
한정희 사목

세월은 잠시 스쳐 지나가는 듯하나 하루하루의 삶은 그렇지 않다. 강의사역의 현장에서 힘들 때마다 탁 소장은 심고 뿌리는 심정으로 절박한 순간들을 인내하며 앞만 보고 달려왔다. 이 칼럼집은 그가 온몸으로 매시간 살얼음판을 걸어오며, 손이 아닌 발로 쓴 30여 년의 고백이며 흔적이다. 도움 요청의 손길에는 결코 거절할 줄 모르는 그는 늘 십시일반의 사랑 나눔을 실천하고 있고, 가슴 따뜻한 외유내강의 영적 전투의 선봉자이다.

저자가 섬기고 있는 영안장로교회 이단 대책팀
황승택 청년

내가 가장 존경하는 탁지원 소장님은 늘 유쾌한 모습만 보여주셔서 어떤 아픔과 상처들이 있었는지 자세히는 몰랐다. 그러나 이 책을 통해 이 땅에서 이단 사역을 한다는 게 얼마나 고되고 무거운 짐인지 다시 한 번 느끼게 되었다. 그 짐을 짊어진 탁 소장님이 얼마나 강인하고 신실한 분인지도. 17년부터 이어온 길지 않은 인연이지만, 주님께서 주신 소명 다하는 날까지 힘을 보태고 도우리라 약속한다. 이 책을 통해 한국교회가 이단 사역에 조금이나마 관심을 가져줬으면 하는 소망을 갖고 더욱 열심히 기도하고자 한다. 하나님 나라가 완성되는 그날까지

청소년 캠프를 시작함과 동시에 21년간 초청해 준 동역자
프론티어 선교회 김광중 목사

21년 동안 프론티어 캠프를 통해 동역하며 지켜본 탁지원 소장님과 현대종교의 이단 사역은 눈물과 헌신과 고통의 결과물이었다. 주님 다시 오실 때까지 탁 소장님과 함께 동역하며 한국교회와 다음 세대를 잘 섬기도록 하겠다.

20년 이상 월간 현대종교와 함께하고 있는 독자이며 후원자
산성교회 우성훈 장로

탁 소장을 만나면 항상 유머러스해서 좋다. 20년 넘게 교제하며, 후원자로 독자로 동역하고 있는 것도 좋지만 월간 현대종교의 닛시 칼럼을 통해 때로는 사역의 외로움을, 한국교회를 향한 호소를 읽을 수 있고, 이단 피해자들의 안타까운 아픔도 조금이나마 느낄 수 있어 감사했는데 책으로 발간되었다니 이 역시 참 기쁜 마음이다.

이단과의 소송 때마다 함께 싸우고 있는 동역자
법률사무소 우진 대표 김혜진 변호사

탁지원 소장은 이단소송의 최전선에서 맨몸으로 기도의 무기만으로 싸워 왔다. 처음 만났을 때 예상과 달리 탁 소장의 선하고 겸손한 모습에 무척 놀라고 도전을 받았던 기억이 난다. 그러나 지난 10년의 경험으로는 소송 중에는 매우 의연하고 담대했다. 이 책을 통해 하나님 앞에서 지난 30여 년간 힘겨운 싸움을 마다하지 않고 의롭고 정직하려고 애쓴 사명자의 삶과 마음에 대해 알 수 있었고, 겸허한 마음을 갖게 되었다.

연예인들에겐 이단 지킴이, 현대종교에겐 늘 든든한 동역자

방송인 이성미 집사

그동안 한국교회와 우리가 해야 할 일을 현대종교에게만 미뤄왔다. 애쓰고 힘쓰며 늘 최선을 다하고 있는 현대종교 식구들의 땀방울엔 항상 눈물이 섞여 있다. 이사야 6장 말씀의 한 구절이 생각난다. "누가 우리를 위하여 갈꼬 하시니 그때에 내가 이르되 내가 여기 있나이다 나를 보내소서!"

오랫동안 함께 동역해 온 탁지원 소장의 귀한 책의 출간을 진심으로 축하한다.

차례

추천서 7

프롤로그 17

PART 1.
집회 현장에서 21

전주 이단 캠프 33 / (이단) 경계와 예방 누가 책임질 것인가? 35 / 하나님이 지으신 것들을 찬양하고 지키기 위해 37 / 승리 39 / 바로 알고 바로 믿고 바로 살자 42 / 캥거루와 키위의 나라 호주와 뉴질랜드로 43 / 이 아름다운 계절에 전혀 아름답지 못한 이야기들을 나누는 이유는 더욱 아름다운 세상을 이루기 위해서 53 / 2006년, 여전히 '그리 아니하실지라도'의 삶을 기대하며 62 / 꽃샘추위가 지나고 나면 65 / 그리 아니하실지라도 감사하며 80 / 삶은 고단하지만 완수해야만 하는 책무임을 믿으며 83 / 물질 87 / 자장면 왔습니다 93 / 반성 94 / 집회 96 / 여름 집회 투어, 어느 날의 일기 102 / 추억 103 / 배려 104 / 코스타 상하이 106 / 아름다운 섬 사이판, 영적으로도 아름다워지기를 110 / 강원도의 집회 현장과 이단 대처 112 / 중국 찍고 캐나다 돌아 한국의 여름 투어까지 116 / 유스코스타 베트남 124 / 20th, 여름 강의 투어 126 / 내 어깨와 심장을 내줬는데도... 127 / 코스타 필리핀 131 / 익숙함 1 133 / 익숙함 2 134 / 채플 135 / 감사 137 / 유스코스타 인도네시아 139 / 위기는 기회와 귀한 동역이 되어 140 / 아픈 것이 집회 취소 때문만이 아니니까요 145 / 인천 숭덕여고, 안산 동산고, 이화여고 148

에필로그 151

PART 2.
그리운 내 아버지 고 탁명환 소장, 그리고 이단 대처 155

살아남은 자의 슬픔이 기쁨이 되기를 소망하며 156 / 이제 다시 시작하며 158 / 결코 손바닥으로 태양을 가릴 수 없기에 161 / 진리를 알지니 진리가 너희를 자유케 하리라 163 / 뜻이 하늘에서 이룬 것 같이 땅에서도 이루어지이다 168 / 더 열심히 말을 걸고 귀 기울이고 사랑하며 170 / 넘치는 햇살만큼의 희망을 172 / 치유와 회복의 역사 174 / 9번째의 눈물과 희망 175 / 1994년 2월 이후, 여전히 탁명환 소장을 기억하며 177 / 신촌 180 / 그때 그 이야기들 181 / 공소시효 185 / 그때, 그리고 지금, 그들에 관하여 186 / 현대종교가 뿔났다(15주기 예식 유감) 188 / 고 탁명환 소장과의 가상 대화 189 / 그들만의 평강(박윤식씨 등의 결단과 회개를 재차 촉구하며) 205 / 간극 210 / 나눔 1 212 / 나눔 2 213 / 2016년의 끝자락에 그를 만나다 214 / 변화 220 / 굳은살 222 / 살림 223 / 방범대원 227 / 포스트 코로나, 기본으로 돌아가야 229 / 이전 1 232 / 이전 2 233 / 2021 끝자락의 넋두리들 234 / 딜레마 240 / 이름 1(신천지 vs 신천지) 241 / 이름 2(정명석 vs 정명석) 243 / 이름 3(현대종교 vs 현대종교) 244

에필로그 246

PART 3.
영화와 삶, 그리고 이단 249

〈글래디에이터〉 251 / 영화 〈라이언 일병 구하기〉를 통한 세 가지 상념 251 / 현실의 〈디파티드〉, 신천지 255 / 그들만의 믿음, 양심적 병역 거부 내용을 담은 〈방문자〉 256 / 〈대륙횡단〉 259 / 〈밀양〉 260 / 〈킹덤 오브 헤븐〉과 〈화려한 휴가〉 261 / 〈매트릭스〉, 진짜와 가짜의 세계 262 / 〈불신 지옥〉 265 / 〈2012〉 267 / 〈러블리 본즈〉 267 / 〈아이들〉 269 / 〈그대를 사랑합니다〉 270 / 〈블랙스완〉 271 / 〈히어 애프터〉 272 / 〈오늘〉 273 / 〈프로메테우스〉 등 275 / 〈레드라이트〉 280 / 〈사이비〉 283 / 〈변호인〉 284 / 〈또 하나의 약속〉 286 / 〈폼페이: 최후의 날〉 288 / 〈집으로 가는 길, 노예 12년〉 289 / 〈신이 보낸 사람〉 290 / 〈찌라시: 위험한 소문〉 291 / 다시 〈라이언 일병 구하기〉에서 〈퓨리〉까지 292 / 〈제자 옥한흠〉과 〈카트〉, 그리고 〈쿼바디스〉 293 / 〈인터스텔라〉와 〈그래비티〉 297 / 〈우리는 형제입니다〉 299 / 〈돈크라이마마〉 300 / 〈꾸뻬씨의 행복여행〉 301 / 〈내부자들〉 303 / 〈스포트라이트〉 307 / 드라마 〈시그널〉 309 / 〈자백〉 311 / 영화 〈핵소 고지〉와 〈사일런스〉를 통해 본 종교와 삶의 작은 고찰 315 / 〈택시운전사〉 320 / 〈아이 캔 스피크〉 321 / 〈덩케르크〉 323 / 〈김광석〉 324 / 〈남한산성〉 326 / 드라마 〈구해줘〉 328 / 〈1987〉 329 / 〈예의 없는 것들〉 330 / 〈애드 아스트라〉 332 / 〈사바하 1〉 334 / 〈사바하 2〉 336 / 〈지옥〉 338 / 〈세상은 때로 우리보다 빠르다〉 343

에필로그 346

프롤로그

30년 가까이 사역했으니 이름 석 자 박힌 (첫) 책을 세상에 내놓고 싶은 솔직한 마음, 더는 숨기고 싶지 않다. 탁지일 목사의 제안까지 더해져 그간 써온 칼럼들을 정리했고, 결국 책을 펴내게 되었다. 하나님께는 영광, 선친과 사랑하는 가족들, 그리고 현대종교 공동체에 깊은 감사의 맘을 전한다. 특히 때마다 뒤의 편지처럼 격려와 응원이 큰 힘이 되었기에 월간 「현대종교」 독자들에게도 감사를 전한다. 책은 3 part로 나눴다. 집회 현장에서 겪었던 여러 에피소드와 늘 그리운 아버지 고 탁명환 소장과 이단 대처에 관해, 끝으로 할리우드 키드인 필자가 '영화와 이단'에 관해 자주 이야기했던지라 그것까지 더했다. 편한 마음으로 봐주시되 때로는 경각심과 나름의 감동도 나눌 수 있다면 더할 나위 없겠다.

"안녕하세요. 대전에 사는 한○○이라고 합니다. 월간지를 매달 받아보면서 닛시칼럼을 가장 기다리며 보고 있습니다. 닛시칼럼은 소장님의 간증 등이 진솔하게 쓰여 있고, 아픔과 슬픔, 기쁨과 희망을 함께 느낄 수 있어 늘 감동으로 읽고 있습니다. …중간 생략… 항상 현대종교의 아픔과 어려움을 마음에 담아두고 있습니다. 이단, 사이비를 드러내는 일이기에, 소송과 협박 등에 힘겹고 재정적으로도 어렵다는 것을 알기에 새벽마다 기도하고 있습니다. 부디 포기하지 마시고, 고 탁명환 소장님의 사명을 계속 이어 펼쳐 주시길 소망합니다. 현대종교가 있기에 한국교회가 좀 더 건강할 수 있었고, 앞으로도 그러할 것이라 믿습니다."

탁 소장님! 여기가 이단인가요?

도망갈 곳도, 숨을 곳도 없다. 해가 스물여덟 번 바뀌었는데도 말씀을 전하는 것이 쉽진 않다. 노쇠해져서인지, 겪고 있는 증상 때문인지 아니면 전하는 말씀과 삶이 일치되지 못하는 연약한 이의 첫 마음을 회복시키려는 그의 뜻 때문인지 잘 모르겠다. 최근 사투를 벌이며, 심지어는 사생결단의 마음으로까지 강단에 서고 있다. 말을 한다는 것이 이리도 힘들고, 또 역으로 감사가 될 수 있는 것을 예전엔 미처 몰랐다. 지금 할 수 있는 것은 힘든 일과 친구가 되고자 애쓰는 것뿐이다.

PART. 1

집회 현장에서

집회 현장에서

그동안 수천 번은 족히 진행해 온 집회사역의 현장을 떠올려보면 모든 것이 감사이고 은혜였다. 수십 권의 노트에 다 담아도 부족할 정도로 집회 현장의 상황들 모두가 그러했지 않나 싶다. 그동안 집회 일기장에 모두 담아 가끔 살펴보기는 했는데 그중 기억에 오래 남는 것이 몇 있다. 5000여 명의 신천지인이 몰려와 집회를 방해했으나 모두가 꿋꿋하게 집회를 잘 마무리했던 예장통합 측 순천노회 주최의 집회와 이단의 신자들보다 10배가 넘는 성도들이 모인 집회였건만 이단들의 소란과 방해로 모두 떠나버리고, 몇몇 청년들과 권사 성가대만이 유일하게 강사를 보호해줬던 예장고신 측 중부산노회 부산 무궁화홀 사건이 가장 먼저 떠오른다. 이단들이 집회 때마다 거세게 몰아붙였던 2000년대 초반, 집회가 어려웠던 때이기는 했으나 명암이 엇갈리고 옥석이 드러나는 순간이었던 것을 잊지 않고 있다. 광주호남신대와 광주서광교회처럼 학교와 교회 건물이 파손되는 한이 있다 하더라도 이단에 대한 경각심과는 견줄 수 없다며 어려운 중에도 집회를 강행, 도리어 강사를 응원하고 지지해줬던 수많은 교회가 있었다. 반대로 광주순복음교회에서 열린 광주광역시 연합집회에서 우리의 부끄러운 치부를 먼저 드러내며 회개하는 마음으로 강의를 진행하고 싶어 쓴소리로 강의를 시작했을 때 그 이야기가 귀에 거슬렸는지, 아니면 그조차 듣고 싶지 않아서였는지 잘은 모르겠지만 강의 중에 전원을 끊고 스스로 연합집회를 파기하고 포기했던 현장들과는 비교하지 않으려야 비교하지 않을 수가 없다. 허락받고 책을 가져왔건만 책상을 뒤엎고 책 판매는 안 된다고 고래고래 고함을 치던 인천 모 교회의 목사도 기억에서 지울 수 없는 아픔이었다. 허나 작은 시골의 교회였지만 한 사람도 빼놓지 않고 어린 고사리손으로부터 노년에 이르기까지 전교인 모두가 후원과 동역을 약속했던 교회들을 생각하면 아픔과 눈물은 쉬이 잊히고 앞서 언급한 것처럼 모든 것을 기적과 은혜로 받아들이지 않을 수 없다. 지금까지 사역을 이어 오게 해준 원동력이었다. 그동안 초청해 준 모든 집회지 교회들과 학교 등에 감사드리며, 모든 영광 하나님께 드린다.

그리고 집회 현장의 에피소드를 전하기 전에 아무래도 첫 글은 현대종교에 대한 소개를 먼저 해야 하는 것이 순서일 것 같아 예전에 몇 번 썼던 현대종교 이야기를 꺼내어 들었다. 조금 길긴 하나 진심을 담았으니 끝까지 봐주시길 바란다. 특히 '이 아름다운 봄날, 현대종교를 찾아 주지 않으시겠어요?'라는 제목으로 글을 담고자 했던 또 하나의 이유는 강의 때마다 읊조렸던 초청의 변을 구체화하고 싶어서다. 마음만 있지, 현대종교 공동체에 다녀가길 원하는 이들을 위해 살가운 맘을 담아 현재 상황에 맞게 재구성했다. 형식은 홍세화 님의 〈나는 빠리의 택시 운전사〉의 서장에서 따왔다.

현대종교를 찾아 주세요. 여전히 진화하고 있는 이단들과 열심

탁 소장님! 여기가 이단인가요?

히 맞짱 뜨고 있고, 50년 이상을 이단 문제 외에는 딴생각해 본 적 없는 영적 전쟁의 근원지, 이곳에 이제 한 번쯤은 오세요. 직접 오시기 어렵다면 SNS나 이메일로 만나도 좋을 것 같아요. 이 글을 처음 썼을 때보다는 저희 형편이 조금 나아졌으나 여전히 가슴 답답한 일 많고, 감사한 일 역시 많은 이곳, 현대종교에 오셔서 열심히 사는 저희와 함께해 주시고, 우리 모두 길은 다르지만 끝내는 한 길에 하나가 되어 부끄러움 없는 모습으로 다시 만날 약속을 나눴으면 해요.

상담이나 자료를 구하러 오시든지, 또는 다른 목적의 방문이어도 괜찮아요. 혹시 자원봉사로 오신다면 한 달에 한 번 월간지 발송 작업 때가 가장 좋아요. 함께 노동하고 밥 먹으며 교제할 수 있다는 사실만으로도 저희 현종 공동체는 들뜬 마음 감출 길 없답니다. 어떤 이유로 오시든지 간에 모두 환영해요!^^ 오시게 된다면 따뜻한 커피 한 잔, 식사 한 끼 대접하고 싶습니다. 오실 때는 버스나 지하철을 타고 오시나요? 아니면 자가로 오시나요? 구체적인 방법은 저희 홈페이지(www.hdjongkyo.co.kr) '찾아오시는 길'에 담았으니 참고 바랍니다. 사무실은 서울 상봉동과 망우동 시대를 마감하고 작년(2021년)에 경기도 남양주 별내(이름만큼 참 아름다운 곳이에요!), 새로 이 지어진 건물 안 공간으로 이전했답니다. 늘 어디서든 일할 수 있다는 것만으로 감사하고 있고, 일하는 데 여전히 지장도 없기에 항상 고마운 마음입니다. 앞으로 또 어떻게 될진 모르겠지만 조금 사치를 부리는 일이 있다고 해도 그 정도는 이해해 주세요. 그러나 이러한 욕심까지도 하나님의 뜻이 아니라면 깨끗이 포기하며 살 것입니다. 선친의 25주기 추모 예배 때 말씀드린 것처럼 언젠가 사역을 마무리하게 될 즈음에는 모든 자료를 한국교회에 헌납할 것이라는 약속도 반드시 지킬 것입니다.

아! 그리고 저희를 만나러 오실 때는 아무것도 사 오시지 않으셔도 괜찮아요. 그저 현대종교를 아끼시는 마음 하나만으로도 충분하니까요. 그리고 오실 때는 조금 불편차시더라도 미리 전화를 수시는 것이 좋습니다. 비록 작은 사역이긴 하지만 모두가 매일 바쁘게 1인 3역, 그리고 코로나19까지 맞물려 그 이상의 시간과 노력을 다하고 있는지라 하루의 일과가 매우 바쁘고 어그러질 수도 있어서예요. 업무국 직원들은 항상 회사에 상주하나 상담을 맡은 기자들은 취재 등으로 인한 외근이 많고 저는 여전히 할 일 없이(?) 바쁘기만 해요. 상담을 하실 거라면 방문 상담보다는 우선 짧게 정리를 해서 먼저 이메일로 보내주신다면 더욱 좋아요. 그렇게만 해 주셔도 충분히 상황을 파악하고 도움을 드릴 수 있답니다. 간단한 상담은 기본, 이단이나 문제성 단체에 대한 제보를 받는 일도 중요한 일이니 가끔 제보도 부탁드려요! 매일 직원들에게 전화와 이메일, 문자 등을 통틀어 하루에 50여 통이 넘는 연락들이 쇄도하고 있답니다. 여러

탁 소장님! 여기가 이단인가요?

분은 그저 한 통이라 생각할 수 있겠지만 반대로 저희는 밥 먹을 시간조차 없을 때가 있어요. 하지만 현대종교의 식구들은 "상담자들은 각기 다른 사람들이니 한 분 한 분 최선을 다해야지"라는 생각을 갖고 노력하고 있답니다. 서로를 배려하는 것이 필요하고 그것이 아름다워 보여요. 그러니 당신께서 간단명료하게 상담을 하신 것은 매우 잘한 일입니다. 너무 많은 이야기를 하시면 도무지 정리가 안 돼요(내담자들이 알면 좋을 것 같아 우리 기자들 몰래 귀띔해 드렸습니다.)! 그리고 이단에 빠진 이들을 돕는 일은 저희 사역 밖의 일이기에 중간 역할밖에 할 수 없음을 이해해 주세요. 저희는 이단을 연구하는 단체이기 전에 언론사이기에 정보 전달(책, 홈페이지 등과 강의 사역을 통해)을 중심으로 일하고 있고, 이단에 빠진 분들을 위한 회복 사역자들은 따로 활동하고 있어요. 이렇듯 교회와 현대종교, 그리고 이단 상담소까지 삼박자가 건강하게 맞물려 지금보다 더 원활히 활동하게 된다면 더할 나위 없을 텐데 그것이 쉽지만은 않네요. 자신과 이해관계에 걸려 있지 않을 때는 '나 몰라'라 하다가도 나(우리)와 이해관계가 걸리게 되면 그제야 관심을 두게 되기에 여전히 답답한 마음이 적지 않아요. 이해관계에 걸려 있지 않아도 하나님께서 말씀하신 것이니 경계와 예방을 게을리하지 않는 것이 이단 문제에 있어 가장 중요한 대책이 될 것이라 믿습니다.

그러고 보니 우리 직원들 소개를 안 했네요. 우선 저희 현대종교의 꽃인 기자들부터 소개할까 해요. 김정수, 조민기, 김리나 기자. 기자들의 수고를 어찌 이 지면에 다 담을 수 있을까 싶습니다. 평소 스포트라이트는 대표가 다 받고 누리고 있지만 사실 모든 칭찬과 격려는 기자들과 직원들이 받아야 마땅하다고 생각합니다. 진심입니다. 또한 저희 수고의 상당수 몫은 기자들 때문이라 생각합니다. 현대종교는 책을 만드는 일을 우선순위로 하는 사역이기 때문입니다. 늘 계속되는 취재와 편집, 그리고 이어지는 밤샘 작업을 통해 귀한 열매인 책이 만들어지고, 게다가 유튜브, 인스타 등까지 진행하고 있으니 이 일을 어찌 감사하지 않을 수 있겠는지요. 김정수 기자는 청년 때부터 오랜 기간을 이곳에서 섬겨오면서 고생 참 많이 했는데 여태껏 편집국 국장의 역할로 소명 열심히 감당하고 있답니다. 조민기 기자는 초등학생 때 이단 강의를 듣고 그 마음을 오래도록 품고 있다가 결국 현대종교 입사에 성공한 감동의 주인공이랍니다. 기자 셋 중 중간 역할을 잘 감당하고 있습니다. 막냉이 기자인 김리나 기자는 이제 갓 입사 1년 차이지만 MZ 세대의 감각 등을 통해 현대종교를 더욱 젊게 만들어주고 있습니다. 그리고 현대종교의 목사 두 분을 소개할까 합니다. 제 형님인 탁지일 목사는 제가 따로 소개하지 않아도 이단 연구가로는 둘째가라면 서러울 저명한 교수이니 더 말씀드리지 않겠습니다. 어머니를 모시고 20년 이상을 부산 장신대를 섬기고, 아울러 국내외로 눈코 뜰 새 없이 바쁘게 사역하고 있답니다. 사목인 한정희 목사도 소개하죠. 고 탁명환 소장 때부터

탁 소장님! 여기가 이단인가요?

30여 년 동안 업무국 일과 사목, 그리고 지금은 집회 팀과 광고 사역으로 최선을 다해 사역하고 있습니다. 지금껏 박봉 속에서도 한 번도 볼멘소리한 적 없이 그저 순종과 섬김으로 본지와 함께했었기에 현대종교 사역의 산증인이며, 중심이라 할 수 있습니다. 그리고 얼마 전 정년 퇴임한, 저희 사역의 엄마 역할로 살림을 책임졌던 방연효 국장도 소개해드리지 않을 수 없네요. 이분을 생각하면 늘 이 말이 떠올라요. '살면서 한 번도 아쉬운 이야기하지 않고 살아왔는데 현대종교에 와서 아쉬운 이야기를 많이 했다고.' 그저 감사할 뿐이죠. 한결같이 조용한 성품으로 최선을 다한 이후 퇴사한 그의 기도 제목은 아들과 더불어 가족들이 오랫동안 건강 문제로 어려움을 겪었기에 늘 강건할 수 있길 바라는 제목입니다. 이어 업무국의 김정희 총무입니다. 현대종교에서 못 하는 일이 없어 처음 입사했을 때 별명이 '맥가이순'이었답니다.^^ 여태껏 매주 업무보고에 늘 짤막한 편지로 위로를 한 번도 빼놓지 않아 개인적으로도 커다란 힘이 되는 동역자입니다. 그의 소소한 나눔으로 인해 저뿐 아니라 다람쥐 쳇바퀴 돌아가듯 계속 되풀이되는 버거운 사역으로 지친 모두에게 힘이 되고 있습니다. 물론 그들과 반대의 삶을 사는 이들도 적지 않았습니다. 이곳에 몸담았던 동안에 고마웠던 일들은 다 잊고 본지에서 배우고 축적한 것들과 여러 관계를 마치 개인이 다 이룬 양 사는 이들과는 비교하지 않으려야 비교하지 않을 수가 없네요. 그간 직원들이 자주 바뀌어 힘든 일이 많았으나 이제는 바라만 보아도 고마운 이들이 있어서 현대종교는 감사와 행복에 푹 젖어 살고 있답니다. 제3의 전성기를 구가하고 있다고나 할까요. 그러나 사람은 사랑의 대상이지 의지의 대상은 하나님 한 분밖에 없다는 것을 잊지 않겠습니다(그리고 기자들과 함께 책을 제작하면서 디자인 등으로 늘 수고하는 거래처 '예영B&P'의 식구들에게도 감사를 전합니다. 아울러 빼놓을 수 없는 이는 일본에서 일본인 사역(성공회)과 더불어 이단 연구와 피해자 회복 사역에도 열심을 다하고 있는 탁지웅 신부 등 가족의 수고와 기도가 합쳐지니 이 사역이 가능한 것이 아닌가 싶습니다. 그런데 항상 놀라운 것은 이렇게 힘을 모아보고 최선을 다해도 선친이 했던 일들엔 접근조차 못 한다는 것입니다. 사역을 다 하는 날, 그제야 신진 사역의 주변부쯤엔 근접하지 않을까 싶습니다.).

자! 이제 한 분 남은 김혜진 변호사입니다. 지금은 저희 직원으로 일하지는 않으나 그간 현대종교의 소송에 헌신적으로 힘써준 김 변호사는 현재 독립해서 사무실을 개업한 지가 조금 됐습니다. 그간의 수고에 감사를 전하며, 인생의 2막을 잘 걸어가고 있는 김 변호사의 사역을 응원하고 축복합니다. 부디 초심 잃지 않고 많은 이들의 법률문제를 잘 도울 수 있길 바라 마지않습니다. 그 외 독자들과 후원자들, 유튜브 구독자와 페친 등 하나님은 이렇게 많은 사람을 붙여 주시고, 또 꼭 필요한 이들을 만나게 하여 좋은 합력을 이루어 가게 하십니다. 늘 고마운 우리 하나님, 그리고 사랑하는 가족, 직원들과 여러분들 모두에게 사랑의 고백을 전합니다. 열렬한 응원도요!

탁 소장님! 여기가 이단인가요?

자! 이제 끝을 향해 달려가고 있으니 조금만 더 힘내셔서 읽어 주셨으면 합니다.

혹시 이 글을 읽고 저희가 사는 모습을 보고 싶어 연락하게 된다면 잊지 말아야 할 것이 하나 있습니다. 저희는 아주 오래전부터 5일제 근무를 했기 때문에 토요일엔 연락을 받지 못합니다. 주일은 교회에서 전도사 등으로 사역을 하고 있어서죠. 일곱 명의 직원 중 선교사 포함 교역자가 네 명이나 된답니다. 가끔 저희끼리 우스갯소리를 해요. 현대종교 직원들로 교회를 구성해도 있어야 할 직분과 교단이 다 모여 있다고요.^^ 그리고 아침과 저녁에는 QT와 성경 읽기를 진행하고 있어요. 예배 시간에 전화를 주시는 분은 무거운 목소리로 "30분 후에 전화 주세요"라는 이야기를 듣게 될 텐데 그렇다고 너무 기분 상하진 마세요. 예배를 방해받을 순 없고, 이보다 더 중요한 일은 없으니까요. 그리고 사무실에는 고 탁 소장님의 유품실도 있는데 한 번 둘러보세요. 조금이나마 경각의 마음이 드실 거예요. 유품실이 너무 초라해서 선친께는 늘 죄송한 마음이나 언젠가 그가 연구한 자료 등과 더불어 조금 더 넉넉하고 아름다운 공간에서 사랑하는 이를 추모할 수 있을 것이라 믿어요. 그리고 예전에도 자주 부탁드렸던 것처럼 저와 통화할 때는 꼭 "내가 예전에 탁 소장과….".라는 말씀을 하시진 마세요. 이 일을 하는 동안에 (다 그런 것은 아니었지만) 선친과의 관계를 먼저 말해왔던 사람 중에 저희에게 힘이 되었던 이는 거의 없었답니다. 죄송한 이야기나 인간사가 다 그렇듯 아쉬울 때 찾아오셨다가 일이 끝나면 언제 그랬냐는 듯이 돌아서는 것에 이제는 조금 지쳤답니다. 결국, 한 가지 원칙을 세웠어요. 선친 관련 이야기를 하며 다가오는 사람들은 깊게 신뢰하지 말자는. 물론 앞에서도 이야기했듯이 다 그런 것은 아녜요. 그중엔 선친과 좋은 교제를 나눠 온 사람도 있었을 텐데 오죽하면 이렇게 됐을까 싶네요. 너무 송구한 이야기들만 늘어놨네요.

자! 이제 다시 이곳에 오신 이유를 들어 보도록 하죠. 자료 요청 때문이라면 그것은 업무국에 말씀해 주세요. 간단한 자료는 그냥 드릴 수도 있으나 웬만한 자료와 책들은 자료 대가 있답니다. 가끔 자료비가 비싸다는 분들이 있어 조금 송구하긴 하나 그 자료를 만들기 위해 취재하고 고생했던 이들을 생각하면 그건 정말 아무것도 아닐 거예요. 세상의 물건들을 살 때는 그런 생각들을 잘 안 하시는데 중요한 투자는 너무 아깝게만 생각하시는 것 같아요. 이렇듯 자본주의 사회에서의 사역은 여전히 어렵습니다. 물질을 말하고 싶지 않은데 그렇게 하지 않으면 사역이 어렵고, 그렇다고 자비량으로 일을 하기도 쉽진 않네요. 그저 최소한의 실탄이라고 생각해 주세요. 그러면 마음이 조금 편해질 거예요. 그런 실탄들이 모여 지금의 현대종교가 이루어졌기 때문입니다. 여전히 십시일반의 정성이 모여져 이루어지는 공동체는 근사하기만 합니다. 그런데 혹시 그러한 실

탁 소장님! 여기가 이단인가요?

탄조차 준비가 되지 않은 분들이나 자료가 너무 필요하나 사정이 여의치 않은 분들이 있다면 저나 업무국에 살짝 말씀해 주세요. 아무것도 묻지 않고 자료를 기증해 드릴게요. 미안한 마음은 전혀 가지지 않으셔도 돼요. 기도로 갚아주시면 되니까요. 저희는 워낙 거절의 아픔을 많이 겪어왔기 때문에 섬김의 요청에도 열심이랍니다. 아! 그리고 50년 치의 이단 관련 자료들을 PDF로 만들어 정리해 놓은 것은 잘 알고 계시지요? 소액만으로도 모든 자료와 월간지를 보실 수 있으니 청소년들에게도 부담이 좀 줄어들었어요. 많이 홍보해 주시고 주위에도 알려주세요. 그리고 홈페이지와 페이스북, 유튜브 현대종교 TV(구독, 좋아요! 등 부탁요!^^)도요!

마지막으로 저희를 위한 기도 부탁을 드리며 끝을 맺을까 합니다. 첫 번째 기도 제목은 SNS 등 온라인 역할의 문제입니다. 포스트 코로나의 저희 사역은 이제 오프라인은 조금씩 줄이고 온라인 사역으로 지경을 넓혀갈 예정입니다. 그렇게 된다면 청소년들과 청년들에게 더 많은 정보를 나눠줄 수 있을 것이라 믿어 의심치 않습니다. 그 외 제 멘토이자 형님인 탁지일 목사의 신학교 사역과 「현대종교」월간지를 책임지고 만드느라 쉴 틈이 없기에 그의 건강과 모시고 있는 모친을 포함한 저희 가족과 직원들, 그리고 그 가족들을 (공적인 지면인지라 죄송한 마음이나 이왕지사 부탁드릴 때 모두 모아서 말씀드려봅니다.) 위해서도요. 특히 저는 요즘 커다란 부담감을 안고 강의 사역을 하고 있기에 걱정이 많습니다. 지금까지 강의하는 데 아무런 문제가 없었는데 몇 년 전부터 계속해서 이상 신호가 오고 있기에 조금 더 건강하게 사역을 하고 싶습니다. 그동안 너무 앞만 보고 달려온 것 같아요. 게다가 코로나까지 겹쳐 집회가 3년째 취소, 연기가 되면서 어려움이 계속되고 있네요! 하나님께서는 '쉼'을 허락해주셨으나 이제는 빨리 강의 사역에 최선을 다하고 싶은 맘입니다. 아무튼 일할 때는 화끈하게, 쉴 때는 잘 쉬어서 할 수 있는 한 더욱 열심을 다하는 멋진 현대종교가 될 수 있도록 끊임없는 관심 부탁드립니다. 마지막 기도 제목은 저희가 잘할 때는 더욱 응원해주고 부족한 부분들이 있을 때는 조금 객관적인 기준으로 채찍질해 주신다면 더욱 힘내서 사역 잘 감당할 수 있을 것이라 믿습니다. 긴 글, 끝까지 읽어 주셔서 진심 감사드리며, 저희는 늘 빚진 자 되어 항상 근사한 모습 보여드릴 수 있도록 더욱 노력하겠습니다.

- 불암산이 근사하게 보이는 남양주 별내에서 탁 소장 드림 -

탁 소장님! 여기가 이단인가요?

전주 이단 캠프

"사람은 신뢰의 대상이 아니라 사랑할 대상이다" 한 청년이 보내온 격려편지 속에 담긴 글을 사람을 신뢰하기보다는 하나님만을 믿고 따르며, 사람은 사랑하자는 뜻으로 해석해 봤다. 하나님께서는 결코 현대종교와 그 가족들을 외면하시지 않을 분임을 확신한다. 아울러 사람들을 보내주시고 그 사람들로 하여금 현대종교에 힘이 되도록 세워 주고 계심을 믿는다.

지난 1월 말 현대종교가 주최하고 전주 안디옥교회 주관으로 동 교회에서 열린 중등부 이단, 사이비 캠프를 통해 하나님이 새로운 희망이고 하나님에 의해 창조된 사람이 기쁨이라는 것을 새삼 깨달았다. 전주와 인근 지역 몇 교회에서 백여 명의 중등부 학생들이 참가한 소규모 행사였지만 이번 캠프가 가지는 중요한 의미는 지금까지의 여느 수련회와는 다른 차원에서 2박 3일의 전 일정이 이단, 사이비 퇴치와 학원 복음화를 위한 프로그램으로 기획되었다는 데 있다. 아직 어린 학생들이 과연 이단·사이비 문제의 심각성을 인식하고 학원복음화를 위해 기여할 수 있을까 회의적인 시각을 가질지도 모르겠다. 그러나 이번 캠프에서 보여준 그들의 뜨거운 믿음과 신앙의 열정, 관심은 웬만한 성인들의 신앙을 능가했다. 특히 전주에서 활동하고 있는 이단 단체를 직접 방문, 조사하는 프로그램을 통해서는 기도와 실천으로 지역 교회와 성도들을 지킬 수 있다는 확신을 아이들과 함께 갖게 되었다.

캠프 기간에 그들의 눈빛, 그리고 하나님께 드린 간절한 기도가 지금도 생생하다. 저들도 10년, 20년 후에는 목사님이 되고, 성도가 될 터인데 우리는 그 사실을 가끔 지나치고 있는지도 모르겠다. 중등부는 영원한 중등부고, 청년은 영원한 청년이라는 착각 말이다. 30여 년 전에 고 탁명환 소장의 강연에서 들은 말씀이 지금도 힘이 되고 있다는 어느 장로의 고백처럼 어떤 사람에게는 한순간의 경험이나 교육이 평생을 좌우하기도 한다. 그렇기에 이단, 사이비 대처를 위한 캠프도 참 중요하다고 생각했다. 내일의 한국교회, 아니 세계를 이끌어갈 우리 다음 세대에게 비록 짧은 기간이었지만 올바른 신앙을 심어줄 수 있다는 확신을 안고 내년부터 이 캠프를 대전, 광주, 대구, 부산 등으로 확대해 나갈 예정이다. 캠프 이후 많은 학생으로부터 격려와 위로가 답지하고 있다. 예나 지금이나 아이들의 기도와 격려가 현대종교를 지탱해나가는 힘이 되고 있다. 송구하고 부끄러운 이야기이지만 얼마 전 현대종교의 진로를 놓고 전 임직원이 대책회의를 가졌다. 1년 넘게 월급이 지급되지 않는 상황에서 생활고를 겪고 있는 직원들에게 사명감으로 버티자고 하는 것도 더는 염치없어 조심스럽게 '폐간' 문제를 꺼냈다. 그런데 이단자들이 손뼉 치며 좋아할 일을 해서는 안 되고 무엇보다도 하나님이 원치 않으실 것이라고 이구동성으로 말하는 직원들 앞에서 감히 폐간 운운한 것이 부끄러웠다. 더욱이 자신의 교회와 가정을 꼭 지키겠다는 열정을 키워나가는 전주를 비롯해 여러 지역의 학생들과 현대종교를 위해 늘 기도

탁 소장님! 여기가 이단인가요?

하고 있다는 수많은 성도를 봐서라도 마지막까지 해서는 안 될 말이었다. 오직 하나님의 영광을 위해 엄혹한 생활고를 각오한 직원들과 어린 영혼들로부터 노(老) 성도에 이르기까지 우리를 위해 기도해 주시는 분들의 마음을 세상 사람의 눈으로는 이해할 수 없을지도 모르겠다. 어느 시인의 이야기를 넘어 '사람만이 희망이다. 그리고 그 사람을 보내주신 하나님이 더 큰 희망이다.'는 말을 되뇌어 본다. (1999. 3)

* 글을 쓰는 지금 공교롭게도 고 탁명환 소장 5주기 추모 예배를 드리는 날이자 대순진리회의 대진대학교가 명예훼손 혐의로 고소한 형사재판에서 1년여의 법정 줄다리기 끝에 무죄 판결을 받아낸 날이기도 하다. '여호와 닛시!'

(이단) 경계와 예방
누가 책임질 것인가?

예견한 것처럼 만민중앙교회 사건에 대해 그 누구도 책임을 지지 않고 있다. 앞으로도 종교 사건은 터질 때만 세상이 바뀔 듯 떠들썩하다가 이내 잊힐 것이다. 구원파 오대양 사건과 영생교 사건, 그리고 아가동산 사건 등이 그랬던 것처럼. 만민중앙교회 사건이 터지기 얼마 전 서울 강남 모 교회 고등부 학생의 편지를 받았다. 그 학생은 만민중앙교회에 다니는 친구에게 그곳이 이단이라고 했다가 오히려 반론을 들었다며 어떻게 하면 좋겠냐는 질문을 해왔다. '각 방송국에서 설교하고, 교계 신문에 칼럼을 쓰기도 하는데 이단이라면 그런 곳에서 우리 목사님과 관계를 하겠냐?'는 친구의 반문에 말문이 막혔을 학생의 모습이 떠올랐다. 학생은 정말 그가 이단인지와 더불어 그 상황을 궁금해 했으나 답변할 수 없었다. 아직 어린 친구에게 교계와 한국교회의 문제점을, 정도에서 벗어난 기성세대의 신앙 행태를 차마 말할 수 없어서다. 이 같은 청소년들의 영혼은 누가 책임질 수 있을까 싶다.

  필자는 출근하자마자 예배를 드리고, 각종 신문과 잡지의 주요 기사를 스크랩하는 것으로 하루를 시작한다. 6년 동안 변함없는 일과다. 이번 달 자료의 양은 만민중앙교회의 사상 초유의 방송국 점거라는 사건 때문인지 다른 달보다 많았다. 그런데 모든 언론사가 수 주에 걸쳐 만민중앙교회와 이씨에 관해 다루면서 한국교회와 교계, 한기총과 언론 등을 성토하고 비난, 비판하며 제안을 내놓기도 했지만 앞서 언급한 대로 그 사건을 진정으로 가슴 아파하며 책임지겠다는 단체와 사람은 눈을 씻고 찾아봐도 없었다. 필자는 가해자도 한국교회, 피해자도 한국교회, 책임져야 할 이도 한국교회라고 믿는다. 물론 우리도 방관자였음을 각성하고 있다. 당면한 문제에만 매달려 문제의 소지가 있는 단체를 경계하고 예방하는 일에 게을리했으니 회개하지 않을 수 없다. 더욱 답답한 심정을 가눌 길 없는 것은 세상 사람들의 한국교회에 대한 비난, 차라리 개종하고 말겠다는 몇몇 성도들의 분노를 보면서다. 이단에 대한 경계와 대처가 얼마나 중요한지 깨닫는데 큰 대가를 치르고 있다. 이 같

탁 소장님! 여기가 이단인가요?

은 사건은 앞으로도 계속될 것이기에 근본적인 대안을 고민하며, 기도와 실천으로 다음 스텝을 준비해야 할 테다. 아울러 어른들뿐 아니라 다음 세대들의 문제임을 인식하는 것도 필요할 듯싶다. (1999. 7)

* 전주 성산교회 진용식 목사에게 다급한 소식이 전해졌다. 이단의 소행으로 보이는 교회 화재가 발생했으며, 예배당 내부와 집기가 전소됐다는 것이다. 가슴이 미어졌다. 교회들의 이단에 관한 무관심으로 인해 피해가 발생한 것 같아 고 탁명환 소장을 비롯해 이단, 사이비를 몰아내고자 몸부림쳤던 이들이 생각났다. 그들을 지원하지는 못할망정 작은 실수 하나라도 보이면 입에 거품을 물고 비판만 해대는 사람들에게 강력한 항의와 분노의 맘을 전한다. 이번 사건은 지난 3월 필자의 광주 서광교회 집회에서 있었던 폭력 사건과 유사한 점이 많기에 같은 단체의 소행으로 보인다. 영적 전쟁은 이렇듯 실제이고, 실전이기에 한국교회가 늘 방패가 되어 줬으면 하는 바람이 크다.

하나님이 지으신 것들을 찬양하고 지키기 위해

세계에서 가장 깨끗하고 아름다운 자연환경을 자랑하는 곳 중 하나로 손꼽히는 캐나다를 9박 10일 일정으로 (세 번째) 방문했다. 예전에는 그곳에서 박사과정을 밟고 있는 형님 가족을 만나기 위해서였지만 이번에는 캐나다 한인교회 순회집회를 인도하기 위해서였다. 토론토 지역 교회협의회 주최로 열린 이번 세미나는 한국 교계를 흐리게 하고 사회문제를 일으킨 기독교 유사종파나 이단성 시비에 올라있는 교회들이 토론토에까지 상륙해 성경세미나를 열거나 성경공부를 가르친다는 명목으로 정통교리와 배치되는 가르침을 전하고 있어 교인들의 현혹됨을 방지하기 위한 목적으로 기획되었다. 어떻게 보면 연륜도 짧은 필자에게는 벅찬 자리라고 느끼긴 했으나 이단 척결과 교회 갱신을 위해 피 흘리고 헌신한 선친의 순교 정신을 기리며 초청해 준 것이기에 감사함을 안고 최선을 다해 강의에 임했다. 강의는 토론토 한인장로교회를 비롯한 5개 교회 집회와 토론토 지역 목회자 세미나, 토론토 평신도훈련원 세미나 등 총 8차례 진행이 됐다. 캐나다 한인 사회 역시 오랜 시간 교민들을 대상으로 한 이단, 사이비의 뿌리 깊은 활동이 있다고 했다. 이민 혹은 유학 등으로 조국을 떠나온 교민과 유학생들이 외로움과 고민을 해결해 줄 것처럼 다가오는 이단, 사이비 종교의 거짓된 관심과 사랑에 넘어지는 일도 많다면서. 벌써 수년 전부터 한국 교계에서 이단으로 지목된 대성교회(현 평강제일교회) 지교회와 이초석, 박옥수씨 계열의 구원파, 성경침례교회, 박무수, 김기동씨 등이 활동하고 있고, 집회 등을 통해 물의를 빚고 있음을 토론토 지역 교회협의회의 설명으로 좀 더 제대로 알게 됐다. 물론 재작년의 호주 집회 때도 경험한 바 있지만 머나먼 이국땅에 있는 교민들까지 미혹하는 이단들의 포교에 분노와 안타까운 감정이 더해져서인지 열심히 말씀을 전했다. 더불어 관심과 기도를 통해 아름다운 이곳 캐나다 땅을 이단으로부터 지키자고 수없이 강조했다. 조국 교회는 해외의 교회와 성도들을 위해, 해외에 있는 이들은 조국 교회를 위해 끊임없이 기도하고 위로할 때 그것이 바로 합력하는 선

탁 소장님! 여기가 이단인가요?

과 의가 될 것이라 믿어 의심치 않는다. 이번 집회를 계기로 계속 동역하고, 미약하나마 자료 제공 등 최대한 도움을 나누자고 약속하며 모든 집회를 잘 마쳤다.

    토론토 곳곳마다 선친의 동문, 제자를 비롯해 오래전에 만나거나 강연을 들은 적이 있다는 이에 이르기까지 선친을 추모하는 많은 사람을 만난 것은 하나님의 은혜였다. 선친이 지나간 자리에서 큰아들은 더 귀한 종으로 쓰임 받기 위해 수학 중이고, 둘째는 선친의 강의 제목인 '바로 알고 바로 믿고 바로 살자'의 주제로 집회를 인도하고 있음이 분명 하나님의 계획임을 믿는다. 형형색색으로 물든 울창한 숲과 그 유명한 나이아가라폭포 앞에서 위대한 하나님이 지으신 자연을 새삼 찬미하며 아름다운 이곳, 육이든 영적으로든 간에 우리가 분명히 기도하고 싸우며 지켜야 할 곳이라는 것을 거듭 확인한 집회의 현장이었다. (1999. 11)

승리

    지난 열흘간의 캐나다 한인교회 순회집회를 마치고 그곳을 떠나오던 날, 많은 교민과 성도들이 따뜻한 격려와 위로를 전해줬다. "조국에서 돕지 않는다면 캐나다 땅에서 돕겠습니다" 아직도 귓전을 맴도는 한 성도의 작별 인사가 또다시 시작되는 지루하고 고단한 싸움에 용기를 북돋아 줬다. 이제는 즐겁고 기쁜 일들만 늘길 바라보지만, 그날이 빠르게 올 것 같지는 않다. 사무실을 비운 동안 쌓였을 업무 처리에 대한 고민을 안고 귀국 후 첫 출근을 하니 대법원과 서울 북부지원에서 보내온 서류들이 기다리고 있었다. 대성교회와 박윤식씨가 제기한 민사와 형사 소송, 그리고 「현대종교」에 대한 반포금지 가처분 신청과 언론 중재까지 합해 4건의 소송을 놓고 2년여 동안 기도하며 싸웠더랬다. 풍부한 자금력에 변호사 여럿을 동원한 상대에 맞서 무료 변론의 도움을 받거나 때로는 변호사 없이 맨몸으로 대응해야 했다. 선친께서 일찍 하나님 나라에 가신 것이 억울해서만이 아니라 다시는 이 땅에 하나님의 일을 하다가 가슴 아프게 희생되는 일이 생겨서는 안 된다는 일념으로 부딪힌 것이다. 세간의 여러 정치적 현안들은 새로운 국면을 맞아 재수사가 진행되고 있는 작금에 집단자살로 결론 내린 지 12년이 지난 오대양 사건이라든지 선친의 살해사건에 대한 재수사를 희망하는 것이 과연 세상 물정 모르는 어리석은 것인지? 결국 선친 살해사건의 배후를 밝혀달라는 내용으로 기사화한 것이 도리어 명예훼손 혐의로 피고가 되어 두 번이나 대법원에서 패소했다. 기사가 실린 「현대종교」(1997년 10월호)에 대한 가처분 신청도 법원에 의해 받아 들여졌으며, 급기야 민사소송에서는 천만 원이 넘는 거액을 배상하라는 판결이 필자에게 내려졌고, 즉시 법원은 회사의 부동산 강제경매를 통한 압류절차를 밟았다. 굳이 모든 정황을 알려드리는 것이 무엇인가 변명을 하기 위해서도, 독자 제현께 절망을 안겨드리려 해서도 아니다. 지혜롭지 못한 싸움으로 선친을 두 번

탁 소장님! 여기가 이단인가요?

돌아가시게 하는 것은 아닌가 하는 가슴 터질 것 같은 아픔을 토로하고 싶어서이다. 더는 추락할 곳이 없는 밑바닥의 심정을 추스르며, 감히 십자가에 못 박히신 예수님의 심정을 헤아릴 수도 있을 것 같다는 생각을 했다. 저들이 외형적인 세상의 승리에 들떠 흥분하고 그것을 빌미로 계속해서 우리를 압박하려 들 것은 너무도 뻔한 일이다. 거기에 공생하는 일부 언론 또한 6년 전 탁명환 소장 살해사건의 본질은 빼 버리고 같이 떠들어댈지도 모르는 일이겠고. 이럴 때일수록 매달릴 것은 기도밖에 없음을 잘 알고 있다. 예수님이라면 어떻게 하실까? 아버지라면 어떻게 하셨을까? 간절한 기도를 통해 지혜를 구할 뿐이다. 성도들께도 기도와 격려를 부탁드린다. 현대종교가 이 일로 절망하지 않고 새롭게 일어설 수 있도록, 그래서 절대로 이 사건이 묻히지 않도록 도와주시기를 바란다. 평생이 걸리더라도 끝내는 이 사건을 해결하여 진실을 밝히 드러나게 할 것이며, 더욱 열심히 이단들과 싸워나갈 것이다.

지금 몇몇 교역자들과 이단 전문가들로 구성된 이단 대책 연구모임을 만들어 보다 건강한 현대종교를 위해 기도, 연구하며 조금씩 몸과 마음을 가다듬고는 있는데 여러 뜻있는 이들의 관심이야말로 가장 큰 힘이 될 것이라고 믿는다. 기쁜 성탄절이 되길 소망하며. (1999. 12)

바로 알고 바로 믿고 바로 살자

지난 6월 8일 예장 고신 측(중부산노회)의 주최로 부산 무궁화홀에서 열린 이단 사이비 대책세미나는 이단들의 난동으로 인해 무산되었다. 그 과정을 지켜보며 그들이 얼마나 악랄하고 무서운 집단인지 확인할 수 있었다. 덩실덩실 미친 듯 춤을 추는 여인들과 동네 뒷골목에서나 볼 수 있는 협박과 욕설을 퍼붓는 이들까지 도저히 신앙인이라고는 볼 수 없었으며, 악령의 역사라는 생각만 든다. 필자는 그 상황 속에서도 20여 분 정도 어렵게 말씀을 전하던 중에 눈물을 흘리지 않을 수 없었다. 이 사건을 통해 산 교육이 된 이단과 영적 전쟁을, 우리 부산의 성도들이 잊지 말고 끝까지 싸워 '여호와 닛시'의 승리의 깃발을 꽂는 계기를 만들자고 했다. 우리가 올바르고 건강한 교회에서 신앙생활을 할 수 있다는 것이 얼마나 감사한지 모르겠다. 부산에서의 이단 난동을 뒤로하고, 야간 고속버스를 타고 서울로 올라왔다. 피해자들과의 약속이 산더미처럼 쌓여있었기 때문이다. 며느리가 이단에 빠져 눈물을 흘리는 모 권사는 섬기는 교회에 이단 피해의 아픔을 이야기했음에도 불구하고 도울 수 없다는 말을 듣고 망연자실해 있다. 이런 답답함이 어디 있을까? 그녀를 만나기 전 한 청년은 대순진리회에 빠졌다가 가까스로 그곳을 나오게 되었는데 또다시 다른 이단에 빠져 버렸다고 한다.

[오적]으로 유명한 시인 김지하 선생은 단학선원의 폐해를 세상에

탁 소장님! 여기가 이단인가요?

공개함으로 말미암아 이 단체로 인해 어려움을 겪고 있다고 전화로 호소해왔다. 많은 피해자를 만나며 확신할 수 있었던 것은 뒤늦게 이단에 빠진 후에 후회하지 말고 경계와 예방을 게을리하지 말아야 한다는 것이다. 아울러 잃어버린 양 한 마리의 비유를 떠올리며 한 영혼이 천하보다 귀하다는 사실을 믿고 그 영혼들을 위해 기도하며 돕는 우리의 삶도 기대해본다. 현대종교의 어려운 여건상 모든 피해자를 다 만나지는 못하고 있으나 하나님과 뜻있는 이들의 손길을 통해 이 문제가 해결될 거라 믿는다. "가라! 그렇지 않으면 보내라!"라는 어느 선교단체의 구호가 "싸워라! 그렇지 않으면 중보(후원)하라!"로 모든 이들에게 적용될 수 있길 소망한다. (2000. 7/8)

캥거루와 키위의 나라
호주와 뉴질랜드로

필자는 두 번째, 탁 목사는 첫 호주 집회이다. 워낙 한인들이 많기에 이단들, 세계적인 이단들도 극성이지만 특히 한국의 이단들은 더욱 극성이란다. 첫 집회는 브리즈번 연합집회였다. 생각보다 많은 인원이 모인 것은 아니었지만(모인 사람 중에 청년들이 많이 눈에 띄어 한 성도에게 물었더니 유학생들이 많아서 그렇단다.) 열정과 사랑 넘치는 환대만큼은 한국의 어느 교회 부럽지 않았다. 늘 문제였던 필자의 산만한 현상 위주의 강의를 탁 목사의 강의가 잘 받쳐주어 시너지의 효과를 만끽하며 호주에서의 사역을 펼쳐갔다. 탁 목사의 강의를 정식으로 들은 것은 이번이 처음이었는데 역시 형보다 나은 아우 없는 것 같고, 아울러 마음에 와닿는 감사한 말씀이었다. 기억나는 것 중 하나는 책과 후원(실탄)에 관한 부분이었다.

　예전 고 탁 소장께서 집회 중에 책을 팔곤 했을 때 탁 목사는 그런 생각을 했었단다(필자도 마찬가지였다.). "왜 아버지는 강의 중에 책을 파셨을까? 강의가 끝나면 박수를 받으며 그냥 멋지게 퇴장하시지 않고…." 그러나 지금에 와서야 그것들을 이해할 수 있다고 고백했다. 문제성 단체로부터 검은돈을 받아 가면서 이 일을 해왔던 것이 아니고 그러한 조그만 실탄들이 모이고 모여져서 지금의 현대종교를 이끌어 오셨다는 것을 지금에 와서야 알게 되었단다. 그런 하나하나의 고백과 메시지가 비록 형과 동생의 사이이지만, 말씀을 전하는 자와 듣는 자로 서게 하여 하나님의 은혜를 나누게 했다. 좋은 콤비로 하나님께 영광 돌리는 형제를 바라보며 기뻐하실 아버지와 어머니 생각을 하니 힘이 절로 난다.

　하루도 쉼이 없는 강행군과 빡빡한 일정 탓에 제대로 쉬지는 못했지만 모든 것이 잘 진행될 수 있었다. 필자는 '이단의 현황'이란 제목으로, 탁 목사는 '대처방안'을 중심으로 강의가 진행되었으며, 집회의 전체 제목은 '바로 알고, 바로 믿고, 바로 살자'로 생전 탁 소장께서 강의 때마다 썼던 제목으로 정했다. – 2월 3일 –

탁 소장님! 여기가 이단인가요?

이렇게 아름다운 나라에서 전혀 아름답지 못한 이단의 이야기를 나눠야 한다니

브리즈번의 집회를 무사히 마치고 골드코스트(영화에서 자주 본 환상적인 곳이다. 푸른 바다와 멋진 해변, 파도를 타고 즐기는 사람들, 그리고 해돋이와 석양 등 휴양지의 넉넉함이 나그네들을 주눅 들게 하고 한없이 부럽게 만들었다. 이곳 사람들은 거의 반라의 차림인데 우리 형제만 정장에 넥타이를 매고 돌아다니니 동물원의 원숭이 보듯 한다. 관광하고 싶은 마음은 굴뚝같으나 가족들과 열심히 땀 흘리고 있을 직원들을 생각하며 대부분 시간을 공적인 일에만 몰두하기로 했다)로 향했다. '이런 아름다운 곳에서 이단을 이야기해야 하는 것이 아프다'라는 탁 목사의 이야기가 오랫동안 잊히지 않는 그런 도시였다. 이곳은 레마선교회의 문제가 심각했고, 그 이유로 도시마다 있었던 목회자 세미나가 이곳에서는 열리지 못했다. 교역자 중 한 사람이 레마와 관련이 있어 날마다 얼굴 마주치는 좁은 교민 사회의 특성상 직접 문제를 풀기가 쉽지 않아서라고 주최 측이 전해줬다. 우선은 레마의 피해자들을 만나 여러 상담을 나눴다. 이후, 레마의 전략적 기반인, 그들이 빌려 쓰고 있던 장소인 교회의 관계자들을 만나 객관적인 정보를 전하고 문제를 당사자들이 지혜롭게 풀 수 있도록 정리해 주었다. 좋은 열매가 있을 것 같다. 사랑하는 목사 부부를 비롯한 성도들의 환송을 받으며 골드코스트의 마지막 밤을 만끽하고, 캔버라로 왔다. 독자 중에는 그런 분이 안 계시겠지만 호주의 수도를 시드니로 아는 사람들이 간혹 있다. 그러나 호주의 수도는 이곳 캔버라, 복잡한 서울과는 많이 다른 고요하고 평화로운, 숲속에

묻혀 있는 듯한 아름다운 도시이다. 높은 건물들이 거의 없기에 물었더니 '땅이 넓은데 높은 건물이 왜 필요하냐?'고 반문한다. 아! 그렇지! 그래도 좁은 땅덩어리의 내 조국 대한민국이 좋다.

다락방 문제로 조금 시끄러웠던 곳이지만 다행히 다락방과 관계된 목회자가 그곳을 이탈해 이번 집회에 열심히 참여해 주어 한층 빛이 났던 집회이기도 했다. 호주와 뉴질랜드 이단의 가장 큰 화두는 다락방, 레마선교회, 성락교회, 기쁜소식선교회 등이다. 그중 기쁜소식선교회의 청년 조직인 IYF는 필자가 도착하기 하루 전, 호주의 울런공 지역에서 1500여 명의 대학생(대부분 한국 대학생들과 호주 유학생)들이 집회를 열었다고 한다. 문제는 그들의 정체를 대부분 몰랐고 뒤늦게야 알았다는 것이다. 여전히 이단 이름의 전략은 유효하다. 성도들이여! 수시로 바뀌는 이름에 관한 이단의 전략, 영어 단어 외우듯 하루 10초의 투자로 기억하자. 캔버라 집회는 여러 가지 사정으로 인해 하루 집회로 끝났고, 다음의 장소 멜버른으로 향한다. 멜버른 날씨는 하루 동안에도 춥고, 더우며 때론 바람이 몹시 불고하는 예측 불허의 날씨가 계속 이어지는 특이한 도시이다. 그런데 이곳이 호주 사람들에게 가장 가보고 싶은 곳 중에 하나라니 의외이다. 멜버른의 한 지역에만 머물렀기에 이 도시의 진가를 못 봐서인가? 나중에 다시 이곳에 여유 있게 와보면 그땐 알겠지. 이곳에서는 다른 지역과는 다르게 외부 숙소가 아닌 집회 장소인 교회 목사의 댁에 머무르게 되었는데, 2박 3일 동안 나그네들을 헌신적으로 섬기는 부부의 정성이 다시 한번 빚진 자의 심정을 갖게 했으며 열심히 살아가는 목회자 가족들과 성도들을 바라보며 더 잘 살아가야겠다는 생각을 한다. 그것이 여러 사랑에 보답하는 길이라 믿는다. 은혜 가운데 3번의 집회가 잘 마쳐졌고, 특히 대부분 도시에서 진행된 목회자 세미나가 더욱 감사했는데 바쁜 교역자들이 모두 함께하기가 여의치 않은 상황이었는데도 대부분 교역자가 참석해 주었다. 교민들의 영적인 부분을 책임지고 있는 이들이어서도 그렇지만 이러한 관심이 분명히 한 영혼의 소중함으로 이어져 교민 목회를 하는 데도 커다란 도움이 될 것이라 믿어 의심치 않는다. 이어지는 질의응답 때의 진지함 하나만으로도 그저 행복하고 보람찬 시간이라고 말할 수 있을 것 같다. 이제 드디어 메인 집회 장소인 시드니로 향한다. - 2월 8~10일 -

    집회 내내 날이 너무 좋다. 아시겠지만 호주는 한국과는 정반대 날씨이다. 그래서 이곳은 현재 태양이 이글거리는 늦여름이다. 98년 처음 호주에 왔을 때는 반 팔과 더위 속에서 캐럴을 부르기도 했었다. 7년 만에 오페라 하우스를 보니 좋다. 이번엔 더 가까이에서 그곳을 볼 수 있었고, 금상첨화로 선친의 사랑을 많이 받았다는 분에게 한국에서는 절대로 먹을 수 없는(?) 귀한 식사까지 대접받았다. 그리고 보니 집회 때마다 귀한 사랑과 대접을 받는 것이 우리의 수고가 아닌 선친께서 뿌린 씨앗이라는 생각이 든다. 90년도 초의 선친의 집회 때는 넓은 집회 장소임에도 불구하고 발 디딜 틈이 없었다고 회상하시는 그분을 바라보며 선친이 이런 좋은 곳에 가족과 한 번 더 올 수 있도록 조금만 더 사셨으면 하는 부질없는 생각을 하니 마음이 저려온다. 허나 하나님 나라의 소망을 갖게 해준 고귀한 죽음이었기에 하나님 나라를 소망하는 것으로 대신한다.

저녁에 시드니 제일 교회에서 첫 번째 연합 집회를 가졌다. 나흘 동안 계속된 시드니 집회를 끝으로 호주의 집회를 마무리했다. 길다면 길고 짧다면 짧은 기간 동안 여러 열매가 있었고, 그중 현대종교 호주 지부(가칭) 연구위원 모임을 결성하여 앞으로 국외 네트워크를 통한 정보 등의 교류로 더욱 빠르고 객관적인 자료들을 공유할 수 있다는 것에 감사했다. 이제는 국제적인 상황에도 능히 대처할 수 있는 사역이 돼야 할 것이다. 호주를 순회하며 뼈저리게 느낀 것 중 하나는 우리 교민들과 유학생들이 있는 곳 어디라도 이단들이 활동하고 있으며 택한 자들까지 미혹하려 호시탐탐 기회를 엿보고 있다는 것이었다. 그곳이 어디든 간에 이단들은 성경에 기록된 데로 늘 우리 옆에 있다는 것을 잊으면 안 될 것이다. 요즘 힘차게 외치는 구호가 다시 생각난다. '전도하는 것도 중요하지만 전도한 사람 끝까지 지키는 것이 중요하다는 것, 아울러 경계와 예방도 역시 마지막 때 결코 놓쳐서는 안 될 것이다. - 2월 11일 -

평화로운 섬나라 뉴질랜드를 만끽하며

뉴질랜드로 가는 비행기 안, 그래도 호주는 나름대로 익숙한 편이었지만 뉴질랜드는 기대와 함께 왠지 모를 불안한(영화에서 보았던 마오리족에 대한 인상 때문인가?) 마음이 있었다. 그러나 그런 걱정은 일순 사라지고 오클랜드 공항에 도착하니 공항 안의 풍경만으로도 친근하고 평화롭기

탁 소장님! 여기가 이단인가요?

그지없다. 9·11테러 이후에 미국 사람들이 뉴질랜드로 많이 왔다고 한다. 이곳 섬나라만큼은 전쟁이나 테러로부터 안전할 것이라는 판단 때문이었다고 하는데 그 말이 맞는 것 같다. 이 나라는 대륙들과 멀리 떨어져 있기에 이곳이 논쟁거리의 중심이 되기에는 여러 상황으로 볼 때 불충분하기 때문이다. 공항에 도착해서 대학 선배이기도 한 「크리스챤리뷰」 오클랜드 지사장인 이승현 목사와 예전 집회에서 뵈었던 삼선감리교회 출신인 서승직 목사가 함께 마중을 나와 주었다. 세습이라는 부담감을 떨쳐 버리고 이곳에 오니 그렇게 좋을 수 없다는 서 목사의 간증을 들으며 힘든 결정이었지만 우리 하나님께서는 날마다 가장 좋은 것으로 우리들의 것을 챙겨 주시는 하나님이심을 다시 한번 확인할 수 있었다. 그리고 보니 이번 집회에서는 한국에서도 그랬지만 집회 때마다 생각지도 못한 이들을 참 많이 만나게 되었다. 대학 동문부터 예전 집회 현장에서 만난 사람들, 이메일로 교제를 나누었던 이들과 선친의 친구들까지 이루 헤아릴 수 없을 정도로 많은 이들을 만났으니 집회를 떠나 참 감사한 일이 아닌가 싶다. 헤어짐이 쉽지는 않았지만….

　이곳에서의 집회는 호주와는 달리 오클랜드 교역자 협의회 주최로 열린 집회여서 그런지 인원 면에서는 한국에서도 보기 힘들 정도로 성도들의 관심이 많았다. 집회 장소인 오클랜드순복음교회는 원래 방송국으로 사용된 장소여서 건물이 방송국 구조로 되어 있었다. 다른 것은 몰라도 대개의 순복음교회의 섬김과 열심만큼은 타의 추종을 불허한다. 그동안 순복음교회(이번 순회집회의 장소들이 우연히 순복음교회가 많았다)에서 안

내를 맡은 이들의 모습이 한국에서 늘 보아왔던 것과 전혀 다르지 않아 이곳이 한국인지 외국인지 모를 착각을 일으키기도 했다. 집회 후, 뉴질랜드의 밤길을 나섰다. 다 문화국가인 뉴질랜드의 밤길은 여성 혼자 다녀도 안전할 만큼 위험하지 않고, 의료 혜택 등 사회제도도 매우 잘 되어 있다고 한다. (독자 제현 중에 호주나 뉴질랜드에서 살다 온 이들도 적지 않을 텐데 너무 아는 척해서 송구하다. 하지만 한두 번 갔다 온 사람들이 또 이렇게 아는 척하는 것 아니겠나?) 그러나 호주와 뉴질랜드의 그 평화롭고 편안한 생활로 인한 두 나라의 교회마다 대부분 젊은이가 떠나고 노인들 몇 사람만이 자리하고 있는 모습은 실로 충격적이었다. 한국교회의 미래가 될 수도 있는 모습들을 보며 우리도 정신 차리지 않으면 안 되겠다는 교훈을 얻었다. 이젠 내일이면 한국으로 떠난다. 시간이 부족한 상황, 그래도 한 번

탁 소장님! 여기가 이단인가요?

쯤 관광은 해야겠다 싶어 안전한 뉴질랜드에서의 새벽 관광(?)을 만끽한다. - 2월 15일 -

잘 있거라, 뉴질랜드~

한국으로 출발. 모든 것이 감사할 일들뿐이었고, 참으로 행복했다. 각 지역에서 이단과 관련된 여러 문제를 푸는 데에 있어 큰 도움은 아니더라도 적절한 도움을 주었으며, 경계와 예방의 중요성을 널리 알리는 데에도 후회 없는 시간을 가졌다고 평가해 본다. 국외적으로 정보의 네트워크를 구성한 것도 필자의 10여 년 사역 중 손꼽을만한 일이었고 하나하나가 다 소중한 시간이었다(모든 것이 다 좋았으나 그곳 역시 비난 세력은 존재했고, 한국으로 돌아온 이후 뉴질랜드 주간 교민지 한국 신문 발행인의 이단 집회에 대한 비판 기사는 인정하기 쉽지 않은 내용을 담고 있어 씁쓸했다. 정당한 비판이라면 당당하게 받아들이겠지만 비판보다는 비난에 가까운 글이었다. 이단들을 옹호하고자 작정했는지 통일교조차 적법한 절차에 의해 교세를 확장해 간다고 믿고 있었고, 한국에서 문제가 된 『정통과 이단』 책자에 대해서는 침이 마르도록 칭찬을 아끼지 않았다. 이단들로 인한 피해자의 아픔들을 한 번이라도 보았다면 이 같은 이야기를 할 수 없었을 텐데 답답했다. 이러한 이가 교민지를 발행하고 있다는 것이 못내 마음에 걸렸으나 그 대안으로 「크리스챤라이프」 같은 신문이 창간되어 다행이라는 생각이 든다.). 또한, 멀리 떨어져 있어 자주 만나지 못하는 탁 목사와도 현대종교의 비전을 나누며 함께한 시간은 앞으로 다시 만들기 쉽지 않은 시간이었다. 내일 있을 선친의 11주기 가족 예배 때에 감사가 가득할 것만 같다. 마지막까지 오클랜드순복음교회의 담임 목사의 접대를 잊을 수가 없다. 역시 한식이었다. 외국으로 떠나면서 정통 스테이크 한번 먹어 봐야겠다는 마음 간절했으나 필자의 마음을 전혀 눈치채지 못했는지 대부분의 식사가 한식(필자가 좀 교만해진 것 같다. 한국에서는 제대로 먹지도 못하고 사역했는데 이것을 감사할 줄 모르다니^^)이었다. 예전과는 다르게 한국 음식을 먹는 것이 어렵지 않다며 한국 음식으로만 대접을 아끼지 않았다. 한국보다 우리 음식을 더 잘 먹었으니 아이러니하다. 아! 언제 다시 이 나라에 오게 될까? 벌써부터 그립다. - 2월 18일 -

다시 강행군

자리를 비운 상황에도 열심히 자리를 지켜 준 직원들에게 감사한 마음이다. 「현대종교」를 떠나면 음해하고 비난하는데 앞장섰던 몇몇과 비교가 된다. 여하간 감사한 이들과 다시 일할 수 있어 하나님께 감사드리지 않을 수 없다. 필자가 이 일을 그만두기 쉽지 않은 이유이기도 하다. 날마다 하나님은 가장 좋은 것으로 나와 우리의 것을 준비해 주신다. 직원들은 나가 있는 동안 이단의 사무실 난입도 있었고, 여러 일이 있었으나 필자가 신경 쓰지 않도록 지혜롭게 일들을 해결한 듯하다. 한국에 도착한 저녁부터 지금까지 쉬지 않고 밀린 강의 사역이다. 경기 광명으로부터 전주와 청양, 태백에서 거제도로 다시 공주로 그리고 제주도로, 강행군이다.

집회는 많아지는데 집회에만 매달릴 수도 없는 일, 더 많은 이단과

탁 소장님! 여기가 이단인가요?

관련된 사역자가 나와 공급할 것, 잘 공급할 수 있었으면 한다. 이제 현대종교는 더욱 새롭게 거듭날 것이다. 아니! 지금도 새롭게 거듭나고 있다. 앞으로도 늘 가난할 것이고 외로울 때 많을 것이며, 쓸쓸한 날이 부지기수이겠지만 그럼에도 그분만을 바라보며 이를 악물고 사역을 즐길 것이고, 날마다 기뻐할 것이며, 아주 많이 행복해할 것이다. 호주에서 만났던 한 이가 그랬다. "당신들이 있어서 행복하다고." 필자도 말하고 싶다. "여전히 우리를 사랑하는 사람들과 하나님이 계셔서 참 행복하다고." – 2월 19일(고 탁명환 소장 11주기) – (2005. 4)

이 아름다운 계절에 전혀 아름답지 못한
이야기들을 나누는 이유는
더욱 아름다운 세상을 이루기 위해서

소원

"〈소원〉이라는 찬양을 들으면 소장님과 현대종교가 생각나요"라고 누군가 말했다. 세상 어떤 노래보다 좋아했던 이 노래, 곡으로만 은혜를 받았지, 가사를 정확하게 새겨들은 적이 없었다.

삶의 작은 일에도 그 맘을 알기 원하네

> 그 길 그 좁은 길로 가기 원해
>
> 나의 작음을 알고 그분의 크심을 알며
>
> 소망 그 깊은 길로 가기 원하네
>
> 저 높이 솟은 산이 되기보다 여기 오름 직한 동산이 되길
>
> 내 가는 길만 비추기보다는 누군가의 길을 비춰준다면
>
> 내가 노래하듯이 또 내가 얘기하듯이 살길
>
> 난 그렇게 죽기 원하네
>
> 삶의 한 절이라도 그분을 닮기 원하네
>
> 사랑 그 높은 길로 가기 원하네
>
> 사랑 그 좁은 길로 가기 원하네
>
> 그 깊은 길로 가기 원하네 그 높은 길로 가기 원하네

정말 이렇게 살 수 있을까? 내가 전하는 말과 느끼는 감동 모두가 귀한 삶이 되길 소원하며.

코스타

코스타, 유학생 선교 운동인 동시에 수양회·자원봉사·연합·전 세계 한민족 신앙공동체를 섬기는 운동이며, 그 외에도 여러 가지 목적을 두고 있는 모임이다. 한국에서의 캠퍼스 전도가 점점 어려워 가던 중, 전 세계적으로 약 15만여 명의 유학생이 나가 있고 유학이라는 특수한 환경 속에서 가난해진 마음으로 준비된 그들은 분명히 복음을 더 잘 받아

탁 소장님! 여기가 이단인가요?

들일 수 있는 옥토라고 확신하여 시작된 운동이기도 하다. 강사들만 수백여 명이 섬기고 있고, 지역 교회의 교역자들과 청년 스텝들의 헌신 속에 은혜롭고 열정 넘친다는 코스타에 초청을 받게 된 것은 아무래도 큰 기쁨이 아닐 수 없었다. 문제는 계속되는 재판으로 인한 신원조회의 문제와 자비량으로 진행되는 행사이기에 겪게 된 물질적 문제였다. 그러나 그러한 문제들도 하나님께서 쉽게 해결해 주셨으니, 우선 신원조회의 문제는 출발 하루 전 가까스로 OK 사인을 받을 수 있었고, 물질 문제는 코스타 행사, 한 주 전에 마침 북경 한·중 종교 포럼이 열리게 되어 주최 측에서 비행기 왕복 티켓을 마련해 주어 결국 해결되었다. 어려웠던 문제들이 이렇게 쉽게 풀리는 것을 보며 중국에서 필자가 쓰임 받게 될 중대한 일들을 포함한 하나님의 그 귀한 계획을 조금은 눈치채게 되었다.

북경 한, 중 포럼

"중국에서 활동하고 있는 이단의 문제는 절대로 중국 정부에서 막을 수 있는 것이 불가능하다. 그 문제의 구체적 대안은 건전한 종교를 육성해 주는 것이고, 건강한 종교를 통해 해결할 수 있는 것이다. 이것 역시 쉽지는 않겠으나 반드시 그렇게 해야만 한다"라며 나흘 동안의 포럼과 사적인 자리들을 통해 정부 관계자들과 학자들에게 역설하고 또 역설하며 포럼을 마치고 코스타 집회장으로 향했다. 그러나 현대종교의 대표 자격으로 참석한 이 포럼이 혹시나 중국 선교 관계자들이나 중국에서 열심히 살아가고 있는 이들에게 불이익이 되지는 않을까 하는 염려가 들기도 했다. 정부 관계자들에게서 고무적이고 긍정적인 답변을 들을 수는 있었으나 중국에서의 종교 정책이라는 것이 우리가 생각하는 것과는 너무나 다른 것이기에 이렇게 애가 탈 수밖에 없는 것 같다. 하나님께서 이러한 마음을 주신 것은 중국을 위해서도 기도의 끈을 놓지 말라는 뜻일까? 여하간 앞으로도 오랜 기간 중국 측과의 만남이 '동상이몽'이 되겠지만 그 안에서 역사하실 하나님을 기대해 본다(중국 측을 만나던 중 재미있었던 에피소드 하나는 중국 측 대표자의 이름이 우리나라 말로 표기하면 '당회장'이어서 그에게 그 뜻을 가르쳐 주며 꼭 기독교 신자가 되어 교역자로 헌신하라는 농담 반 진담 반의 이야기를 나누었는데 정말 그렇게 될지 누가 알겠는가?). 한국 측 관계자들이 모두 돌아간 이후에 공안과의 만남도 여러 번 있었는데 꽤 높으신(?) 이들까지 나서서 한국의 이단들로 인해 골머리를 앓고 있다며 적극적인 도움을 요청해왔다. 한류 바람이 중국으로 부는 것은 나름대로 괜찮겠지만 이단들까지 수출(?)되어서야 쓰겠나 싶은 맘으로 정보의 교환을 약속한다. 한국 이단으로 인해 힘들어하는 이들의 모습을 보며 미안한 마음도 들었으나 이 나라 이단들로 인해 한국교회가 혼란스러웠던 것을 생각해 보면 피장파장이란 생각도 든다. 불경스러운 생각인가? 아무튼.

코스타 차이나 2005

한 마디로 감동과 도전, 그리고 은혜와 감사가 넘쳤던 시간이었다. 코스타에 대해서 부정적인 시각과 행사 도중 약간의 실망스러운 점이

탁 소장님! 여기가 이단인가요?

없었던 것은 아니지만 코스타의 짧은 기간 동안, 필자의 성숙과 변화를 생각한다면 그것이 그렇게 중요해 보이지는 않는다. 이번 집회가 종교가 자유롭지 못한 중국에서 열려 다른 코스타와는 다르게 주최 측을 포함해 많이들 고생했지만 그래서 더욱 은혜가 되었는지도 모르겠다. 처음으로 참석한 코스타에서 많은 은혜를 받고 은혜를 끼칠 수 있었던 것은 전적으로 하나님께서 함께해 주셔서다.

첫째 날, 가장 먼저 집회장에 도착해 짐을 푸는데 여러 가지로 어색하기만 하다. 스텝들의 친절한 안내가 없었다면 그 서먹함을 어찌했을까. 점심쯤 되니 한국에서 일행들이 도착한다. 평소에는 만나기도 힘들었던 사람들, 홍정길 목사를 비롯하여 김원태, 박광철, 하정완, 곽수광 목사와 탱크 목사로 알려진 홍민기 목사, 그리고 찬양 사역자 한웅재 목사와 PK 등 60여 명의 강사가 함께했다. 이 많은 사람을 이렇게 한꺼번에 만나고 교제할 수 있는 것이 어디 쉬운 일인가. 꼼짝없이 4박 5일 동안 싫어도 같이 있어야 하고, 그러므로 다른 이들의 사역도 이해하며 가까운 교제를 할 수 있는 것이 코스타의 장점 중 하나라 생각한다. 수련회 장소는 북경공항 근처의 국문루호텔, 코스타는 워낙 대규모의 인원들이 모이는지라 저렴한 호텔 등을 이용하여 행사를 갖곤 한단다(그러고 보니 중국에서의 대규모의 인원들이 모이는 집회와 예배는 호텔을 이용한다. 코스타 전날, 한인교회에서 말씀을 전했는데 21C 교회라 해서 교회 이름이 그런 줄 알았는데 호텔 이름이 21C 호텔이었고, 교회 이름은 북경 한인교회였다. 그러나 사람들에겐 전자의 이름으로 더 알려져 있다.). 그리고 특별한 것은 모두가 자비량으로 섬긴다는 것이다(아직까지 현대종교는 자비량과 친하지 않아 처음엔 겁을 먹기도 했다.). 코스타의 모든 강사는 강사료를 받지 않는다. 물론 비행기 표도 자비량으로 준비한다. 학생들에게는 적지 않은 회비가 있다. 그러나 코스타에 참여하는 모든 이들과 함께 모여 은혜를 나누기 위해 여러 가지 노동이나 일들을 통해 회비를 모은단다. 그리고 짧게는 몇 시간, 길게는 24시간 이상 기차를 타고 모여든다. 코스타의 홍보인이 된 듯해 이젠 그만 말해야겠지만 여하간 모든 것이 필자에게는 신선한 충격이었고, 감동이었다. 중국 코스타의 특징 중 또 하나는, 첫째 날에 꼭 공안들이 모여 부드러운(?) 위협을 가하곤 했다는데 이번에도 그냥 지나가지 않았고, 너무나 많은 이들이 모인 집회(반일 시위의 여파가 끝나지 않은 상황이어서 500여 명 이상의 인파가 모이면 초긴장이라 하는데 1000여 명이나 모였으니 오죽 긴장했을까 싶다)였던지라 감시의 눈초리가 대단했다. 그들은 홍정길 목사(중국 공안들은 홍 목사를 대장쯤으로 여기는 듯했다)가 그곳을 떠나야 집회의 원활한 진행을 도와줄 수 있다고 했다. 결국 논의 끝에 아쉬움을 달래며 홍 목사를 떠나보낸 후에야(저녁 12시가 지나서야) 숙소에 들어갈 수 있었고, 이렇듯 어렵게 첫째 날을 마무리 지을 수 있었다. 그리고 둘째 날부터는 들었던 대로 여지없이 강행군이다. 계속해서 6시 기상이었고, 새벽 2~3시가 지나서야 취침을 했다. 그러나 그것이 하나도 싫지 않았고, 피곤하지도 않았다. 코스타 회보에 있는 그대로였다. '모든 프로그램에 임하는 강사들의 모습은 참 감동적이다. 본인의 시간이 끝나도 계속 다른 강사들의 말씀을 학생들과 함께 들으며 잠시 쉬는 시간에는 밀려오는 학생

탁 소장님! 여기가 이단인가요?

들과 상담을 한다. 어떤 때는 새벽 늦게까지 잠을 못 이룰 정도로 학생들이 상담을 요청하지만, 싫은 기색을 보이거나 거절하는 강사는 한 사람도 없다. 열정을 가지고 학생들에게 하나라도 더 전하고 싶어 하는 강사들을 볼 때마다 눈시울이 뜨거워진다. 각 지역에서 코스타를 섬기는 간사들과 지역 교회 교역자들의 헌신 또한 강사들 못지않다. 무대 뒤에서 이름도 없이 빛도 없이 그저 청년들이 은혜받고 변화되는 모습이 너무 좋아서 몇 날 며칠 밤을 꼬박 새우며 일하는 그들의 섬김과 열정이 강렬한 스파크를 일으킨다.

이단과 관련해서도 그 열정은 마찬가지였다. 필자의 첫 강의는 일터의 현장이라는 제목의 1시간짜리 전체 특강이었다. 건방진 이야기인지는 모르겠으나 이단의 이야기와 이단과의 영적 전쟁은 중국 이단과 한국 이단들로 북적이는 이 땅에서 커다란 반향을 일으키기에 충분했고, 필자의 생각으로는 이단 대처와 관련해서 너무나 목말라 있던 학생들에게 커다란 충격임이 틀림없었던 것 같다. 그 충격은 다음 날의 선택 특강으로 이어졌다. 총 60명을 만나도록 계획된 이단특강 강의실에는 3번(원래 필자에게 부여된 선택특강은 2번이었는데 학생들의 요청에 의해 특강이 하나 더 만들어졌다)에 걸쳐 400여 명에 가까운 학생들이 모여들었고, 그 관심에 행복한 비명보다는 학생들이 이단들로 인해 그동안 많이 힘들었나 보다는 생각이 들었다. 이단의 관심은 이해관계에 있을 때야 더욱 깊어지는 법, 강의 후에 필자의 예상대로 한국으로 돌아오는 날까지 잠시도 쉬지 못하고 상담을 했다. 상담 내용도 가지각색이었다. 이단에 몸담았다가 나온 친구들부터 학교에서의 이단들의 포교, 한국에 계신 부모들과 관련된 이단의 문제 등 그 사연이 부지기수였다. 상담했던 이단들의 종류로는 중국의 이단들보다는 '여호와의 증인'이나 '안식교' 그리고 나머지는 거의 한국에서 들어온 이단들의 문제였다. 가장 많았던 것이 '성락교회', '다락방', '박옥수 구원파', '만민중앙교회', '하나님의교회' 등이었다. 물론 필자가 우려했던 JMS나 신천지도 활동하고 있음을 확인할 수 있었다. 상담을 하며 한국 대부분의 이단이나 문제성 집단들이 이미 중국에 들어와 있음을 알 수 있었다. 이 먼 곳, 중국에서의 이단으로 인한 아픔들을 누가 위로할 수 있었겠는가? 하나님께서 이곳으로 보내신 이유를 깨닫는 시간이었다. 그래서 더욱 할 수 있는 만큼 그들을 위해 기도했고 최선을 다해 상담했는지도 모르겠다. 한국에 돌아가서 농담처럼 했던 말처럼 태어나서 그렇게 열심히 기도하고 정성껏 남을 위해 상담했던 적이 있었는가, 라는 것이 전혀 잘못되지 않은 것 같다. 그들과 함께했던 눈물과 기쁨의 시간, 4박 5일 대부분 날을 뜬눈으로 지새우며 섬김의 정신을 보여준 강사 섬김 팀(스텝들은 팀들이 각기 나누어져 있었는데 장소가 중국인지라 중의학과를 다니고 있는 지체들이 의료팀을 꾸리고 있었던 것이 기억에 남는다. 침과 안마 등으로 정성껏 강사들과 청년들을 섬겼는데 필자도 귀 침을 한 번 맞았더니 아프던 것들이 씻은 듯이 나았고, 매우 독특한 경험을 했다. 의료팀은 중국 코스타에서만 만날 수 있는 팀이라 한다) 등의 스텝들로 인한 도전과 감동의 시간, 귀한 강사들로 인한 행복했던 일들은 오래도록 잊을 수 없는 시간이었다. 특강 중 마지막으로 전했던 열심히 살겠다는 고백은 이러한 사랑

탁 소장님! 여기가 이단인가요?

에 대한 보답이었고, 다짐이었으며, 하나님께 드린 약속이었다. 더욱 빚진 자의 심정으로 잘. 살. 아. 야. 겠. 다.

'강의'라는 씨름

중국에서 돌아오자마자 밀렸던 일들을 능숙하게 해치운다. 오랫동안 잊히지 않는 후유증이 힘들긴 했으나 하나님께서 주신 거룩한 부담감이라 믿으니 편안해진다. 그 기대를 안고 한국에서 강의 사역 재개, 그러나 북경에서의 뜨거움을 이곳에서는 느낄 수가 없다. 다람쥐 쳇바퀴 돌듯이 그저 부르는 곳으로 달려가고, 전해 달라는 이야기를 전하며, 몇 푼의 거마비를 손에 쥐고 돌아와서 힘들어하는 모습이 필자가 꿈꾸었던 것은 아닌데, 비록 자비량 사역이긴 했어도 갈급했던 것은 뜨거운 만남 속에서의 끈끈한 다짐 같은 것이었다는 생각이 깊어진다. 사람들이 변하는 걸까? 내 시각이 변하고 있는 걸까? 어느 선배 목회자가 들려준 이야기처럼 '우리는 열심히 싸우고 있는데 너희들은 뭐 하느냐?' 식의 강의보다는 그간 관심을 가지지 못했던 이단 문제에 이제부터라도 관심을 두도록 부드럽게 설명, 설득하는 것이 필요하다고 말했던 것에 공감한다. 그럼에도 불구하고 여전히 무겁고 부담스러운 넋두리가 담긴 강의는 계속되고, 강의 후의 실망 또한 여전하다. 이제는 어느 정도 강의 사역을 새롭게 정리할 시기가 온 것 같다. 문제가 밖에 있다고만 생각하기 전에 세상과 교회를 바라보는 필자의 생각과 눈에 있음을 기억하며. (2005. 6)

2006년, 여전히 '그리 아니하실지라도'의 삶을 기대하며

KTX

거의 매일 강의 사역으로 전국 방방곡곡을 돌아다니던 10여 년 중 가장 기뻤던 소식 하나는 고속철의 건설이었다. 고속버스는 막히기 일쑤고 비행기는 워낙 비싸 부담스러웠던 차에 그 중간쯤 되는 교통수단이 등장했으니 오죽했을까. 서울에서 대전까지 49분 만에 도착할 수 있다는 것을 누가 상상이나 했겠는가? 이렇듯 KTX라는 선물(?) 때문에 집회 사역이 참 편해졌다. 그러나 문제는 이러한 편리함 뒤에 숨어 있는 누군가의 아픔이 있다는 것이다. 예를 들어 호남 고속철도 건설의 문제이다. 그것이 과연 전체 지역 주민들에게 이익이 되는가 하는 문제 제기다. 경제 저널리스트인 이봉수 선생은 새마을호와 무궁화호를 3분의 1로 줄이고 통일호를 없애버린 것은 고속철의 수익을 위해 서민들의 편익이 희생된 경우라고 못 박는다. 고속철 요금 구조에도 실패한 국책사업의 딜레마가 드러나고 있으며 적자를 메우려고 요금을 몇 배로 올린다면, 승객 감소가 뻔하고 항공과도 경쟁이 안 된다. 더욱 안타까운 것은 여성 승무원에 대한 처우와 파악조차 안 되는 많은 수의 비정규직 직원들의 처우 역시 우려하지 않을 수 없는 수준이라고 한다. 살면서 편리함 뒤에 감추어져 있는 아파하고 소외된 이들을 외면해서는 안 될 것이

탁 소장님! 여기가 이단인가요?

라 여겨져 지난번 시간 강사의 문제에 이어 또 다른 마이너리티의 문제를 지적하며 모든 일이 잘 풀어지길 기대하는 마음으로 담았으니 행여나 이해 당사자들이 글을 읽으며 맘 상치 않기를 바란다.

현대종교는 내 운명

2005년의 마지막 달, '남서울은혜교회'의 청년들을 만나는 것으로 12월을 열었다. 이후 청주로 내려갔다. 터미널 들어가기 전엔 그 유명한 가로숫길을 만끽할 수 있으나 도착하면 언제 그랬냐는 듯이 온통 모텔들과 유흥업소들로 가득 채워져 있어 대한민국 교육 도시 중 하나인 이곳에 올 때마다 쓸쓸한 마음이 크다. 물론 이젠 대부분 도시가 그렇지만. '청주 은파교회'에서의 오전 집회(낮 예배 시간을 주기가 쉽지 않았을 텐데도 담임 목사는 이단 관련한 강의를 더 많은 성도가 들어야 한다며 부족한 사람에게 귀중한 시간을 할애해 주었다)와 그 감사했던 배려 덕분에 오후 집회까지 잘 마치고 서울로 돌아오는 길, 버스전용차로가 좋긴 하다. 모든 도로가 정체인데도 고속버스는 제시간에 도착했다. 다음 날 대전의 한 선교단체의 강의와 '대전 극동방송(지난번 극동방송 전체 직원들 세미나 때 짧은 시간 동안 열심히 강의했더니 아쉽다며 몇몇 지역 방송국에서 연락이 왔고, 처음으로 대전 방송국을 방문하였다)' 직원들 교육이 있었다. 그리고 그 주간에 해마다 이맘때쯤이면 매년 방문하는 '안산동산고등학교'와 '이화여자고등학교' 고3 학생들을 만났다. 수능이 끝난 후에 시간적 여유가 있는 고3 아이들에게 앞으로 구체적으로 만나게 될 캠퍼스 이단에 대해 강의해달라고 부탁을 받은 지 벌써 3~4년이 흘렀고, 올해도 변함없이 즐거운 마음으로 아이들을 만났다. 관심과 배려도 감사했으나 대상이 종교가 없는 등 불특정 다수의 학생인데도 초롱초롱한 표정으로 그 긴 시간 동안 잘 들어주었던 것이 더 감사했다. 특히 어머니가 다니셨고, 새문안교회 고등부 시절 내 사랑하는 친구들이 다녔던 이화여고의 강의는 더욱 애틋하기만 했다.

그리고 유행가 가사처럼 대전을 찍고 서울로 올라와 다시 광주 찍고 부산으로, 마지막으로 춘천을 끝으로 2005년의 강의 사역은 잘 마무리가 됐다. 생각해 보니 12월은 11월과 달리 조금 여유가 있을 줄 알았는데 전혀 그러하지 않았다. 다시 고소 사건이 하나 있었고, 서울신학대학교 학생들의 성적 채점과 성적 입력 작업(200명이 넘는 학생들의 성적 채점과 입력 작업은 엄청난 노동임이 분명하다.), 연말 결산과 새해 계획, 「현대종교」의 부록인 〈여호와 닛시〉 복간 준비와 발행 등 눈코 뜰 새 없이 바쁘게 지냈다. 더욱이 성탄과 연말까지 껴 있으니 더욱 그러했다(월간지의 특성상 1월호 책을 12월에 제작하고 있는 지금, 아직 맞이하지 못한 성탄절만큼은 그날의 주인공인 그분에게 조용히 영광 돌리는 하루가 되길 소망해 본다.). 2005년 12월과 2006년 1월이 교차하는 「현대종교」 새해 첫 호의 남은 마지막 지면은 무엇으로 장식할까? 아무래도 작년 말 모 영화제 시상식 때 감동이 된 소감 하나를 내 소감으로 만들면서 마쳐야겠다. 〈너는 내 운명〉이란 영화에서 한 여자만 바라보는 지고지순한 시골 총각 김석중 역을 맡아 300만 이상의 관객을 웃기고 울렸던 영화배우 황정민의 청룡영화상 수상소감이다. 그는 "저에게도 이런 좋은 상이 오는군요"라며 "먼저 그동안 속

탁 소장님! 여기가 이단인가요?

으로만 감사했던 하나님께 감사드린다."고 했다. 그리고 이어 "60여 명의 스태프들이 밥상을 차려놓으면 배우는 밥만 먹으면 된다. 그런데 스포트라이트는 저 혼자 다 받는다"라고 눈시울을 붉혀 객석을 숙연케 했다. 그리고 "지방에서 공연하고 있는 '황정민의 운명'인 집사람에게 이 상을 바치겠다"라는 등 여러 감동적인 수상소감을 말하며 평소에 시상식에서는 볼 수 없었던 주옥같은 수상소감을 했다. 마구잡이 적용이 될까 싶어 조금 쑥스러우나 진심을 담은 고백을 드릴 수 있으니 행복하다. "2005년도 한 해를 건강하게 지켜주시고 새해를 밝게 비출 수 있도록 계획하고 준비시켜 주시는 하나님께 감사드리며, 고생은 늘 직원들이 하는데도 스포트라이트는 대표에게만 비치는 것 같아 미안하기만 한 사랑하는 직원들에게 감사드리며, '탁지원의 운명'인 내 사랑하는 아내를 포함해서 멀리 흩어져 있는 가족들에게 감사드린다. 마지막으로 현대종교를 위해 기도와 관심으로 그 중심을 잘 잡아주신 독자와 성도들께 감사드린다." (2006. 1)

꽃샘추위가 지나고 나면

사모

집회가 끝난 후, 교역자들과 대화를 나누는 것보다 잠깐이지만 사모들과 대화를 나누는 것이 더 좋다. 사모들은 평생을 내조하며 살아왔는지라 항시 부드럽고 섬세하며, 역지사지로 상대방의 안타까움을 자신의 것과 바꿔 놓는 어머니들 특유의 간절한 마음이 있어서다. 물론 대개 교역자들의 권위적이고 딱딱한 겉과 달리 그 속의 넉넉함을 모르는 바는 아니나 처음이자 마지막 만남일 수도 있기에 짧은 순간 그 마음들을 알기란 쉽지가 않다. 우리 목사님들이 조금만 더 상대방을 부드럽고 편안하게 맞이해 주셨으면 하는 생각을 자주 한다.

가끔 사모 세미나 때 만나는, 집회 때마다 교회의 맨 뒤에 앉아서 열심히 강의를 듣고 있는(그러고 보니 어느 교회에서든 사모가 앞자리에 앉아 강의를 듣는 모습을 본 적이 없다. 예배드리는 성도들을 챙겨야 해서인지, 예배 시간에 잡다한 일들을 책임져야 하기 때문인지 그 이유가 궁금하다.), 사모들을 보노라면 잘못된 생각일 수도 있겠지만 그들의 위치는 늘 불안하고 쓸쓸해 보인다. 이 땅에서 여성으로 산다는 것이 쉽지 않은 일인 것처럼 이 땅에서 사모라는 위치로 살아가는 것 또한 만만찮으므로 더더욱 그런 생각을 하는 것인지도 모르겠다.

선교사 사모의 경우, 선교사 사회에서 또 하나의 소외된 자리이고, 보조적인 역할에 머물러 있고, 아울러 일반 목회자 사모 역시 예외는 아니기에 어느 위치의 사모라 할지라도 그 겪는 고통은 생각보다 매우 크리라 본다. 선교(또는 목회) 활동과 자녀 양육을 동시에 뒷바라지하느라 무리하다 병을 얻기도 하고, 심한 경우 모든 일을 포기하는 사례도 드물지 않다고 한다. 필자의 모친 경우도 교역자의 아내는 아니었으나 사역자의 아내로서 자신의 삶을 포기했기에 선친의 이단 관련 사역이 가능할 수 있었다고 믿는다. 지금은 폐간된「살림」이라는 월간지를 통해 원주 모 교회 사모의 이야기를 가슴 아프고 기쁘게 읽었던 기억이 난다. 지금은 사모들 모임 때마다 마지막 시간이면 어김없이 읽어 주곤 하는데 지면을 통해 이 땅의 모든 교역자와 사역자의 사모를 위해 기도하며 나눠 보고자 한다.

"왜 사모는 목사보다 빨리 죽는가?" 통상 여자가 남자보다 7년 쯤 더 사는 줄 알았는데 스트레스 때문에 그렇단다. 그것도 교회의 한 식구인 여전도사나 여집사 때문에 그렇다는 것이다. 이유야 어떻든 사모는 스트레스를 해소할 방법이 별로 없기에 그것이 문제라는 거다. 목사는 목회로 인한 영광이라도 받지만, 사모는 그럴 위치도 아니고 교회가 커질수록 뒷전에 밀려나서 과연 내가 필요한 존재인가 하는 소외감과 우울증으로 자신의 가능성을 살리지 못함은 물론이요, 질병에 걸리기까지 한다는 것이다. 어떤 강사는 사모 모임에서 300명이나 되는 사모들을 둘러보더니 표정이 어둡다고 진단을 내리기도 했다. 아내는 남편의 사랑을 먹고 사는 존재인데 목회에 바쁜 남편의 사랑을 의심하지 말고, 둘 사이의 틈을 없애기 위해 무슨 일이 있더라도 한 이불 속에서 잠을 자라는 것이다. (중략) 언젠가 초 교파로 모인 사모들의 모임에 간 적이 있었다. 넓은 기도원에 거의 천명에 가까운 사모들이 모인 자리였는데 부부간의 만족도나 신뢰도, 행복감 등에 관한 이야기를 하면서 강사가 사모들이기에 받는 스트레스에 관하여 말하고 통성으로 기도하는 시간을 주었을 때, 터져 나오던 그 절규와 통곡의 울부짖음을 지금도 잊을 수가 없다. 도대체 사모이기에 받는 스트레스는 그 농도가 얼마쯤이나 되는 것이기에 수명을 단축하기까지 하는 것일까. (후략)

사모이기에 말 못 하고 당하는 소외감이나 외로움을 누가 위로해 주고 격려해 줄까 싶다. 이 글의 결론으로 우리 하나님께서 함께해 줄 것이니 걱정하지 말라고 끝을 내면 얼마나 비겁한가. 그럼에도 불구하고 이 문제를 해결해 줄 수 있는 열쇠가 하나님밖에는 없겠고, 글쓴이의 마지막 글이 또 하나의 해결 아닌 해결책이 될 것이라는 믿음이 왠지 이 글을 담은 이유인지도 모르겠다. 어느 날 새벽기도 시간에 남편인 목사의 설교 내용 중, 잠시 집을 비우고 늘 관심 밖이었던 아내를 통해 남편이 느꼈던 아내의 필요성을 역설하는 설교가 그에게는 크게 은혜가 되었고, 목사가 그토록 목회에 전념할 수 있는 것은 어쩌면 사모의 역할을 묵묵히 해내려고 애쓴 사모들의 공도 얼마만큼은 들어 있었기 때문이었음을 확인하며 큰 위로가 되었음을 고백했던 글이었고, 이어 다음의 글로 마무리를 지었다.

언제부터인가 주위의 젊은 사모들이 이따금 전화로, 또는 은밀히 찾아와서 마음의 고통을 털어놓을 때면, 이것은 우리 사모들만이

탁 소장님! 여기가 이단인가요?

물어야 할 세금이니 잘 감당하면 하늘나라의 상급이 있을 것이라고 위로해 준다. 심각하다 못해 병이 되는 이야기인데도 누군가에게 털어놓기만 하면 시원해지는 이상한 증세! 그 비밀은 바로 동료 의식 때문이다. 나 혼자만 당하는 것이 아니라는 생각을 하면 왠지 가벼워지는 것이다. 같이 이야기하다 보면 사모이기에 말 못 하고 당하는 소외감이나 외로움도 어느 정도는 덜어진다. 분명 남편은 아내와 다르다. 부부간의 사랑을 최우선으로 꼽는 아내와는 달리, 남편은 자기 일을 가장 우선순위에 둔다. 이것을 인정하고 남편을 이해하게 되면 영원한 타인 같기만 한 남편과도 비로소 한 몸이 되었다는 뿌듯함이 생기는 것이다. 그러니 일 중독자 목사들이여! 지금보다 조금만 아주 조금만 더 아내의 입장을 배려해 주세요. 그리고 사모들이여! 조금만 더 넓은 가슴으로 남편을 격려해 주세요!

* 이 글을 읽고 우리 목사님들이나 성도님(특히 여집사님이나 여전도사님들)이 마음 상하셔서 혹시 저희와의 관계를 멀리할라치면 우리 사모들께서 부디 막아주시길!^^ 그리고 꼭 힘내시길 진심으로 소망한다.

남유럽으로 가는 길

이탈리아로 떠나기 전날 밤, 처음으로 가는 유럽(10여 년 전에 갔었던 러시아도 유럽에 속하는지 잘 모르겠다.), 이어서 들뜨는 마음 없지 않았으나 왠지 이 땅에 남아 고생(?)할 많은 이들을 생각하니 맘이 편하지 않다. 고작 일주일 떠나 있을 것이지만 이런 걱정이 앞서는 이유는 항상 가정과 회사에 최선을 다하지 못하기 때문이다. 그러나 모든 것을 하나님께 맡기고 주어진 일에 최선을 다하고 돌아오면 하나님께서 가장 좋은 것으로 모든 것을 인도해 주실 것이라 의심의 여지 없이 믿기로 하니 마음이 한결 편해졌다. 이번 남유럽 코스타는 기도와 관심을 보여주셨던 분들이 워낙 많았고, 후원을 아끼지 않은 손길들이 있어 가능했다. 그들의 뜻과 하나님께서 기대하고 계시는 유럽이란 땅에서 고군분투하고 있을 유학생들에게 조금이나마 힘이 될 것으로 생각하니 기분이 좋다. 비슷한 시기로 연결된 북유럽 코스타(독일)까지는 선약된 국내 집회가 많아 가지 못해 아쉬웠으나 그래도 10여 개 나라의 유학생들을 만나는 좋은 기회였다. 생전 처음 가보는 유럽에서 은혜 가득 안고 돌아왔으면 좋으련만 들리는 이야기로는 유학생들 대부분이 성악, 악기, 디자인 등의 예술 분야 전공자들이어서 이단 문제에 관심이 있을지 모르겠다. 첫 코스타 집회였던, 지난해 중국 북경 코스타가 워낙 큰 은혜와 감동을 주었다고 보고했던 것을 아직도 기억하시는지. 그러나 기준을 북경에 맞추게 되면 실망이 클 수 있다는 것을 알게 된 것은 상해 코스타 때였다. 상해 때도 물론 좋았지만 각 나라와 도시마다 차이가 있다는 것을 그때 알았다. 이번에도 그 차이를 잘 받아들여야 할 것 같다.

프랑크푸르트를 거쳐

여행할 수 있는 시간이 주어지지 않아 아쉬워했던 것을 눈치채셨는지 하나님께서는 남는 시간 틈틈이 필자에게 많은 선물을 주셨다. 심지

어느 일정을 하루 늦추면서까지(?) 말이다. 한국에서 12시간을 날아와서도 아직 1시간 30분의 비행을 더 기다려야 했던 독일 프랑크푸르트에서의 1시간 관광은 말 그대로 초스피드였다. 북유럽 코스타 대표께서 마중을 나와 남는 시간 동안 공항 근처에 시내가 있으니 한번 둘러보자는 말을 꺼냈을 때만 해도 크게 기대하지는 않았다. 그러나 독일의 주요 관광지가 그곳에 다 몰려 있다고 해도 과언이 아닐 정도로 짧은 시간 많은 것을 볼 수 있었다. 그 유명한 '쌍둥이 칼'의 제품들만 구경을 못 했지, 즐거운 관광이었다. 프랑크푸르트는 과거와 현재가 늘 조우하고 있는 곳이다. 아시다시피 독일의 수도는 베를린이지만 이곳이 독일의 항공, 철도, 자동차 교통의 요지이다. '뱅크푸르트'라고 불릴 만큼 금융과 상업이 발달한 독일의 5대 도시 가운데 하나이기도 하다. 또한 대부분의 국제선이 취항하는 독일 최대 규모의 공항이 있다. 그곳에서 짧은 시간 동안 독일 역사가 드리워진 역사적 관광지로 대관식이 거행되었던 대성당, 프랑크푸르트의 역사와 전통을 자랑하는 뢰머 광장, 『젊은 베르테르의 슬픔』, 『파우스트』 등의 걸작으로 잘 알려진 세계적인 문호 괴테의 생가와 오페라 하우스도 볼 수 있었으니 얼마나 행복했겠는가(잘난 척해도 이해해 달라는 이야기는 지난번 호주와 뉴질랜드 순회집회를 하면서도 말씀드렸으니 다시 이야기하진 않겠지만 그래도 유럽에서 오래 사신 분들이여! 신기하게 무사히 짧은 관광을 마친 서울 촌 녀석의 글에 시비 걸지 말아 주길 부탁드리는 바이다.^^). 아직도 차범근씨가 이곳에 오면 여전히 사인 공세에 시달린다 하니 예전 '차붐'의 열기가 굉장하긴 굉장했나 보다. 당연한 이야기겠지만 시내의 대부분 차량이 벤츠와 BMW다. 심지어 택시까지도. 왠지 한국에서 외제 차를 타고 다니며 뽐내는 이들을 생각하니 잠시 웃음이 났다.

풍부한 문화유산의 나라 이탈리아

드디어 인천공항을 출발한 지 17시간 만에 이탈리아에 도착했다. 고대 유적과 문화유산이 살아 숨 쉬는 나라인 이탈리아, 그러나 아직 끝난 것은 아니다. 집회 장소까지 2시간을 더 가야 한단다. 장소까지 가는 길이 밤이 아니었다면 멋진 자연을 만끽했을 것이라고 말하는 것이 점점 이곳이 어떤 곳인지를 궁금하게 한다. 스위스와 오스트리아의 중간쯤 위치한 이탈리아 북쪽의 돌로미티라는 곳인데 이곳은 50년 전 동계올림픽이 열렸던 곳이며(이번 동계올림픽도 아시는 바와 같이 이탈리아에서 열렸었다. 이쪽 사람들 이야기를 들어보니 한국 사람들은 전체 종목을 고루 잘하는 것이 아니라 쇼트트랙만 잘하는 거라 그들의 실력을 인정할 수 없다는 한국을 깔보는 식의 이야기를 한단다. 조금 섭섭한 이야기라 생각했는데 옆에 계신 목사님께서 2002월드컵 때 이탈리아와의 경기 때 안정환 선수가 넣은 골에 대한 앙금이 아직 남아 있어서 그렇단다. 참고로 이탈리아 사람들은 한국은 잘 몰라도 서울은 알고 있다고 하니 아이러니컬하다.), 이탈리아인들이 매우 자랑스럽게 생각하는 지역이라고 한다. 거기다가 말로만 들었던 알프스산맥이 연결된 곳이라니 기대해도 좋을 듯싶다. 이곳 이탈리아에는 한인교회가 15개 정도가 있다고 하는데 교역자는 10여 명뿐이어서 생각한 것보다 아직 기독 교세가 약한 듯하다. 한국 교민은 거의 유학생들이고, 약 5000여 명 정도가 살고 있다고 한다.

탁 소장님! 여기가 이단인가요?

밀라노라는 도시가 거의 이탈리아를 먹여 살린다는 이야기와 북부지방이 대체로 잘 살고, 로마 이남으로는 실업률이 높다는 이야기도 들을 수 있었다.

이번 코스타는 다른 코스타 때와는 달리 강사들에게 방 하나씩이 주어졌다. 예산이 남는 등 다른 이유가 있었던 것은 아니고 집회 장소가 천주교에서 운영하는 곳인데 지금은 리조트로 사용되고 있으나 예전에는(101년의 역사를 자랑하는) 천주교 학교였단다. 예비 신부들이 수도 생활을 하는데 독방은 필수였지 않겠는가? 방 구조상 한 사람 이상이 묶기 어렵기에 1인 1실이었다. 피곤과 기대가 교차하는 가운데 보낸 이탈리아에서의 첫날밤은 시차로 인해 제대로 눈을 붙이지 못했고, 생각과는 달리 일찍 일어나야만 하는 사태가 발생했으나 덕분에 멋들어진 장관을 볼 수 있었다. 집회 시작이 오후부터인지라 여러 강사와 근처 스키장을 산책하기로 했다. 어린아이부터 노인에 이르기까지 스키가 생활 스포츠였기에 여유 있고 편안하게 스키를 즐기고 있다. 한라산보다 훨씬 높은 산으로 둘러싸인 곳에서의 그들의 삶이 마냥 윤택하게 보였지만 그래도 뭐니 뭐니 해도 이쪽 나라의 자연경관보다 못할지는 모르겠지만 사는 동네의 도봉산이나 수락산 같은 대한민국의 자연이 더 고풍스럽고 멋지다는 생각이 든다. 그래도 이왕 이곳에 왔으니 오늘 둘러본 것 외에 로마에서부터 피렌체, 베네치아, 밀라노, 나폴리 등을 둘러보고 싶은 마음 굴뚝같으나 다음 기회로 돌리기로 한다. 점심 식사(첫날부터 파스타가 나오기에 먹을 복 터졌구나 싶었는데 수련회 내내 빵과 파스타의 연속이다. 이탈리아에 가면 꼭 피자를 한번 먹어 보리라 다짐했는데 결국 먹지 못했다) 후부터 학생들과 강사들이 속속 도착하기 시작한다. 이탈리아, 독일, 프랑스, 영국, 스페인, 스위스 등 10여 개 나라 320여 명의 지체들과 어제같이 도착한 변호사이기도 한 주명수 목사, 곽수광 목사, 국제 코스타 본부의 두 간사를 비롯하여 CCM 사역자 한웅재 목사와 가족들(송정미 사모가 온다 하여 모두 기대했었는데 몸이 많이 불편하여 오지 못했다.), 새빛맹인선교회 안요한 목사, 민들레 영토의 지승룡 목사, 위클리프 성경 번역 선교회의 정민영 선교사 부부, 정진호 연변 과기대 교수, 홍민기 목사, 이랜드의 이수팔 목사, 케냐 이은미 선교사, 한기채 목사 등이 이번 코스타를 섬기려고 온 강사들이다. 필자의 강의도 중요하겠으나 이 유명 강사들의 강의를 한꺼번에 듣는다는 것이 어디 쉬운 일인가 싶어 더욱 기대가 된다.

남유럽 코스타가 시작되고

중국 코스타 때보다는 인원이 적어서인지 차분한 분위기로 시작되었으나 이번 코스타도 여전한 감동과 은혜와 감사가 넘쳤던 시간이었다. 음악과 디자인 등 예술 분야의 전문가들인 이들에게 관심 밖이었던 이단에 관해 관심을 두게 했다는 것만으로도 얼마나 귀한 일인지 모르겠다. 첫 번째 강의 이후 계속 프로그램이 이어졌다. 중국과 호주 등과는 달리 오랜만에 시차를 겪다 보니 피곤함은 계속되었으나 은혜는 더욱 충만해져 갔다. 내일 있을 전체 특강과 선택특강 때 많은 이들이 하나님의 은혜를 간절히 느꼈으면 하는데 걱정이 앞선다. 무튼 쉬는 시간마다 강사 휴게실에서는 강사들과 현지 교역자, 선교사들과의 환담이 이어지는데 그때 들었던 재미있는 이야기들은 지면에 다 써도 모자랄 지경이었다. 기억나는 것 중 한 가지는 유럽에는 '3 good'과 '3 bad'가 있는데 '3 good'은 스위스 행정과 프랑스 여성과 이탈리아 음식이고, '3 bad'는 이탈리아의 행정과 독일 여성과 영국 음식이란다. 이유는 이야기 그대로 해석하면 될 것 같다. 그리고 강사들이 3·1절 날이니 만세 삼창이라도 하거나 '대한민국'이라도 외쳐야 하는 것 아니냐는 의견이 오갔으나 실행되지는 않았다. 밖에만 나오면 모두 애국자가 되는 것 같다. 중요한 것은 말과 생각으로만이 아닌 '언행일치'의 삶으로 이어지는 조국과 민족에 대한 사랑이어야 하리라.

낮은 데로 임하소서

이번 강의 중 특별히 인상에 남았던 것은 영화 〈낮은 데로 임하소서〉의 주인공인 안요한 목사의 말씀이었다. 시각 장애를 가진 이후 참으로 맑고 건강하게 세상을 살아왔는지 그는 70이 다 되었는데도 아직 50을 갓 넘은 사람처럼 젊은 모습이었다. 선친과의 관계가 돈독했다고 하는데 선친의 소천 이후 관계하지 못해 미안하다고 반갑게 필자를 대하는 그와 이야기를 나누는데 꼭 생의 마지막을 농아인들과 보내며 장애우들에게 특별한 관심을 가졌던 선친을 보는 듯했다. 아직 안구 쪽의 신경이 살아 있어 독일의 어느 의사가 꼭 눈을 뜨게 해주고 싶다는 이야기를 듣고 갈등하기도 했으나 결국 여러 이유로 포기했다고 한다. 아울러 간절한 아픔과 슬픔이 가득할 것으로 생각했는데 나긋했지만 기운차고 당당한 강의와 그 삶이 행복해 보였다. 무엇보다 집안의 반대를 무릅쓰고 좋은 학력으로 안 목사에게 시집온 그의 세상 삶의 안내자를 맡고 사는 사모는 이 세상 누구보다도 아름다웠다. 어린 시절 보았던 이장호 감독의 〈낮은 데로 임하소서〉란 영화의 감동이 그날 강의를 들으면서 하나둘씩 구체적으로 떠오르기 시작했고, 옛 감흥에 젖기도 했었던 귀한 새벽 메시지였다(새벽 경건회 때마다 제일 먼저 예배당에 도착해 기도하고 찬양하며 말씀을 들었다. 필자 스스로도 신기하다는 생각을 했다. 왜 외국에만 가면 애국자가 되는 것은 물론이고, 신실하게까지 변하는 것일까. 여하간 한국에서는 절대로 그러지 못했던 터라 조금 쑥스럽기는 했으나 이 모습 오래도록 유지하리라 다짐해 본다. 그런데 시차 때문에 일찍 일어났을 수도 있겠다는 생각은 애써 무시한나.^^).

앞으로 좋은 교제를 약속했고, 특히 그간 청각 장애인들의 이단 문제에만 신경을 썼었는데 시각 장애인들에게 접근하는 이단 문제도 고민하자 했고, 이단 비판 관련 서적을 점자로 만드는 것에도 관심을 두기로 약속했다. 사랑하는 두 분이 더욱 강건할 수 있기를 소망해 본다.

떨리는 마음으로 강의를

13년 동안 강의만 해온 사람인데 아직도 강단 앞에만 서면 떨린다. 그러나 이것이 나쁘지 않다. 너무 여유를 갖고 강의를 하게 되면 하나님을 의지할 수 없을 것 같은데 하나님께서는 늘 적당한 긴장과 떨림을 주신다. 평생 긴장된 마음을 잃지 않았으면 하며 훗날 말씀을 전하다가 하나님 품에 안겨도 좋겠다는 생각을 해본다. 전체 특강(코스타는 한 강사에게 시간을 편중해서 주지 않고 고루 강의할 수 있도록 하는 것이 특징이다)은 기대했던 만큼 우리 하나님께서 평생 한 번뿐일 수도 있는 유럽 유학생들을 만나는 귀한 시간에 최선을 다하도록 해 주셨다. 모두 숨죽여가며 열심히 경청해 줬는데 시간이 예정했던 것보다 지났음에도 불구하고 통성기도로 힘을 모아 주었고, 계속해서 박수로 격려해 주었다(어쩌면 필자가 하는 일들이 코스타의 코드와는 맞지 않는 부분도 있겠으나 하나님을 따뜻하게 만날 수 있도록 학생들을 돕는 일로는 충분한 사역이 아니었나를 느끼게 해 주었던 마무리였다. 이번 주제가 '화해'였고, 모든 강사가 하나님과의 이웃과의 화해를 역설하고 있을 때, 주제와 어긋나 보이기도 했으나 진정한 하나님과의 '화해' 중 하나가 그동안 우리가 관심을 두지 못했던 영적 전쟁으로의 '싸움'이 아닌가 하는 확신을 갖게 되었고, 그 확신을 모두가 함께 나눌 수 있었다.). 형님인 탁지일 목사가 가끔 말해주던 것처럼 강의 때에 하나님보다 강사가 더 드러나면 안 된다는 것을 잊지 않으려고 노력하며 모든 영광 하나님께 돌릴 수 있었던 귀한 시간이었음을 고백한다. 진정한 주의 종은 강의의 내용과 평소의 삶, 그 두 가지가 일치하는 사람일 것이리라. 전체 특강 후 바로 이어진 선택특강 시간엔 시간이 이어진 특혜 때문이었는지 10개의 선택특강 중 필자의 강의실에 전체 인원의 3분의 1 이상이 모였다. 다른 때 같으면 당연한 양보가 있었겠으나 유럽 코스타는 앞으로 자비량으로 다시 가기가 힘들 것 같아 마지막 심정으로 욕심을 부려 보았다. 전체 특강과는 달리 선택특강 때는 조금 구체적인 이야기들을 영상과 말씀으로 채웠다. 강의 후 이어지는 상담은 역시 유럽도 예외가 아니라는 것을 다시 한번 깨닫게 해주었다. 본지에서도 얼마 전 해외 이단들의 동향을 파악했는데 우리가 취재했던 것과 다르지 않았다. 아니! 유럽에서의 이단들의 활동이 본지에 소개된 것보다 더하면 더했지, 덜하지는 않았다. 통일교부터 시작해서 이단들이 중국이나 미국보다는 적으나 교민들과 유학생들이 있는 곳이라면 어디든지 포기하지 않고 포교 활동을 하고 있다는 것을 알 수 있었다.

그리고 여전히 아픈 상담도 많았다. 사랑하는 가족들이 이단에 빠지고 친구들의 이단 관련 문제로 아픔을 토로하는 등 기도의 제목은 점점 늘어 갔으나 이 일 때문에 이곳에 오지 않았나? 할 수 있는 모든 것을 함께하겠다고 약속하고, 열심히 도왔다. 그 외에도 동역을 약속해온 친구들부터 후원자들(어떤 형제는 아직 예수를 영접하지 못하고 코스타에 참여했는지 담배를 사려고 모은 물질이라고 말하고는 기도하겠다며 후원했다.), 그리고 가난한 유학 생활 중 아르바이트를 하며 모은 물질의 일부라며 독자 신청으로 십시일반의 힘을 보태준 지체들도 있어 필자를 감동케 했다. 지난번 중국에서도 그랬지만 마지막 특강에서의 열심히 살겠다는 고백은 이러한 사랑에 대한 보답이었고, 다짐이었으며, 하나님께 드린 약속이었다.

돌아오는 고단한 여정, 그 속에서 그분의 계획을 느끼며

서울로 오는 길은 험난하고 고단하기만 했다. 처음에는 그저 즐거울 것만 같았다. 새문안교회 중·고등부에서 함께 신앙 생활했던 선배를 거의 20년 만에 만났는데 마침 그가 이곳에서 한국인으로는 가장 큰 여

탁 소장님! 여기가 이단인가요?

행사를 운영하고 있어 공항으로 가는 동안 처음 유럽에 도착했을 때 프랑크푸르트에서의 여행처럼 짧은 시간 안에 수상 도시인 베네치아(내지는 베니스)를 두루두루 구경할 수 있어서다. 그리고 프랑크푸르트까지 가는 비행기를 탔을 때만 해도 괜찮았다. 그런데 이럴 수가! 프랑크푸르트에 눈이 너무 많이 내려 비행기가 착륙할 수 없다는 것이었다. 결국 공항에 도착하지 못하고 계속 주위만 맴돌다가 뮌헨 공항에 비상 착륙을 했다. 내일이나 한국으로 돌아갈 수 있다는 이야기를 듣게 되었고, 한참을 기다리다가 비행기 표를 새로 발권받아 근처 숙소에 묵게 되었다. 처음부터 하루만 늦게 도착하는 계획을 세웠다면 무려 30만 원이나 절약할 수 있었고, 베니스 등을 관광할 수도 있었는데 오래전에 잡힌 강의 약속이 있었던지라 아쉬움을 뒤로한 채 서둘러 필자와 몇 사람만 한국으로 향했었던 것인데 이게 무슨 일인가 싶었다. 그날 고생한 것을 생각하면 지금까지도 힘든 맘이다(얼마 전 「현대종교」 무비데이 때 직원들과 함께 본 〈뮌헨〉이란 영화에서 주인공이 아내와 전화를 하며 갓 태어난 아이의 목소리를 듣는 순간 눈물을 흘리는 장면이 있었고, 그때 영화를 보며 참 서럽겠구나, 생각했었는데 그것과 비슷한 상황이 뮌헨에서 재연되니 세상일 참 모를 일이다.). 다행히 몽골 이용규 선교사와 동행해 조금 낫긴 했으나 이역만리 타국에서의 계획하지 않은 밤이 얼마나 힘들었던지. 특히 오래전에 약속했던 울산 태화교회의 주일 낮 강의 약속을 지키지 못한 것이 가장 아프고 죄송했다. 그것 외에도 독일의 습기 넘치는 추위로 한 달 만에 나아가던 감기는 재발하였고, 인천공항에서는 가방까지 분실된 상황을 겪었으나 그럼에도 여러 가지 은혜 속에서 하나님께서 이렇게 마무리해 주신 것은 어떤 계획이 있을 것이라 확신하며 모든 것을 감사하게 받아들이기로 했다. 그만큼 일주일의 시간이 믿음을 성장시켜준 것은 아닌가 싶다. 지금 이 글을 쓰고 있는 봄날의 따스함이 곁들어진 시내의 카페는 사람들로 북적거리나 그 북적거림조차 왠지 더욱 좋고, 사람들이 사랑스러워 보이기까지 한다. 3월 추위로는 32년 만에 가장 추웠다는 꽃샘추위가 지나고 나니 따뜻한 봄이 이렇게 우리에게 다가온 것처럼 하나님의 나라도 그렇게 따뜻하게 다가오길 바라며 글을 맺는다. (2006. 4)

그리 아니하실지라도 감사하며

가끔 아쉬움이 깊은 이유는 집회지에 도착할 때마다 강사들을 맞이하는 모습들 때문이다. 배려가 깊은 교회는 강사가 도착하면 대면하는 첫 모습이나 떠날 때의 모습에 별 차이가 없다. 사람을 어떻게 대해야 하는지를 이미 잘 알고 있고, 강사를 편하게 해주어 그날 최선을 다해 강의할 수 있도록 옆에서 소리 없이 도와준다. 아무것도 아닌 것 같지만 큰 지혜이자 배려다. 물론 당연한 예의이기도 하고. 성도들에겐 그 은혜와 감동을 통해 교회를 잘 섬기게 하여 하나님의 나라 확장의 작은 기틀을 만드는 것이 무시로 기도하여 준비하고 교회의 예산을 지출하여 마

탁 소장님! 여기가 이단인가요?

련하는 외부 인사 초청의 목적이라 믿는다. 그러기에 그 같은 준비는 꼭 필요하리라 생각한다. 그런데 그런 교회가 흔치 않다는 것이 문제이다. 물론 대개의 교회가 결례한다는 것은 아니나 강사를 초청할 때마다 조금 더 기도로 준비하고, 예의와 배려로 함께한다면 전문 분야의 강사를 초청할 때마다 원하는 것의 몇 배 이상을 건질 수(?) 있다고 믿는다(많은 강사를 만날 때마다 나누었던 것이니 꼭 참조해 주시기를). 그러나 여전히 배려라고는 눈곱만큼도 찾아볼 수 없는 교회들이 있다는 것이 슬프다. 교회의 규모가 있어 마음대로 강사를 부를 수 있다고 생각하는 것이나 거마비로 강사를 살 수 있는 것처럼 느끼게 해주는 교회, 교회의 허락을 맡고 가져갔던 책이지만 책 장사로 폄하하고 수모를 안겨주었던 교회가 그동안 얼마나 많았던가. 또한 교회의 크기로 교역자들의 목이 뻣뻣하게 굳어 있는 모습을 보거나 담임 목사가 예수 위에 서 있는 교회를 볼 때면 답답함을 넘어 애처로움이 컸다. 건방진 이야기 하나 더 하자면 강의가 끝나고 강의의 내용이 생각보다 좋았거나 성도들의 반응이 뜨겁고 또 현대종교의 저력(?)을 느끼게 되면 돌아가는 길이 부담스러울 정도로 환송을 받는 경우가 있다. 그럴 때는 (불경스러운 표현이긴 하나) 참으로 역겹기까지 하다. 또, 강사가 어쩔 수 없는 사정 때문에 조금 늦게 되었다면 교역자들이 물론 몹시 속이 타겠지만 강사는 더 피가 마를 지경인데 어쩌겠는가. 이미 엎질러진 물이니 차라리 "조금 늦어도 괜찮으니 조심해서 오라"든 지 "찬양 시간을 조금 늘리겠으니 염려 말고 최선을 다해주시라"라고 말한다면 그 죄송한 마음과 감사의 마음으로 더욱 열심히 강의하며 은혜를 나누고 돌아가지 않겠는가. 그것이 집회를 준비하는 사람들의 지혜라 생각한다. 얼마 전 서울 시내에 자리한 S 교회에서 있었던 일이다. 평소에 제자들도 많고, 좋아했던 교회였는데 그날의 일로 그 교회에 대해 다시 생각하게 되었다. 현장에 10분 정도 늦게 달려온 강사를 바라보던 교역자들의 눈빛을 평생 잊을 수 없을 것 같아서다. 인사는 고사하고 경멸하는 눈빛들에 미리 와있어 이미 마음고생 하고 있던 한정희 사목이 애처롭게 여겨졌다. 물론 하나님께서는 그날 모인 성도들을 통해 위로와 격려를 더해줬으나 이 일을 잊기가 어려울것만 같다. 무리하게 강의를 잡고 시간도 늦었기에 할 말은 없으나 입장을 바꿔 생각해 본다면 조금이나마 배려가 가능하지 않았을까. 그래도 어려웠던 일이 많아서인지 하나님께서는 한 달 동안 편안한 쉼을 주셨고, 전후로 더 많은 교회에서 기쁘고 감사한 집회를 열어 주셨다.

집회 일기

강의 때마다 한 번도 빠지지 않고 집회 관련한 기록(일기)을 짧게나마 남겨 오고 있다. 집회지 교회에서 느낀 점들과 집회에서 있었던 일, 그리고 기도 제목 등을 적고 상담했던 내용들을 메모하고 기도의 제목으로 삼는 등 어떤 때는 강의 때보다 그날의 일들을 메모하는 시간이 더 필요할 때도 있다. 메모 습관이 지나쳐 보인다는 지적도 있으나 이 같은 습관이 '단'보다 '장'이 많은 것 같아 나쁘진 않다고 생각한다. 꾸준히 몇 십 년 계속된 나의 습관을 이제는 바꾸기도 싫고 바꾸려고 해도 쉽지 않다. 메모를 십분 활용하여 거울로 삼기도 하고 다음 집회 때 참조하여 기도 제목을 계속해 기억하고 나눌 수 있어 좋으니 이 습관은 그대로 유지해야 할 것 같다. 앞으로 언제까지 강의 사역을 할 수 있을지는 모르겠으나 나태해지지 말고 습관적인 넋두리들 내어놓지 않도록 해야 할 테다. 아울러 아이들이 부르는 곳은 거절하지 말고, 자비량으로 섬길 수 있는 교회들이 더 많아지도록 마음을 비우고 섬김과 나눔의 정신을 잊지 말아야 할 것이다. 부족한 종을 이토록 귀하게 쓰시는 그분께 영광 돌린다. (2006. 10)

삶은 고단하지만 완수해야만 하는 책무임을 믿으며

이해관계

예전 강의하던 학교의 총장과 선친과의 오래전, 무엇인지 모를 그저 서로의 관계가 불편했었다는 이유로 더는 내려갈 곳 없는 시간 강사의 자리에서 좌천된 적이 있었다(짧은 사역 동안 정치적 시련(?)도 많았다.). 옮겨진 자리에서 한 학기는 꾹 참고 견뎌 냈으나 그다음부터 그 일은 자존심의 문제가 되었고, 곧 강의를 그만두었다. 학교와 학생들은 진행했던 강의에 만족했으나 보스의 그 한마디 말은 강의가 계속되었으면 하는 많은 이의 바람을 송두리째 끌어내리고 말았다. 아무것도 아니라면 아닐 수 있었던 일이었겠으나 그것이 지금까지 두려운 이유는 내가 모르고 있는 어떤 일들이 지금의 나와 이해관계 걸려있다는 것만으로도 한 세대 후에도 사람의 관계를 옭아맬 수 있는 이유가 된다는 것 때문이다. 흡사 연좌제 같은. 내가 모르는 그 시기의 누군가의 잘잘못을 떠나, 지나간 일들을 그렇듯 용서하지 못하면서 현재 많은 이들의 존경과 사랑을 받고 있다는 것이 아이로니컬하다. 안으로만 굽는 팔이 밖으로도 굽을 수 있다면 참 좋으련만 그 일이 가능하지 않은 것처럼 여러 이해관계가 주는 아픈 상처는 앞으로도 계속될 것이다. 그러나 돌이켜보면 나 또한 그러한 이해관계로 많은 이들에게 같은 상처를 주었을지도 모르는 일, 혹 있었을지 모르는 나의 실수들과 내가 아팠던 일들을 그만 무승부쯤으로 해두고 앞으로는 나 아닌 그 누구에게 기꺼이 연탄 한 장이 되는 삶을 살았으면 한다.

＊ 2022년에도 여태껏 그 이해관계는 풀리지 않고 있다. 아이로니컬한 것은 위의 학교는 오래도록 섬기고 있는 교회의 교단 학교이기도 하다.

조금 더 살고 싶습니다

이대로 가족 모두가 아버지 곁으로 가는가 싶었다. 지난 12월, 집회 차 논산 육군항공학교 창공 교회로 향할 때다. 그날 워낙 많은 눈으로 인해 운전에 있어서 베테랑인 한 전무(현 사목)도 그날만큼은 더욱 조심스럽게 운전을 하였는데 얼어있던 천안-논산 도로를 가던 중 앞에 서

탁 소장님! 여기가 이단인가요?

있던 사고 차량을 보고 그만 놀라 브레이크를 밟은 것이다. 차가 서지 않고 빙글빙글 돌면서 그렇게 고속도로를 미끄러져 가는데 그 짧은 몇 초의 시간 동안 별의별 생각이 다 났다. 이렇게 쉽게 하나님 나라에 가는 건가? 이 어린 녀석들은 어떻게 되는 건가(그날 초청한 교회의 목사가 필자의 사촌 형님인지라 가족들 모두 함께 이동하고 있었다.), 하고. 그러나 참으로 다행히 차는 옆의 가드레일에 부딪히고 뒤에 따라오던 차도 무사히 급정거하여 대형 사고를 면하게 되었다. 차는 오른쪽 앞부분이 통째로 찌그러졌으나 아이들을 비롯하여 아무도 다치지 않았다. 지금 와서 생각해 보니 하나님께서 14년 강의 사역 동안 무사고에 대한 우리의 교만에 경각을 주시기 위해서 그렇게 하셨다는 생각도 든다. 차는 지금까지 심한 진통(?)을 앓고 있지만 그럼에도 어떤 것과도 바꿀 수 없는 경각을 주심에 모두가 감사하고 있다. 하나님 나라의 소망이 우리들 사는 목적이겠지만 지금의 사역을 이 세상에서 조금 더 감당할 수 있도록 허락하신 그분께 감사하며, 기쁜 마음으로 올겨울 사역의 중반을 넘어서고 있다. 지칠 만한데도 컨디션은 다른 때와는 달리 매우 좋은 편이다. '늘 처음처럼'의 그 소중한 마음을 가다듬을 수 있도록 해주신 것에 감사드리며….

격세지감, 그리고 무던한 씁쓸함

중국 공안들의 초청을 받았다. 북경 올림픽을 앞두고 분당 예수소망교회를 통해 중국 공안국에서 이단·사이비 문제에 있어 중국 정부가 건전한 종교와 선교사들은 보호하되 이단, 사이비종교들에는 철퇴를 가

하겠다고 약속하며 협조를 부탁해왔다(여전히 쉽지 않은 일이겠으나 그럼에도 하나님께서 하시는 일이기에, 또 올림픽이라는 것 때문에, 마지막으로 시대가 바뀌고 있으니 변화하지 않으면 안 된다는 중국 정부의 위기감과 전 세계에서 기독교인이 가장 많은 나라이기도 하나 이단들 또한 득세하고 있기에 그 어려움의 한계로 인해 결국 이러한 결정을 하게 된 것 같다.). 가야 할지 망설이긴 했으나 하나님의 또 다른 뜻이 있을 것 같아 초청에 응하기로 했다. 장시간 중국에서 활동 중인 한국의 이단들에 대해 브리핑하고, 중국을 품을 수 있기를 간절히 기대하는 마음으로 1박 2일의 짧은 여정을 마쳤다. 이와는 반대로 지난 한국에서의 모 교회 집회 때, 간증을 하던 중 전 중앙정보부에서의 통일교와의 협잡으로 선친에 대한 고문까지 있었음을 이야기하자 집회가 끝난 후 한 장로의 항의가 있었다. 선친이 아니더라도 그 당시 많은 민주 인사들이 고문을 당하고 구속되는 등의 어려운 시절이었음은 누구나 아는 상식이 된 지 오래인데 그날 주제인 이단에 관한 이야기는 일언반구 없고 절대로 그런 일이 없었을 것이고, 지금의 국정원이 가만히 있지 않을 것이라는 등 항의했던 소동은 지금껏 씁쓸하기만 하다. 그래도 교회의 손님이니 이해관계의 부분은 조금 뒤로하고서, 아니면 조용히 불러내어 그 일의 진실을 떠나 조심스럽게 충고해 줄 수도 있었을 텐데 하는 아쉬운 마음이 든다. 앞뒤의 이야기가 서로 비교될 수 있는 성질의 것은 아니겠으나 두 이야기가 자꾸 생각나 함께 담아봤다. (2007. 2)

탁 소장님! 여기가 이단인가요?

물질

물질(오해) 1

사역하며 현대종교가 물질에 우선순위를 두고 살아간다는 이야기만큼은 듣고 싶지 않다. 가령 집회 때 책을 가져간다고 초청자에게 말했을 때 교회의 원칙이기 때문에 안 된다면 당연히 기쁘게 받아들일 수 있다. 그러나 판매로써만 색안경을 쓰고 강의 사역을 바라본다든지(물론 책의 판매 수익 등으로 회사가 운영되는 것은 분명하나 그것을 우리 사역의 우선순위로 여기지는 않는다.), 자료를 구할 때 자료비가 비싸다 하여 불쾌하게 전화를 끊는다든지(실생활에 꼭 필요한 물건을 구하거나 가족들이 외식이라도 할라치면 그 물질이 결코 아깝다고 생각하지는 않을 텐데 기자들의 밤샘 작업과 취재 등의 건강한 노동을 통하여 만들어진 작업의 결과물을 얻기 위해 투자하는 작은 물질은 왜 이리 아깝게 생각하는지.) 하는 것은 지금도 익숙지 않다. 적어도 후원을 받는 일이나 책 파는 일에 목숨 걸고 싶지 않고, 사례를 정하여 강의 사역하고 싶지 않으며 도움을 요청하는 곳에는 여전히 가난하지만 웬만해서 거절하지 않으려고 노력함이 앞선 이야기를 듣고 싶지 않은 이유이다. 그러나 그러한 오해가 계속된다는 것은 아직도 우리가 부덕한 탓인지도 모르겠다. 물질에 관한 마음이 앞서게 되면 이미 하나님께서 그 사역을 기쁘게 받으시지 않는다는 것을 잘 알고 있다(후원이 적어져서 불평, 불만을 내놓는다거나 책이 안 팔리는 문제만으로 교회와 사람들을 비판한다든지 강사비가 적거나 못 받는다 해서 불만을 갖기 시작하면 사역을 그만두는 것이 옳다고 생각한다.). 최소한의 생계는 대표자가 책임을 져야겠지만 강의 때 말하는 것처럼 수천만 원의 연봉을 받을 수 있는 실력 있는 직원들이나 10여 년 전, 1년 이상 월급을 못 받았던 때를 기억하며 적어도 물질 때문에 일하는 것은 아니라는 이야기의 책임을 함께 졌으면 하는 바람이다. 적어도 물질과 관련한 오해나 루머 등이 사실인 부분도 있다면 더욱 정직하고 건강해지도록 노력해야겠지만 제대로 알고 있지 못하는 것이라면 함부로 말하진 말아야 할것이다.

물질(헌금) 2

사회자가 말한다. "오늘 이 헌금은 이단, 사이비 척결 헌금으로 사용될 것이니 정성껏 헌금해 달라고…." 오랜만의 그 물질적 배려에 말할 수 없는 감동과 함께 울컥한 마음이 든다. 이렇게 전 교인이 정성스럽게 헌금한 것을 앞으로 어떻게 사용해야 할까 싶은 생각을 하는데 황당하게도 후원금을 받지 못했다. 떡 줄 사람은 생각도 안 하는데 김칫국부터 마신 걸까. 오랫동안 그 같은 일이 더러 있어 이젠 그러한 헌금이 걷힐 때면 기대하지 말자고 스스로 다짐하고 있다. 후원금을 준다면 뜻대로 귀하게 사용하면 될 것이고, 행여나 받지 못한다 해도 교회에서 이단 관련한 문제로 알아서 잘 사용할 것이라고 믿으면 되기 때문이다. 그런데 문제는 그 헌금이 현대종교를 위해 쓰일 것이라고 말해서 성도들이 헌금한 것이라면 그것은 정직하지 못한 처사이지 않나 싶다. 강사가 부족하긴 하나 정성껏 열심을 다한 강의가 성도들에게 애달픈 심정 되어 후원으로 이어진 부분도 있었을 텐데 그 약속을 지키지 않는다면 그것은 분명 성도들은 물론 하나님까지 속인 꼴이 되는 것이지 않겠나. 언제쯤이나 이 지면이 희망찬 소식들로 가득 찰까 싶다. 그러나 세상에는 실망을 주는 사람들보다 희망을 나누는 이들이 훨씬 많기에, 앞으로는 희망찬 소식을 전할 때가 더 많을 것이라 믿는다.

* 현대종교에 씻을 수 없는 상처를 안겨준 강원도 ○○시 기독교연합회, 송파 ○○○○ 감리교회, 원주 ○○ 청소년 단체 등이 요즘은 물질 문제에 있어서 정직하고 투명하게 사역하고 있는지 문뜩 궁금해진다.

14년 차 겨울 사역을 감사히 끝내고

겨울 사역이 끝나는 시점, 만감이 교차한다. 예전에 했던 약속을 지킬 수 있을까 긴장되고 때로는 걱정되기 때문이다. 지금으로부터 5, 6년 전의 어느 날, 생각지도 못한 큰 어려움을 겪으면서 그 어려움을 지켜준 하나님께 서원했었다. 이 땅에 어른들을 만나는 사역자들은 많이 있으나 아이들을 만나는 이단 대처 사역자는 없는 것 같은데 부족한 저에게 달라고, 앞으로 적어도 아이들 부르는 곳은 절대로 거절하지 않고 달려가겠노라고. 지금까지 그 약속을 잘 지켜온 것 같아 기쁘긴 하지만 문제는 이제부터. 후에 오십 먹고, 육십 먹어도 이 약속 잘 지키며 살 수 있을까. 여하간 이번 사역도 큰 어려움 없이 잘 마칠 수 있었던 이유는 지역의 안배 계획 때문이었다. 기상도 그만하면 괜찮았고, 6개월마다 업데이트해야 하는 강의 영상도 도와주는 이들이 많아 잘 만들고, 또 잘 나누었다. 무엇보다 가는 곳마다 열정 넘치는 우리의 젊은 동역자들 때문에 힘이 났다. 특별히 오랫동안 교제하고 있는 프론티어 캠프에서 강의 전 이단 관련 포스터를 제작했던 것이 올겨울 가장 인상이 깊었다. 처음엔 크게 기대하진 않았는데 모두가 성심성의껏 포스터를 만들고 소개하는데 감동이 컸다. 가끔 이단의 비판 강도가 센 내용도 있었으나 그럼에도 아이들의 순수하고 진지한 내용이 우려를 덮어 주었다. 때로는 생각지 못한 재치와 지혜로움을 확인하기도 했는데 모두 소개하지 못해 아쉽기는 하나 칼럼 뒷부분에 실은 몇 장  의 포스터가 그때의 분위기를 조금이라도 느끼는 데 도움이 되었으면 한다. 이렇듯 수십여 명이 모였던 개 교회 집회이건, 수천 명이 모였던 연합 캠프이건 늘 아이들을 만날 수 있다는 것만으로도 행복할 뿐이다.

탁 소장님! 여기가 이단인가요?

그래서 '더욱 기쁘고 즐겁게, 첫 강의를 했을 때를 떠 올리며 늘 처음처럼 진지하게, 관심은 필요하나 너무 민감하지 않게, 객관적이고 정직하게' 강의할 수 있도록 노력하고자 한다.

하나님보다 센 '동방신기'
(내 굳건한 동역자들이 될 다음 세대에 보내는 편지)

사랑하는 동역자들아! 너희들을 만날 때마다 늘 감사하긴 하지만 항상 좋은 일만 있었던 것은 아닌 것 같다. 황당한 일도 더러 있었지! 너희들도 잘 알다시피 내 강의 때면 요즘 가장 인기 있다는 '동방신기'나 '슈퍼주니어' 등에 속한 유명한 몇 녀석이 이단에 속해 있다는 이야기를 전하곤 했잖니! 그런데 이게 웬일? 언젠가 그 이야기를 하다가 관련해서 협박(?) 메일을 받았더랬다. 그동안 이단에게는 협박을 많이 받아 봤으나 아군에게 협박받은 적은 없었는데 기분 정말 묘했다. 내용인즉슨 한 번만 더 우리 '동방신기' 건드리면 재미없다는 이야기였지. 아! 허탈한 심정이여! 그러고 보니 이 정도까지는 아니었으나 비슷한 이야기들로 눈물 흘리는 녀석들 많이 봤고, 비명 지르는 녀석들 수없이 봐왔다. 때로는 그 반응에 놀라기도 했지만 그럼에도 그것이 너희들을 이해하는 데 도움이 되었고, 그 같은 반응을 보면서 혀 끌끌 차는 어른들에게 아이들을 이해하는 코드로 삼아달라고 간절히 호소하기도 했다. 연예인 이야기를 할라치면 유치하고 썰렁하다며 강사를 우습게 보고 문제 제기 한 사람들도 많았지만 이에 굴하지 않고 이단의 문제로 다음 세대가 아픔 겪지 않도록 반드시 교육 등의 투자를 아끼지 말아 달라고 간절히 부탁하며 전국 방방곡곡을 누비며 다녔었단다. 꼭 해야 할 것을 우습게 생각하는 아군에 비해 이단, 저 녀석들은 너희에 대해 늘 진지하게 연구하고 고민하며 실천하고 있기에 청소년들이 너무나 쉽게 미혹되고 있는데 말이다. 여하간 세상이 많이 변하고 있기에 너희 코드에 맞춰진 것들에 깊이 빠져 살아갈 수밖에 없는 너희들을 충분히 이해하고자 한다. 나도 어렸을 때 너희들처럼 죽어 못 살던 것들 많았고, 좋아했던 연예인들 무지 많았더랬다. 식상한 이야기가 될 수도 있겠으나 너희들이 죽어 못 사는 세상의 것들에 부디 백 분의 일, 아니 천분의 일만이라도 하나님 사랑하고, 이단 문제에도 조금만 관심 가져 준다면 더할 나위 없을 것 같다. 세상 것은 다 문제 있고, 소용없으니 그만두라는 것 아니고 그저 세상의 것과 하나님을 바꿔가며 살진 말자는 이야기다. 강의 때마다 먹지 말라. 좋아하지 말라. 가지 말라는 이야기를 귀에 못이 박이도록 많이 해서 늘 미안한 마음이지만 그것이 너희들이 할 수 있는 최소한의 일인 것 같아 변함없이 열정 갖고 열심히 전했단다. 영적 전쟁에 대해 어른들은 여전히 관심이 없기에 너희들에게 기대고 싶다. 너희들의 그 작은 관심이 우리에게는 무한 감동으로 이어져 이 싸움 포기하지 않고 끝까지 달릴 수 있을 것만 같구나. 변함없이 사랑하는 귀한 나의 동역자들아! (2007. 3)

탁 소장님! 여기가 이단인가요?

자장면 왔습니다

"자장면 왔습니다." 강의를 마치고 기도하려던 순간 문이 열리며 누군가 소리쳤다. 1박 2일의 일정으로 수련회를 가진 양재동 온누리교회 청년부 특강 시간에 있었던 일이다. 기도원에 식당도 없고 그렇다고 짧은 시간 밥을 짓고 반찬을 준비하는 것으로 시간을 빼앗길 수도 없어 근처 중국 식당에 음식 배달을 시킨 거란다. 집회 도중 이단들이 아닌 배달로 방해(?)를 받은 것은 처음이었다. 한바탕 웃음바다가 된 것도 물론이다. 지금껏 강의 사역하는 동안 별의별 일들이 다 있었는데 생각해 보니 시간 없고 짧은 수련회 동안엔 그 같은 방식의 식사도 괜찮은 듯하다. 수련회와 밥을 생각하면 겨울, 여름 수련회 때마다 수련회의 식사를 책임지고 있는 교회의 권사님들과 집사님들 생각이 제일 먼저 난다. 수련회 기간 내내 밥 짓고 설거지하고 아이들 간식 준비하는 것으로 모든 시간을 보낸다. 그 노동의 수고를 깊이 알아주는 사람도 없고, 그저 형식적인 인사 정도만 오가는데도 조금이라도 힘든 표정 짓는 분들을 본 적이 없다. 그것이 그들의 기쁨과 즐거움이며 할 수 있는 최고의 봉사라 생각하는지 모두가 마냥 즐거운 표정들이다. 누가 그 마음을 깊이 헤아려 주겠는가. 굳이 사람들에게는 인정받지 못해도 하나님 나라의 상급으로 가득 채워질 것이라 믿어 의심치 않는다. 그런 멋진 어른들이 있다는 것이 참 좋다. 모든 수련회가 끝난 이 시간, 겨울 내내 수고를 아끼지

않은 성도들에게 따뜻한 차 한 잔이라도 선물하며 감사를 전하는 것은 어떨까. (2007. 4)

 반성

나의 부흥회 시에 먼저 읽을 것

집회차 여수에 갔다. 원래도 아름다운 곳이지만 순교자의 피가 흐르는 땅인지라 더욱 아름답고 귀한 이곳, 그러나 반대로 택한 백성들 미혹하기 위해 어슬렁거리는 이단 많기로 소문난 여수에서 집회 선, 예전에 형님이 보내온 손양원 목사님께서 생전 부흥회 시에 강사가 한 번 생각해야 할 것이라며 남겨 놓은 글을 상기해 본다.

〈나의 부흥회 시에 먼저 읽을 것〉
1. 하나님의 지능을 의지하고 나의 지(知)를 믿지 말 것
2. 주님을 나타내지 않고 나를 나타낼까 삼가 조심할 것
3. 성경 원리 잘 모르고 내 지식대로 거짓말하지 않게 할 것
4. 간증 시에 침소봉대(針小棒大)하여 거짓말 되지 않게 할 것
5. 나도 못 행하는 것을 남에게 무거운 짐 지우게 말 것
6. 내 한마디의 말에 청중 생명의 생사 좌우 관계있음을 깊이 알고

탁 소장님! 여기가 이단인가요?

말에 조심도, 열심도, 충성도 다할 것
7. 이 한 시간에 성경 말씀 한마디에 인령(人靈)이 생사 좌우되는 것을 잘 생각해야 된다. (지옥에서 끌어올리게도 끌어내리게도 된다.)
8. 음식과 물질에도 크게 주의할 것
    - 주님 대신 받는 대접이니 대접받을 자격 있나 살펴라.
    - 배 위해, 입맛에 취해 먹지 말고 일하기 위해 먹으라.
    - 물질, 선물에는 하등의 관심을 두지 말라. 오, 주여! 이 한 시간에 주 앞에 범죄 되지 말게 하여 주시고 사람 앞에 비 없는 구름처럼 은혜 못 끼치고 돌아갈까 주의하게 하소서. 또 내 생(生)에 유일한 참고서는 오직 성경 66권이 되게 하소서. 아멘

이렇게 살고, 강의하고 있나? 나는?

기쁨의 한마디

신천지 고위 간부로 있다가 몇 달 전에 이탈한 이가 현대종교가 집회 사역을 했던 곳은 신천지에서 추수꾼 파송(?)을 기피하거나 포기한다는 이야기를 전해주었다. 지쳐있는 이에게 강의 사역의 필요성과 자긍 내지는 감사를 느끼게 해준 한 마디다. 아울러 지난 8월 초 평택대학교에서 있었던 〈작은 예수〉 캠프의 주최 측 강도사 한 분이 지난 캠프 때 교회 아이들이 이단에 속한 친구들을 그 캠프에 초청했었는데 이단 강의를 듣고는 속한 곳을 떠나 친구들의 교회로 오게 되었다고 말해주었

다. 강의 후, 교역자들은 피드백을 해주지 않기에 잘 몰랐는데 귀한 은혜와 감동이 되기에 충분한 또 다른 한 마디였다. 끝으로 집회 때에 자주 있는 일은 아니나 집회 후, 그 어린 꼬맹이 녀석들이 어울리지 않게, 그러나 진지하게 이단 대처 사역에 동역자로 함께하고 싶다고 말할 때면 이단 대처 사역하기를 잘했다는 생각이 든다. 당연히 이 일들이 나로부터 시작된 현상들이 아니라는 것 잘 알고 있다. (2007. 9)

집회

집회 초청

예전엔 집회 요청의 이유가 교회와 단체마다 달랐으나 요즈음 대개의 이유는 신천지 때문이다. 예방 차원으로 집회를 신청하는 경우도 가끔 있으나 피해를 경험한 후에 집회를 여는 이유가 대부분이다. 집회 요청의 이유가 여러 이단 중 단 하나의 이단 때문이라고 하니 아쉽다. 신천지가 중요한 만큼 다른 이단도 중요했으면 하며, 어른들 대상의 집회만 중요한 것이 아니라 모든 대상이 다 중요함을 인식할 수 있었으면 한다. 이단의 문제는 경계와 예방이 여전히 최선의 대처 방법이다. 교회마다 이단 예방 집회는 매년 1~2번 반드시 마련해야 한다.

동기부여와 실천

여러 날과 여러 시간을 투자해도 결국 중요한 것은 듣는 이의 경각과 다짐에 따른 실천일 수밖에 없다. 아무리 좋은 말씀이 전해져도 행동과 실천이 따르지 않는다면 공허한 메아리일 뿐이다. 강의 사역은 결국 동기부여와 정보 전달에 그 의미가 있다. 강의보다 더 중요한 것은 말씀과 다짐에 대한 실천이다.

대책

이단들보다 한발 앞선, 전략을 꿰뚫어 볼 수 있는 대책이 필요하다. 〈군산개복교회〉의 이단 대책위 구성에 대한 깊이 있는 고민과 이미 교역자들과 장로 여러 명으로 이루어진 〈주안장로교회〉 이단 대책위, 또는 〈목원대〉나 〈백석대〉 등 학교의 이단 대책팀도 높이 평가하고 싶다 (특히 '이단 옆차기'란 백석대의 이단 대책위 이름이 참 유쾌하다.). 교단에만 의지하는 것보다 교회 안에 이단 대책위를 결성해 보는 것도 필요하지 싶다. 교회가 이 문제를 해결할 수 있는 또 하나의 방법은 교회 전체가 이 문제로 매달릴 수는 없으니 책임선을 분명히 하고 이단 대처 사역자들과 채널을 고정하여 이단에 대한 정보를 공유하고, 적용하며 모든 성도가 경계와 예방의 경각을 갖는 일이 중요하지 싶다. 그러기 위해 이단 대처 문서에도 관심을 부탁드린다. 매달 빠뜨리지 않고 그달의 이단 관련한 중요한 이슈, 아울러 교리나 전략을 소개하고 있으니 그 내용을 공유하게 된다면 도움이 적지 않을 것이다. 이제는 오죽하면 세상 방송까지 앞다퉈 다루고 있는 이단 문제, 이젠 우리가 마무리 지어야 하지 않나 싶다.

취소

감사한 건지 쓸쓸한 건지 모르겠으나 앞의 이유로 인해 요즈음 집회 요청이 쇄도하고 있다. 그러나 몸이 하나인지라 일일이 다 응할 수 없어 송구한 마음뿐이다. 사역자가 더 많아졌으면 하는 생각뿐이다. 주일 오후의 집회 일정은 이제 내년 중반까지 잡혔다. 집회 요청의 형식은 집회 수개월 전에 집회 신청을 하고(날짜가 얼마 남지 않은 상황의 급박한 강의 요청보다는 미리 계획된 집회 초청이 좋다.), 시간이 다가오면 초청했던 분들과 다시 전화나 메일로 교제를 하면서 구체적인 이야기를 나눈다. 처음 집회 요청이 오면 꼼꼼한 성격 탓인지, 야간의 결벽 때문이지 꼼꼼하게 상대방의 이야기를 빼놓지 않고 메모하는 습관이 있다. 이 병적인 습관 때문인지 오랜 시간 강의해 오는 동안 날짜나 시간의 문제로 실수했던 적이 거의 없으니 이러한 습관도 필요한 것 같다. 그리고 직원들이 함께 집회지를 위해 기도하면서 함께 집회 사역하는 한 전무(현 한정희 사목)께서 확인 전화를 한다. 대개는 오래전에 전화했으나 집회 전까지 잘 기억하시고 기도로 준비하며 온 성도들이 기대하고 있다는 말로 감사한 격려와 위로를 보내준다. 그러나 문제는 서로 어렵게 시간을 내어 집회 약속을 잡았는데 약속을 기억하지 못하는 경우가 종종 발생한다는 것이다. 더 황당한 것은 그런 상황이 벌어졌는데도 매우 태연스럽게 죄송하다는 말 한마디 없이 '그냥 없던 일로 하자'라고 말할 때면 인내의 한계

탁 소장님! 여기가 이단인가요?

를 느끼기도 한다. '그래! 이 정도 목회자라면 그 교회에 가지 않는 것이 더 나을지도 모르겠다'라고 애써 스스로 위로하나 마음이 편친 않다. 비교할 필요는 없겠지만 요즈음 유명 강사인 목사님들이나 교수님들을 초청했을 때도 그랬겠나 싶은 생각도 든다(상처가 느는 만큼 넋두리도 늘고 있기에 송구하나 늘 그랬듯 이해를 바란다.).

그리고 감사

그래도 여러 교회 중 이 문제에 관심을 두고 우리를 사용해 주시며 대책을 마련하는 교회들이 있다는 것이 얼마나 감사한 일인지 모르겠다. 기성세대에 속해 있으면서도 기성세대를 신뢰하지 않았던 그 교만함을 깨뜨리며 주신 위로와 격려가 너무나 진지하고 참으로 간절하여 속으로 울었던 적이 얼마나 많았던가. 지금 생각해 보니 수많았던 집회의 현장 중에 하나님께서 함께하지 않으셨던 적이 있었는가 싶다. 그 어느 것도 그분의 계획 아래 놓여 있지 않은 것 없었다고 생각하니 그냥 감사함으로 집회 때의 여러 일이 흡사 영화 속의 명장면들을 기억하듯 떠오른다. 그동안 부족한 사람을 불러주시어 사용해 주시고 동역자로 중보해 주시며, 문서선교에 도움 주신 교역자들과 성도들에게 진심으로 감사를 드린다. 이 교제와 동역이 부디 오랫동안 이어지기를 소망해 마지않는다.

코스타 JAPAN (독자 제현에게 보내는 편지)

여기는 일본 나가노현 이나시와 스키리조트입니다. 동양의 알프스라고 불리는 곳이지요. 다른 생각을 할 수 없게 만드는 이 아름다운 곳에 작년에 이어 두 번째 강사로 참여했습니다. 일본 코스타가 대단한 이유는 워낙 조직적으로 운영되고 있기 때문입니다. 수천 명이 거할 수 있는 천막을 치고 일사불란하게 집회가 진행된다는 점과 다른 나라의 코스타와는 다르게 여섯 개의 코스타(한국부, 일본부, 중국부, 영어부, 중고등부, 어린이부)가 한 번에 움직이며 강의가 끝날 때마다 강의의 내용이 CD로 구워져 나오는 등 다른 곳과 차별화되고 있죠. 그런 곳에 강사로 초청받았으니 감사하지 않을 수가 없습니다. 이제는 강사들이 가기 어려운 코스타를 섬기려 했는데 작년에 일본의 코스탄들에게 받은 사랑을 잊을 수 없어 한 번 더 욕심을 내었습니다. 물론 일본에 사는 동생을 만나고 싶은 이유도 포함됩니다.

이번에도 일본의 명절인 8월 중순에 코스타가 열렸습니다. 두 번째 일본에서 맞이한 감격스러운 광복절, 오늘은 8월 15일입니다. 작년엔 사회자의 제안으로 만세 삼창과 애국가를 부르며 감동을 느꼈는데 이번엔 만세 삼창 대신 할렐루야 삼창을 했습니다.

62주년 광복절, 하나님 나라의 중요성만큼이나 내 조국에 대한 끊임없는 애정도 필요함을 느끼는 저녁입니다. 오늘 있었던 전체 강의와 선택 특강들을 마무리하고 모든 순서를 끝내고 나니 이제야 갈아입은 옷마다 땀으로 범벅이 되었고, 몸이 많이 지쳐 있음을 느

탁 소장님! 여기가 이단인가요?

끼게 됩니다. 그동안의 한국에서의 여름 사역으로 지쳐있던 몸과 마음을 일본에서 재충전하고 싶었는데 저에게 '쉼'은 아무래도 사치인 것 같네요. 전체 강의 직후 선택 특강을 진행하면 아무래도 많은 이들이 방금 했던 특강의 주제로 관심을 가질 수밖에 없기에 누누이 진짜 관심 있는 분들만 선택해 달라고 부탁드렸는데도 소용이 없더군요. 너무나 많은 이들이 이단 강의를 선택해 주었고, 행복에 찬 비명을 질렀답니다. 이렇게 관심도 크고 이단 관련하여 아픔이 있는 이들을 다시 만나게 된 것은 하나님의 은혜일 수밖에 없다는 생각이 들었습니다. 내일도 계속 강의가 있기에 조금 쉬어야 하는데 늦은 시간 모임을 정리하고 새벽에 프로그램이 시작되니 도대체 어떻게 견딜 수 있을지 걱정이 앞섭니다. 코스타의 특징 중 하나는 강사들 모두가 자기 강의만 끝내고 가는 것이 아니라 모두가 모든 프로그램에 참여해야 한다는 것입니다. 그것이 좋더군요. 아무리 유명한 이들도 정해진 자리에 함께 앉아 강의를 듣는 것이 공평해 보였습니다. 저도 늘 전하기만 하다가 여러 강의를 듣게 되니 감동과 은혜가 컸습니다. 여하간 여기서 여러분들의 계속되는 중보와 위로를 안고 열심히 할 일들, 잘 감당하고 다시 조국으로 무사히 돌아가겠습니다. 그리고 여전히 빚진 자의 심정으로 최선을 다할 것을 약속드립니다. 한 번 더 기도요청을 드리며 더운 여름의 막바지에 독자님들! 부디 건강하시고 늘 승리하시길 바랍니다. 여호와 삼마! 그리고 닛시! (2007. 10)

여름 집회 투어, 어느 날의 일기

이단 교육의 필요성은 두말하면 잔소리다. 특히 아이들을 대상으로 한 이단 교육은 그 어떤 것보다 중요하다. 그것이 중고등부가 요청하는 집회는 절대로 거절하지 않겠다고 약속한 이유다. 그러나 요즘 매일 강의 사역을 하면서 점점 아이들 사역의 한계를 느끼고 있어 애가 탄다. 소리를 고래고래 질러야 하는 아이들 강의의 특성상 목이 견뎌 내질 못하는 것이 그 첫 번째 이유이고, 그 이유가 전체적인 체력의 소모를 부추기어 두 번째 이유를 만들어 낸다. 더운 여름날 강의로 한 바가지의 땀을 쏟고 나면 아직 그날의 남은 강의 몇이 여전히 긴장과 기대가 있어 좋기는 하나, 예전에 느낄 수 없었던 왠지 모를 두려움(?)을 준다. 그렇게 두 달여를 보내고 나면 몸은 완전히 번아웃이 된다.

집과 회사와 오랫동안 떨어져 있는 것도 구성원들에겐 늘 미안한 마음이고 마지막으로 아이들과의 교감, 즉 코드의 한계도 그렇다(다 그런 것은 아니겠으나 요즈음 만나는 중고등부 녀석들의 집회 분위기를 보면 예전과는 많이 달라진것 같다.). 그래도 예전엔 초등학생들을 만나는 것도 잘 견뎌냈는데. 이젠 만남의 대상을 중등부 이상으로 옮겼는데도 힘들어하는 내 모습을 바라 보니 나에게도 문제가 있는 것은 아닌가 싶다. 시간이 지나면 고등부, 그다음은 청년부 이상으로 강의 사역의 대상이 계속 바뀌는 것은 아닐까 싶다. '오래전 그 약속이 지켜질 수 있을까?' 여름 겨울 때면 늘 고민하는 제목 중 하나였는데 올여름은 더한 듯싶다. 졸린 눈 비벼가며 열심히 두 달 동안 운전과 문서 선교로 섬겨준 한 목사에게도 왠지 미안하기만 한 여름 투어였다. 회사를 놓고 봤을 땐 기름값이 크게 인상된 것도 힘든 요인이 되겠고, 「현대종교」의 실탄 역할을 했던 책 판매도 부진하고 그 관심들이 예전만 하지 않아서도 그렇다. 문서에 대한 무관심을 탓하기 전에 그만큼 어려워진 경제 문제로 인해 영적 문제의 관심으로 이어지지 않는 것을 어쩌랴. 그래도 미련하리만큼 올여름도 열심을 다했고, 귀한 영혼과의 만남에 실망감만은 주지 않으려는 하나님의 미세한 간섭이 있어서인지 전체적으로는 '참 감사하고 좋았던 집회'라는 결론으로 끝을 맺고 있다. 이제 가을을 잘 나고 겨울 사역을 또 멋지게 맞이할 것이라 믿으며, 좀 더 열심히 살아야 함을 다짐해 본다.

* 이번 여름 집회 투어를 정리하면서 1년간의 힘든 노동 후에 어렵게 얻은 귀한 휴가를 아이들 수련회에 올인한 우리 선생님들을 축복하고자 한다. 아무것도 바라지 않고 그저 아이들 사랑하는 마음으로 아이들을 가르치는 우리 선생님들이 있어 이번 여름이 더 행복했다. (2008. 9)

추억

예전에 다녀왔던 몇 교회가 생각난다. 교회 세울 돈 있으면 선교하겠다며 깡통으로 교회를 지었던 전주 안디옥교회와 교회까지의 가는 골목길이 워낙 좁고 높아 책과 자료들을 들고 낑낑대며 비탈길과 골목길을 오르내렸던 용산남부교회, 전주의 음식점들 붐빈 한 골목에 자리 잡은 모습이 꽤 털털해 보였던 동전주성결교회(현 전주바울교회), 안산과 대전의 변두리에 자리한 조금은 초라해 보였으나 성도들의 모습만큼은 자긍과 그 따뜻함이 잊히지 않은 안산빛나교회와 대전새로남교회 등과 만났던 순간들이 기억의 저편에서부터 살며시 행복한 추억으로 다가온다. 시간이 흘러 매스컴을 통해, 또는 지나가며 바라본 그 교회들(안디옥교회 같은 경우는 주변 건물들), 얼마나 많은 고생 속에 새로운 교회당에 입당하고 헌당했을까를 모르는 바 아니고, 꼭 필요해서라는 것도 잘 알고 있다. 그렇게 그 교회들의 성장한 모습을 축복하며 축하해야 하겠으나 왜 자꾸 옛날의 그 장소들과 그때의 교회들이 더 그리운지 모르겠다. (2009. 1)

배려

초청할 때는 참으로 간절하게, 그러나 강의 후에는 배웅은 고사하고 누구 하나 내다보지를 않는다. 수고했다고 사례비를 쥐여준 채, 바쁘다는 핑계로 멀리 사라져 버리고 만다. 쓸쓸히 홀로 짐을 꾸리고 교회를 나설 때의 그 마음을 누가 이해할까. 약속을 잡았다가 더 중요한 행사나 다른 유명 강사의 강의가 잡히면 취소나 연기는 기본. 강의 사역 중, 마

탁 소장님! 여기가 이단인가요?

중이나 배웅, 또는 식사나 잠자리의 배려를 기대하지 말고, 또 그래야 하는 것이 당연할 수도 있겠지만 빈말로라도 조금이나마 그 부분을 걱정해 준다면 얼마나 좋을까. 그래도 강사를 떠나 교회의 손님인데…. 막차가 끊겨도 그것은 올라가는 사람의 몫. 오늘도 찜질방이나 여관으로 발길을 옮긴다.

모 교회에서는 강의 시작에서 무려 한 시간이 지났는데도 한두 사람 정도밖에 보이지 않는다. 예배와 행사가 겹쳐져 늦게 끝날 것이라는 이야기만 얼핏 들었다. 그러나 예배가 끝났는데도 아무도 오지 않기에 궁금해 물었더니 식사 중이란다. 더 화가 나는 것은 강의실로 들어와서 누구도 미안해하지 않는 것이다. 이 세계에서는 가끔 상식이라는 단어를 찾기가 어려울 때가 있다. 눈물이 날 것만 같아 그냥 돌아가고 싶은 마음 간절하나 꾹 참기로 한다. 오늘은 청중을 떠나 그분만 영광 받기를 원하는 마음으로 강의를 해야 할 테다. 또 허락을 분명히 맡았건만 문서선교를 책 장사로 오인하고 폄훼하며 더 나아가 어디서 책 장사냐며 화를 내는 경우도 있다. 사례에 대해서는 물질에 대해 오픈하여 말하기 쉽지 않은 사역자의 한계를 핑계로 모른 척한다거나 때로는 물질로 사람을 매우 구차하게 만들기도 한다. 그 외 강의와 관련한 수많았던 일들, 어찌 다 꺼낼 수 있을까. 예전 선친이 설악산 쪽에서 강의 후, 버스의 자리가 없다는 이유로 강사와 필자의 가족들을 집회지에 남겨두고 먼저 떠나버린 그 서러움의 기억을 지금은 웃으며 말씀하시는 모친의 이야기를 들으며 예나 지금이나 가끔 사람에 대한 예의 없음과 배려의 부족함은 세상 사람들보다 믿는 사람들이 한 수 위라는 생각이 든다. 위의 이야기를 읽으시며 뭐라 하실 분들도 있겠으나 그래도 꺼내놓으니 좋다. (2009. 10)

코스타 상하이

1. 코스타란 이름으로 4년 만에 현대종교 상담 팀과 함께 상해 땅을 밟았다. 신중국 건설 이후 지난 60년의 중국을 바라보는 세계의 시각은 한마디로 놀랍다. 건국 60주년을 맞이하는 땅, 그중에서도 가장 많이 성장하고 있는 상해에서의 코스타는 다른 때보다 더 많은 생각을 하게 했다. 그러나 그 성장과는 반대로 중국에서 지금 가장 많이 등장하고 있는 단어는 '통제'다. 인터넷과 언론 통제에서부터 집회의 통제에 이르기까지(수많은 코스타 중 유독 중국에서의 코스타가 어려운 이유는 집회의 통제 때문이다.). 상해 등 중국은 어느 곳을 가더라도 성령의 임재와 공안의 임재가 함께한다고 한다.^^ 그러나 이번 집회는 지난번 북경 때와는 달리 상해의 한 교회에서 열렸고, 여러 여건이 좋았다. 중국 정부에 정식으로 '코스타'란 이름으로 대회를 신청할 수 있었고, 또 700여 명이나 모일 수 있어 감사했다. 작년 선교사님 한 분이 추방당한 아픔이 있었으나 그 일을 뒤로한 채 모두 열심히 노력하는 모습을 보여줬다. 중국은 놀랍게 발전하고 있지만 반대로 불안의 기운을 감지하지 않을 수 없다. 기독교인도

탁 소장님! 여기가 이단인가요?

많고 이단도 많은 이 나라, 이 땅이 언제나 주의 복음을 자유롭게 받아들일 수 있을지. 기도하는 바는 중국에서 일하는 어떤 이들보다도 중국 청년들을 많이 만날 수 있는 사람들이 바로 유학생들이란다. 결국 복음을 바로 깨달으며 하나님 나라의 비전이 이들에게 명확히 주어졌을 때 그 비전과 복음을 중국 학생들에게 전달하는 모습이 바로 비전이 되지 않겠나. 매년 여름과 겨울 방학을 이용해 내지로 들어가 능숙한 중국어로 복음을 전하고 중국 인근 국가로 나가 하나님 나라를 확장해 나가는 예비 선교사들이 유학생들이라는 믿음을 놓지 않기 위해 매해 코스타를 섬기고 있다.'는 주최 측이 들려준 이야기가 위로와 감사가 된다.

코스타 기간에 10여 개가 넘는 선택특강이 있었으나 이단에 관한 관심이 워낙 많았던지라 이단특강에 모인 수가 전체 강의 때 모인 수와 비등했던 것에 놀랐고, 100여 건이 넘는 쉴 새 없는 상담을 통한 아픔과 고민에 가슴이 아팠고 아울러 조금이라도 도움이 될 수 있어 기뻤다. 이단에 속한 여러 친구(누군가가 전화하는 내용을 무심코 듣게 된, 한 청년이 전해준 '강사들이 우리의 일을 방해하고 있다.'라는 이야기는 '코스타 모임에도 여러 이단이 들어와 있겠구나.'라는 생각이 들기도 했다.), 이단과 정통 속에 갈등하는 친구들을 놓고 얼마나 뜨겁게 기도했고 또 눈물 흘렸던가. 3박 4일의 여정 속에 수많은 친구가 예수를 영접했고, 이단에 대한 경계를 게을리하지 않겠다고 약속했으며, 가난한 청년들이 후원과 기도의 끈을 놓지 않겠다는 다짐은 계속 독자와 후원자가 감소하는 어려운 때에 커다란 힘이 되지 않을 수 없었다. 모든 집회를 마친 후에 상해임시정부를 찾았다.

예전에 한 번 방문한 적이 있어 안에까지 들어가지는 않았으나 김구 선생님께 예를 갖추지 않고 상해에 다녀왔다고 할 수가 없어 오랜만에 문 앞에서라도 그분께 인사드린다. 멋없는 한국의 정치 상황도 말할 겸. 예를 갖춘 후, 홀가분하게 중국의 명물 짝퉁 시장 투어를 시작했다. 여전히 영적 짝퉁은 싫으나 육적 짝퉁은 마음에 든다. 아! 그리고 재미난 에피소드 하나, 임시정부 근처에 '신천지'라는 이름의 고급 음식점과 카페 등이 즐비한 지역이 있는데 강사들과 그 거리를 거니는 중 모기들이 나에게만 달라붙어 강사들이 "신천지라는 이름의 지역이니 모기조차 탁 소장만 공격하는 것 아니냐" 해서 한참을 웃기도 했다. 문득 '상해를 보지 않고는 중국을 다 봤다고 하지 말라. 또 상해를 봤다고 중국을 다 봤다고도 하지 말라.'는 이야기가 생각난다.

2. "가난한 나라에 사는 가난한 유학생인지라 마음은 너무 큰데 조금밖에 후원하지 못함이 너무 가슴 아픕니다. 조국 땅과 이 중국 땅, 그리고 수많은 여러 나라에서 계속 성장 중인 이단과 이방 종교를 보며 절망할 때도 있지만 승리하신 하나님을 바라보며 소망을 품습니다. '기도하겠습니다.'라는 말은 함부로 해서는 안 될 말이고, 이 한마디가 얼마나 큰 사명인 줄 알기에 이 말은 하지는 않겠습니다. 그러나 생각날 때마다 기도하겠습니다."

"전 무신론자입니다. 그렇다고 종교를 싫어하거나 배타적이진

탁 소장님! 여기가 이단인가요?

않습니다. 그저 중립적인 입장이지요. 소장님의 강의를 처음엔 재미로 선택하고 들었습니다. 그러나 그 짧은 시간에 많은 안타까움을 느꼈고, 특히 미래의 아이들이 걱정되었습니다. 만약 제 아이가 하나님을 믿게 된다면 제대로 된 곳에서 믿게 하고 싶습니다. 저는 '기부'나 '후원'이라는 단어는 알고 있으나 평소 때, 또는 앞으로도 저와는 절대로 관계없을 것으로 생각했던 사람입니다. 그런데 현대종교의 힘든 활동들을 들으며 생애 22년 만에 처음으로 이런 후원을 해보고 싶다고 느꼈습니다. 비록 제가 돈 없고 힘없는 학생이라 지금은 적은 물질밖에 드릴 수 없으나 나중에 힘이 생기고 여유가 있을 때 이러한 단체를 잊지 말자는 증표 같은 것으로 받아주셨으면 합니다. 주제넘은 이야기였다면 용서하시고 제가 오늘 이 편지와 적은 물질을 안 드리면 며칠 안 가서 이 마음이 사라지고 후회할까 봐 보잘것없는 것을 드립니다. 부디 미래의 우리 아이들과 청년들을 위해 계속 애써주시고, 다음에 꼭 찾아뵙도록 하겠습니다."

＊ 위의 두 편지를 포함하여 계속되는 코스탄들의 편지와 메일들, 그리고 기도의 약속과 후원의 약속을 보며 어찌 현대종교가 열심을 다하지 않을 수 있겠나 싶은 마음뿐이다. 참으로 거룩한 부담감을 갖게 됐다(가난한 유학생들의 섬김과 나눔 이어서 더욱 그러하다.). 현대종교의 직원들에게 지금의 위기를 다시금 기회로 생각하게 하시는 그분께 모든 영광 돌린다. (2009. 11)

아름다운 섬 사이판,
영적으로도 아름다워지기를

　5년 만에 다시 밟은 사이판 땅. 466m의 타그포차우 산을 비롯해 산이 많은 섬으로 길이는 23㎞이고, 가장 넓은 지점의 너비가 8.8㎞밖에 안 되는 작은 섬이다. 사람들에게 신혼여행이나 휴양지로 잘 알려진 땅이지만 제2차 세계 대전의 최대 격전지가 되었던 곳, 그 먼 곳까지 억울하게 끌려갔던 우리네 젊은 여인들이 위안부 등으로 청춘을 바치며 피눈물을 흘렸던 곳이라는 이야기는 또다시 아픈 상처로 다가왔다. 미친 일본의 군국주의의 망령은 옛날부터 지금껏 한 번도 변함이 없다. 영적인 문제 역시 이곳에서도 예외가 없었고, 여전히 교민들과 원주민들을 위협하고 있었다. 5년 전보다 이단들이 더 활발히 활동하고 있으니 그 관심 역시 작지 않아 부족한 이를 다시 초청해 주었다. 다른 나라의 교민 사회에서도 크게 문제가 되는 신천지 등은 여태껏 그 모습을 드러내고 있지 않았으나 기존 미국 본토에서 건너온 이단들이 주요한 문제가 되고 있었고, 한국 이단들 몇 곳도 계속해서 지켜보고 있다고 했다. 아름답기 그지없는 사이판 땅에서 다시 근사한 주제가 아닌 이단 강의를 한다는 것이 여전히 맘 아프고 익숙지 않았으나 마지막 때의 우리의 할 일은 어느 곳도 예외가 없다는 마음으로 열심히 강의 등에 임했다. 목회자 간담회까지 포함한 이번 집회는 한국의 최근 이단 상황과 앞으로

탁 소장님! 여기가 이단인가요?

이곳에 들어와 활동할 가능성이 높은 이단들, 그리고 사이판에서 활발히 활동하고 있는 몰몬교, 여호와의 증인 등의 이단들에 대해서 질문과 답변 등을 포함하여 진행되었다. 이번에도 역시 내 평생의 귀한 파트너 탁지일 목사와 함께했고, 호주, 뉴질랜드, 일본에서처럼 나는 여러 가지 넓은 강의로, 탁 목사는 좁히고 정리해 줌으로 감사한 명콤비(^^)의 평가를 받으며 하나님껜 영광, 성도들에겐 기쁨, 우리에겐 감사의 시간으로 막이 내려졌다. 이번엔 사이판 한인 교역자 협의회 주최로 세미나가 열려 예전 집회 때 모두의 합의를 이끌어내지 못해 아쉬웠던 것이 해소되었고, 의미도 컸음은 물론이다. 아울러 순박하기만 한 이곳 원주민의 모습처럼 순수한 교역자(선교사들)들과 성도들의 사랑은 늘 힘들 때마다 하나님께서 주시는 위로와 격려가 되기에 충분했다. 함께했던 모든 분에게 이 지면을 통해 다시 한번 감사 인사드린다. 이 아름다운 땅에서 전혀 아름답지 못한 이단 이야기를 나누는 이유는 더욱 아름다운 세상을 만들기 위해서라는 탁 목사의 오래전 이야기가 생각나는 아름다운 새벽이다. - 사이판에서 한국으로 가는 비행기는 새벽 2시 50분 비행기다. 출발 전 숙소에서 글을 쓰고 있다. - (2010. 5)

강원도의 집회 현장과 이단 대처

최근 강원도 쪽 집회가 부쩍 는 이유는 어느 지역도 이단 문제는 예외가 없다는 방증이지 싶다(지금껏 강원도 쪽은 이단의 문제로 피해가 가장 적은 지역이었다.). 이제 신천지 등의 이단들은 대도시를 향한 공격 패턴을 중·소도시로 바꾸고 있다 하니 중·소도시들의 긴장과 관심을 요한다. 그러나 감사하게도 춘천, 원주, 강릉 등 강원도 땅에서의 이단들과의 영적 전쟁의 노하우는 걱정과는 다르게 열심이고, 또 특별할 때도 많다.

춘천 모 감리교회에서는 신천지 신도들을 색출하기 위해 예전 청주에서처럼 신천지 모임처 등에 카메라 등을 설치하여 신천시 신사와 성도들을 구별하기도 했고, 춘천 장로교연합회에서는 이단 대처의 일 중 하나로 연합회 모임 마크를 제작하여 회원 교회마다 부착하게 하여 성도들로 하여금 문제성 교회와의 선을 긋는 방법을 시행하고 있다. 결과는 대만족이었다. 본지도 얼마 전 교단 마크 캠페인을 통하여 많은 열매를 거두기도 했는데 장로교 간판을 사용하는 이단이 워낙 많은지라 우선은 장로교연합회에서부터 마크로 분별하자 했던 지역 연합회의 귀중한 실천이 조금이나마 인식의 변화를 달리하면서 즐겁게 영적 전쟁을 치를 수 있다는 교훈을 안겨주었다. 그 외에도 원주는 아이들부터 어른들에 이르기까지 연합 활동이 매우 활발한 곳으로도 유명한데 연합회의 구체적인 이단 관련 대책 또한 정평이 나 있다. 강원지역 성도들의 여전한 건투를 소망한다. 강원도 이야기를 하다 보니 얼마 전 있었던 강원도에 소재한 군 집회 때의 일이 기억난다. 요즘 필자는 군 사역자가 된 느낌이다. 군부대집회, 군종 목사들, 민간 성직자 등 군 관련 세미나가 연일 진행되고 있어서다. 준 자매기관인 군 선교 연합회의 배려 덕분이기도 하지만 말씀드린 것처럼 이단 문제는 군 안에서도 예외일 수 없기 때문이다.

얼마 전 강원도 원통 12사단 군종 집체교육을 다녀왔다. 12사단 출신의 교역자들이 후배들을 위해 헌신하며 그들을 섬기기 위해 만든 모임인데, 전역한 부대는 쳐다보기도 싫다는 것이 전역한 이들의 마음일 텐데 선배들의 섬김이 참으로 따뜻했다. 또 하나 감사했던 것은 '인제 가면 언제 오나? 원통해서 못 살겠다.'라는 우리에게 익숙한 이야기처럼 가고 오는 길이 걱정이었으나 시대가 바뀌어 원통까지 서울에서 1시간 30분밖에 걸리지 않으니 그 말도 옛말이 되어 버렸다. 그렇게 즐겁게 도착했건만 한 가지 문제가 발생했다. 집회지에 전기가 끊어진 것이다. 군대 안이었기에 누군가 전원을 끊었다는 것은 생각할 수 없었고(예전 집회 때에는 워낙 그런 일들이 많아 잠시 의심도 해봤지만 설마 군대 안까지야 그런 일이 있을 수 있겠나 싶었다. 그러나 요즘 이단들의 행태를 보면 또 모르겠다.^^), 아무튼 이리저리 확인했건만 전원 공급이 어렵다는 이야기를 듣고, 이상 기온의 더운 날씨에 마이크도 없이 필자의 주 무기인 영상도 상영하지 못하고, 그저 하나님께 모든 것을 맡기고 강의를 시작했다. 다행히 군종병들의 모임이었던지라 모든 것이 열악한 상황이었으나 더욱 긴장하는 마음으로 강의에 집중하는 분위기가 되었고, 모든 것이 완벽하게 잘 준비되었을 때보다 더욱 소중한 시간으로 여기는 모습들이 눈에 선하게 들어왔다. '그렇구나! 하나님께서는 모든 것이 부족한 상황일지라도 날마다 가장 좋은 것으로 함께해 주시고 놀라운 감동을 주시는구나.' 생각하면서도 그래도 동영상을 못 보여 주는 것이 아쉬웠던 터에 강의 중간쯤 기적같이 전원 공급이 이루어졌고, 여러 영상이 추가된 강의는 은혜롭게 잘 마무리될 수 있었다.

돌아오는 길에 10여 년 전 광주에서의 집회 때가 불현듯 생각났다. 집회 도중 이단으로 추정되는 이들이 전원을 차단하여 아무것도 보이지 않았을 때, 그 상황에 누군가 커다란 목소리로 "여러분! 지금 이단들의 소행으로 보이는 일로 인해 전원이 들어오지 않고 있습니다. 그러니 우리가 우왕좌왕한다면 결국 이단들을 돕게 되는 것이고, 또 그들을 기쁘게 만드는 것입니다. 조금만 조용히 한다면 탁 소장의 강의를 육성으로라도 들을 수 있으니 우리 침착하고 조용히 이 집회를 잘 이어 갈 수 있도록 합시다."라고 말했다. 듣고 보니 "나보고 이 큰 예배당에서 육성으로 강의하라는 건가? 조금은 당황스러웠지만 있는 힘을 다해 "여러분! 제 목소리가 잘 들리십니까?"하니 잘 들린다 하여 커다란 소리로 힘차고 열정 있게 '우리 서로 못생긴 얼굴들은 보지 말고 소리로만 오늘 세미나를 이어갑시다.'라고 농담까지 섞어가며 모인 청중들을 안심시키고 강의를 시작했다. 강의가 끝날 때쯤 이번 군 집회 때처럼 예비전력으로 불을 밝히고, 마무리 영상까지 상영하게 되었을 때 얼마나 은혜롭고 기쁜 집

탁 소장님! 여기가 이단인가요?

회로 마쳐졌을까는 여러분의 상상에 맡기겠다. 집회 후, 더욱 감동적이었던 것은 당시 집회 장소였던 교회가 외벽부터 이단들의 공격으로 손해가 이만저만이 아니었는데 한 교역자께서 "우리 교회가 적지 않은 손해를 입기는 했으나 이 집회로 인해 얻은 귀한 은혜는 돈으로도 살 수 없을 만큼 귀한 것이니 현대종교는 그저 더욱 열심히 이 사역에 잘 임해 달라." 라는 이야기를 하는데 이 역시 어떤 것으로도 살 수 없는 귀한 은혜가 되기에 충분했다. 비슷한 은혜를 10년이 지나 다시 강원도 땅에서 맛보았으니 앞으로 살며, 또 집회 사역을 통해 얼마나 많은 은혜가 있을까 기대하지 않을 수 없었다. 이런 소소한 것에서까지 하나님의 귀한 숨결을 느끼게 되니 늘 힘들긴 해도 이 사역을 어찌 놓을 수 있겠는가 싶다.

＊ 칼럼을 마무리하고 넘겨야 할 주일 오후, 가락동 서광교회에서의 집회와 집회 후 바로 상해 유스코스타와 소주, 상해지역 집회가 계획되어 있었다. 그런데 집회 전에 급체하는 바람에 집회 도중 계속 화장실을 왔다 갔다 하며 강의를 이어가는 상황이 생겼다(구토 등으로 인해). 한 시간이 1년처럼 느껴지는 너무나 힘들고 가슴 아픈 시간을 버텨내며 힘들게 공항엘 갔더니 이번엔 주최 측인지 여행사의 실수인지 필자의 비자만 누락되어 결국 중국도 갈 수 없는 상황이 되었다. 아! 어찌 이런 일이 있을 수 있는지. 다시 늦게라도 중국에 갈 수 있는지 알아보며 칼럼의 마무리를 짓고 있다. 결과가 어떻게 되었는가는 다음 호를 통하여 말씀드려야겠다. 앞서 언급한 것처럼 집회 때마다 힘을 내야겠지만 집회 사역은 어떻게, 또 어느 곳으로 튈지 모르는 여전히 쉽지 않은 럭비공 같다. (2010. 7/8)

중국 찍고 캐나다 돌아 한국의 여름 투어까지

중국(상해)

(지난 호 '강원도의 집회 현장에서' 이어) 어느 곳으로 튈지 모르는 럭비공 같은 강의 사역의 현장은 어떤 경우에도 감사함으로 막을 내리지 않은 적이 없다. 지금까지는 불변의 법칙이었는데 앞으로도 그러할 것이라 믿어 의심치 않는다. 결국 상해 유스코스타는 급행 비자를 신청하여 수련회 3일째 되는 날 합류했다. 단 한 번의 강의를 위해(항공료를 두 번이나 지불했으니 강의에 든 돈이 100만 원이나 된 셈이다. 사역하는 동안 가장 많은 돈을 들인 강의였다) 늦게나마 합류한 것이 잘한 건가 싶기도 했으나 분명 투자한 만큼 좋은 열매가 있을 것이라 믿기에 후회는 없었다(아이들은 이런 마음을 알아주려나?). 모든 행사는 은혜롭게 끝났고, 곧바로 상해 대표적인 한인 교회인 상해한인연합교회에서 말씀을 전할 기회가 주어졌다. 아이들만 만나다가 오랜만에 어른들을 만난 것도 기뻤지만 예전 고등학교 때 밴드를 함께 했던 후배(상해한인연합교회 선임 부목사)와 지금 섬기고 있는 교회의 음악목사였던 서문호 목사를 그곳에서 만나게 되었으니 세상 참 좁다는 생각이 든다. 낯선 도시에서 오래전 헤어졌던 이들을 만나는 기분은 여전히 색다르다. 그 외의 상해 이야기는 작년에 전한 적 있었으니 나머지는 생략하고 한국에 돌아오자마자 상해에서 보내온 장로 한 분의

탁 소장님! 여기가 이단인가요?

편지를 소개하며 이야기를 마무리하련다. 이 편지가 잠시나마 독자들께 행복한 즐거움과 공감이 되기를 바란다.

오늘 예기치 않은 만남, 그리고 이어지는 아름다운 교제가 매우 복되고 유익하고 행복했습니다. 모든 동선과 일정이 어쩜 그렇게도…&^%#$@#(현란하다는 의미). 아무튼 모든 것이 주님의 인도하심으로 이루어진 줄 믿고 감사드립니다. 영짝(영적 짝퉁) 퇴치를 위해 대를 이어 사역하시는 자제분들의 삶이 매우 귀하게 느껴졌습니다. 앞으로도 현대종교의 사역을 통해 아파하고 신음하는 많은 지체가 그리스도 영생의 우물가로 돌아올 수 있도록 멀리서나마 응원단의 한 사람이 되겠습니다. 아울러 말씀드리기 송구하나 용기를 내어 부탁드리는 것은, 강의를 가시는 곳마다 말세에 기승을 부리는 가짜와 짝퉁의 정체를 드러내어 성도들을 경계시키시는 것에 더하여, 우리 성도들이 진짜에 대한 공부를 많이 하여 누가 뭘 들이대도 '탁!' 보면 금방 감별할 수 있도록, 개 교회와 단체들에게 권면해 주시는 것도 포함시켜 주시면 어떨까 싶습니다. 그래서 소장님의 성씨가 '탁!'씨가 아닐까 생각도 해 보았습니다만.^^ 이참에 소장님의 이름으로 3행시를 하나 지어 봤습니다.

탁: 탁! 보면 압니다.
지: 지가 아무리 진짜라고 우겨대도.

원: 원조는 하나 곧 우리 주 예수그리스도!

낮에도 잠만 말씀드렸지만, 한국교회가 진리의 원천인 성경을 등한히 한 채 무슨 훈련과 프로그램, 찬양과 축제, 코이노니아 등에만 관심을 쏟은 나머지 사단이 그 틈새를 노리고 교회의 허약한 부분을 공략하여 오늘날과 같이 이단, 사이비들이 기승을 한 것이 아닌지요. 명품의 진가를 아는 사람은 명품의 제조 원리와 공정을 알기에 아무리 정교하게 만든 A급 짝퉁이라도 금방 이미테이션을 분별해 내는 것을 보았습니다. 그러니 "이 세대의 아들들이 자기 시대에 있어서는 빛의 아들들보다 더 지혜로움이니라(눅16:8)"라는 말씀이 얼마나 기가 막힌 지요. 그런데 유감스럽게도 이 시대의 교회들은 대부분 진리를 사는 일(잠 23:23)에 소홀합니다. 중고등학생들도 학년말에 종합고사를 볼 때면 년 초부터 배웠던 것을 (비록 다 알고 있다고 하는 부분일지라도) 쭉 복습하고 시험에 임하는 법인데, 하물며 영적인 전투에 임하는 이 시대의 성도들이 자기가 믿는 하나님에 대한 경전을 복습하지 않고, 이 세상 어둠의 세력과 전쟁을 한다는 것은 어떻게 보면 바다 위에 무의미하게 떠 있는 배들이 아닐는지요. 그러다 어느 날 어뢰를 맞고 나면 그제서야 우왕좌왕 허둥대고, 대책을 서두른다고 호들갑이고. 참으로 답답한 일이 아닐 수 없습니다. 제가 주제넘지만, 성경 한 구절을 더 인용하는 것을 용서하십시오. 레위기에 모세와 아론이 하나님의 백성들이 먹어도 되는 것들과 먹어서는 안 될 것

탁 소장님! 여기가 이단인가요?

들을 기록해 놓지 않았습니까. 먹을 만한 생물의 원리가 적혀있고, 먹지 못할 가증하고 부정한 생물의 예가 나열되어 있습니다. 제 생각으론 먹지 못할 부정한 생물, 즉 비유컨대 이단, 사이비에 대한 목록을 열거하는 것은 우리 현대종교의 소관이라 생각합니다. 그것을 파헤치고 감별하고 드러내어서 과연 이러이러한 것들은 성도들이 먹어서도 접근해서도 안 되는 것들이라고 경고하고 나팔을 불고 말이죠. 그렇다면 그 반대쪽에 있는 먹어도 되는 생물들의 목록은 오늘날 교회들이 매년 복습하듯 가르쳐야 하는데, 저는 그것이 바로 복음 진리, 즉 성경에 대한 바른 이해와 교육이라 생각합니다.

　　그러나 유감스럽게도 저는 오늘날 이 두 날개 중 하나가 바로 작동하지 못하고 있다고 생각합니다. 교회가 성경을 가르치지 않고 있습니다. 마치 월드컵에 출전한 한국 대표팀의 감독이 선수들에게 죽어라 수비만 가르쳤지, 전술과 전략을 구사하는 공격은 아예 접어서 박물관에 모셔 둔 것이라 비유하고 싶습니다. 한마디로 성령께서 우리 성도들에게 주신 최고의 무기인 말씀의 검은 지금 박물관 진열장 안에서 녹이 슬어 가고 있다고 보는 것입니다. 제가 너무 무리한 비유를 한 건가요? 한국교회 대부분이 이미 영적인 나약함을 드러내어 많은 이단과 사이비의 공격 대상이 된 것은 어찌 보면, 골을 넣지 못하는 수비 위주의 한국교회의 자화상이 아닐는지요. 그래서 비록 현대종교의 소관은 아닐지라도 그래도 같은 팀이기에 수비를 주로 강조하시면서도 강의 말미에는 항상 다시 성경으로 돌아가서

복음 진리에 대한 확고한 기초를 다지는 일을 강조해 주십사 부탁드리는 것입니다. 혹시 결례되었다면 너그러이 혜량하여 주십시오. 다 함께 그리스도의 몸 된 교회를 온전히 세워가자는 데는 한마음이 될 것을 믿기에, 우리끼리 허심탄회하게 한번 전략회의를 했다고 생각하여 주시면 한결 마음이 편하겠습니다. 저희 상해연합교회가 내년에 이단, 사이비대책위원회가 정식으로 발족될지는 앞서 판단하지 못하겠습니다만, 만일 사안의 심각성을 직시하고 미리 외양간을 짓는 공사가 진행된다면, 그리고 그 공장장에 제가 임명된다면 이름은 다음 두 가지 중에서 하나를 제안할까 합니다.

제1안: 이난박멸위원회
(이단/사이비는 모기 해충과 같이 사악한 존재로 성도의 고혈을 빨기 때문에 이 세상에서 박멸해야 한다는 뜻에서^^)
제2안: 이퇴계(이단/사이비, 퇴치, 계획위원회를 줄여서.)

밤이 깊었습니다. 거듭 오늘의 만남을 주신 존귀하신 주님을 찬양하며, 내내 건강하시고 늘 바다 건너 승전보가 오갈 수 있기를 기도드립니다. 쭈내이 핑안! 상해에서 심○○ 드림.

캐나다 온타리오(토론토)

10년 전 토론토 공항을 떠나며 다시 이곳에 오게 될 것이라고는 전혀 예상하지 못했는데 온타리오 한인교회협의회 초청 이단 세미나 차

탁 소장님! 여기가 이단인가요?

다시 캐나다 땅을 밟게 되었다. 지금까지 가본 나라 중 가까운 듯하면서도 멀기만 한(특별히 서부에 비해 이곳은 더욱), 게다가 비행기 삯도 보통 비싼 것이 아니어서 항공사에 효자 노릇 단단히 하고 있다는 캐나다에 오기가 쉽지 않았는데 지금 글을 쓰고 있는 곳은 나이아가라 폭포 근방 코스타 숙소다. 코스타는 협의회의 강의 요청을 받자마자 평소에 참여하고 싶었던 코스타까지 섬기고 싶은 마음에 행사가 열리는 기간에 교민집회를 잡아줄 수 있겠냐고 요청하여 OK를 받은 것이다. 모든 것이 일사천리로 이루어지고, 항공료 문제도 쉽게 해결되어 두 마리 토끼를 모두 잡을 수 있었다.

캐나다 토론토는 형님 가족이 오랫동안 머물며 공부하고 생활했던 곳인데 이곳만 생각하면 왜 맘이 더욱 애달픈지 모르겠다. 아무튼 이곳은 10년 전과 비교하여 아무것도 변한 것이 없다. CN 타워를 비롯하여 시내와 한인타운도, 형이 살던 토론토 대학 근처도 어느 것 하나 변한 것이 없는 평온한 모습 그대로이다(그리고 보니 유독 한국만(겉으로만) 너무 요란하게 변하고 있는 것 같다.). 캐나다 하면 또 드는 생각이 '유학'과 '기러기 아빠'라는 단어다. 아내와 아이들을 외국으로 유학 보내고 한국에 홀로 남아 뒷바라지하는 가장을 기러기 아빠라고 하는데 최근 이들의 양극화 현상을 풍자한 신조어가 또 등장했다. '독수리 아빠'와 '펭귄 아빠', '참새 아빠'가 그것이다. 먼저, 재력이 든든해 가족들이 보고 싶을 때면 언제든 바로 날아갈 수 있는 '독수리 아빠', 명절이나 휴가에 맞춰 1년에 한두 번 가족을 만나러 가는 앞서 이야기한 '기러기 아빠', 한편 등이 휘도록 일해도 외국에 있는 가족들에게 송금하고 나면 비행기 삯도 남지 않는 '펭귄 아빠'도 있다. '펭귄 아빠'보다도 능력이 떨어지면 '참새 아빠'인데 가족을 외국으로 보낼 형편이 안 돼 강남에 소형 오피스텔을 얻어 아내와 아이만 강남으로 유학을 보낸 아빠를 뜻한다나(앞으로 나는 어떤 아빠가 되려나?).^^

캐나다는 잘 알고 계시듯 러시아에 이어 세계에서 두 번째로 넓은 영토를 자랑하고 있다. 천혜의 자연환경과 풍부한 천연자원을 가지고 있어 여러 나라의 부러움을 사고 있기도 하다. (tip 하나, 캐나다라는 이름은 맨 처음 캐나다 땅을 찾은 프랑스 개척자의 착각으로 지어졌단다. 프랑스인 탐험가 자크 카르티에가 세인트로렌스 강 근처에서 휴런-이로쿼이 원주민에게 "여기가 어디인가?"라고 물었는데 '카나타'라는 대답이 돌아온 것. '카나타'는 원주민들의 단어로 '마을', '정착지'를 뜻하는 것이지만 지명으로 착각한 것이다.) 그리고 그곳 역시 예상했듯이 지역의 한 교계 신문에 의하면 기독교 인구가 급속히 감소해 몇몇 개신교단의 경우 멸절 위기에 처해 있는 것으로 밝혀져 충격을 더 하고 있다고 한다. 이 현상은 예전에도 소개한 적이 있었으나 캐나다뿐만 아니라 서구 전체가 같은 현상을 보인다. 제도화된 종교는 사람들의 삶의 중심에 개인적인 종교로서 자리 잡지 못하고 있다. 많은 캐나다인은 자신들이 특정한 종교 그룹이나 교단을 지지한다고 말하고 있으나 실상은 예배에 더는 참석하지 않고 있다고 한다. 작년에 다녀온 뉴질랜드와 마찬가지로 이곳 역시 착하고 선한 마음을 가진 이들은 많으나 인본주의와 합리주의적 사상에 물들여져 있고, 동성애가 들끓고, 예배자가 없어지고 있으며, 그리스도의 은혜로 지어진 교회들이지만 이젠 영적인 눌림 등으로 인해 신자들의 자신감 상실과 함께 우울증 역시 극심해져 가는 것이 서구 여러 나라와 비교해서 크게 다르지 않아 보였다. 또 오래 전부터 구체적으로 캐나다 땅을 호시탐탐 넘보는(이민자들과 유학생들을 중심으로) 이단들 역시 예외는 아니었기에 탁 목사와 더불어 이단 관련한 정보와 강의, 그리고 상담은 적절한 필요를 채우는 요소가 되었다. 또한 '구체적 관심'과 깊은 '동역의 약속'이라는 성과를 얻을 수 있었다. 앞으로 그곳에 있는 믿음의 군사들이 더욱 믿음을 확고히 할 때, 그들을 통해 캐나다 역시 마지막 때 분명히 하나님께서 쓰시는 나라가 될 것이고, 영적인 각성과 회개함의 역사가 일어날 것이며 우상 앞에 무릎을 꿇지 않고 예수그리스도에 집중한 삶을 살아가는 나라가 될 것이라 확신하게 된 8일간의 귀한 여정이었다.

늘 처음처럼

그러나 강의 사역이 연일 계속되고 있기에 끝 무렵이 허전하고 허무한 마음이 드는 경우가 많아지고 있다는 것이 문제라면 문제다. 흡사 '연극이 끝난 후'라는 노래의 가사처럼. 갑자기 오래된 세상 노래의 가사를 떠올리며 지금의 상황과 다르지 않다고 푸념하는 것은 하나님께 모든 것을 맡기지 않고 인간적 열심과 열정만 있고, 또 오랜 기간의 사역을 통해 생긴 허무 가득한 강의의 매너리즘만 넘치기 때문인 것 같다. 그것을 모르고 있지 않다는 것만으로도 감사한 일일 수 있겠으나 앞으로

가 문제이지 않나 싶다. 부디 항상 진일보했던 처음의 멋진 열정 잃지 않고 언제나 한결같은 마음으로 사역할 수만 있다면 좋으련만. (2010. 9)

유스코스타 베트남

도로마다 오토바이 물결로 가득하다. 도저히 셀 수 없을 정도이다. 그 진풍경이야말로 베트남을 언급할 때마다 빠질 수 없는 이야깃거리가 될 것 같다(베트남의 명물인 씨클로와 자전거는 이제 대부분 자취를 감췄다.). 먼저 베트남 유스코스타의 보고를 드리자면 한류 바람과 더불어 이단 포교 역시 예외 없음은 그간 여러 나라를 방문할 때마다 알려드렸는데 베트남도 공산국가이긴 하지만 대부분 이단이 활동의 거점으로 삼으려 애쓰는 모습이 역력했다. 늘 해야 할 일들이 줄어들지 않으나 반대로 하나님 말씀, 그 예언의 성취로 받아들이면 '어느 곳이라고 예외가 있겠는가?'의 심정으로 더욱 선교와 정비례한 국내·외 이단 퇴치 운동의 정당성을 찾는 계기가 되니 나쁘지만은 않다. 이번 코스타는 작년에 이어 두 번째로, 베트남에서 가장 규모가 큰 호치민 한인연합교회에서 진행됐다. 출, 퇴근 형식으로 치러진 코스타였지만 동남아시아 국가 중 한인들이 가장 많이 모여 있는 나라에서의 모임이었던지라 집회 내내 아이, 어른 할 것 없이 많은 이들이 참석했고, 순수하고 성실한 준비들로 인해 두 번째 치

탁 소장님! 여기가 이단인가요?

른 행사였음에도 불구하고 강사들은 십수 번은 치른 것 같은 성숙한 수준의 집회였다고 평했다. 그러니 잠깐의 동기부여만으로도 청소년들과 성도들에게 이단의 문제가 구체적인 기도 제목으로 받아들여진 것으로 생각한다(한국에 온 뒤, 여러 이단 자료들을 나누느라 칼럼을 쓰는 이 순간에도 쉴 새 없는 교제가 이루어지고 있다.).

모임 이후, 보통 해외에서의 관광은 정중히 거절하는 편이었지만 꼭 한번 가고 싶었던 전쟁 기념관은 사양하지 않았다. 그동안 보아왔던 베트남 관련 영화들로 인한 호기심 때문인지, 젊은 시절 배워왔던 이 나라의 역사적 사건들을 되짚어 보고 싶은 까닭인지, 이유가 분명치는 않았으나 꼭 둘러보고 싶은 마음이었다. 중요한 것은 여전히 전쟁의 상흔이 지워지지 않은 베트남의 아픈 역사를 바라보며 그들의 아픔을 부여잡지 못한 채, '선교'라는 이름으로 다가간다고 해서 모두 다 정당성이 획득되는 것은 아니라는 것이다. 어느 나라든 마찬가지이겠지만 자신들 생각만으로, 함부로 열정만 갖고 공격적인 선교를 펼친다든지, 지혜롭지 못한 일로 하나님 나라의 확장을 가리는 선교가 되지 않도록 노력했으면 한다. 더욱 그 나라들과 백성들을 이해하고, 안고 있는 아픔들을 간절한 맘으로 바라보고 쓰다듬을 때야 비로소 그의 계획하심도 이루어질 것이다. (2013. 6)

20th, 여름 강의 투어

　　단 한 번의 캠프를 치르기 위해 캠프 관계자들이 근 1년 365일을 준비하고 있다는 것을 아는 이 그리 많지 않을 것 같다. 다음 세대를 위해 온 마음과 정성으로 섬기고 있는 사역자들에게 격려와 응원의 박수를 보내지 않을 수 없는 이유다. 때로는 지치고 힘들 때 많겠지만 더욱 최선 하여 하나님 나라의 상급, 가득 안을 수 있기를 바라마지않는다. 안타까운 것은 그것과는 반대의 목적을 우선순위로 두고 있음이 뻔히 보이는 캠프들이나 사역자들을 만날 때다. 또 하나는 아이들과 청년들에게도 미혹의 손길을 펼치는 이단 문제에 대한 근본적인 대처가 초청 이유가 아니라 지난 캠프에서 아이들 반응이 좋아서라던지, 여러 분야별 또는 주제별 강사들의 구색을 갖추기 위해 초청을 받을 때다. 본질적 고민이 제대로 나눠지 않는 상황에서 준비된 자리와 시간은 진정성이 부족하니 열매도 기대하기는 어렵다. 이러한 캠프들로 인해 가끔 청소년 캠프 사역자들이 욕을 먹고 있는지도 모르겠다. 부디 뜻있고 건강한 캠프 사역자들이 넘쳐났으면 하며, 그들이 땀 흘려 준비한 캠프, 수련회를 통해 그곳에서 받고 느낀 감동과 도전, 그리고 은혜가 아이들의 귀한 삶으로 이어지길 바란다. (2013. 7/8)

탁 소장님! 여기가 이단인가요?

내 어깨와 심장을 내줬는데도…

1. 한국의 겨울 강의 사역으로 시작해 미국 남가주(목회자 세미나 등)를 찍고, 캐나다 밴쿠버(코스타)를 거쳐 다시 한국의 봄 사역을 이어가기 전, 먼 타국에서 칼럼을 쓰고 있다. 이번 겨울 전국 세미나도 다음 세대를 만나는 일이다 보니 기쁜 마음으로 전국을 누빌 수 있었다. 집회 후 여전히 아이들은 민감한 내용의 상담과 질문을, 그리고 피해 관련 아픔을 전해 왔다. 흔히 말하는 '한 다리 건너 이단 문제를 겪지 않는 이들이 누가 있을까?' 싶은 생각이 깊게 든 여정이었다. 서로가 답답한 심정을 안고 한 시간 이상 상담을 나눌 때도 있었으니 중, 고, 청 대상의 이단 교육이 교회마다 반드시 필요하다는 방증이지 싶다. 늘 쓴소리만 담아 송구한 마음이나 더 질책하지 않을 수 없는 것은 피해의 아픔을 어렵게 내어놓고 상담하는 아이들을 보면서도 그저 남 보듯 바라보는 교회들의 후속 조치 부재의 문제 때문이다. 작금의 이단 대처의 현주소라 할 수 있다. 아이들에게 이단에 대해 알려줄 수 있는 창구를 만들어 준 것은 감사하나 강의 한 번으로, 해야 할 것을 다 했다고 착각하지 않았으면 한다.

* 컴퓨터의 전신을 만든 앨런 튜링의 삶을 다룬 영화 〈이미테이션 게임〉은 2차 세계대전 중에 적군인 독일군의 암호세계인 '에니그마'를 해독하는 작전에 참여했는데 이때 그가 만든 암호 해독기 시스템이 바로 현대 컴퓨터 과학의 시초가 됐다고 한다. 그가 비록 전쟁에 직접 나서지는 않았으나 그로 인해 전쟁의 활로를 찾을 수 있었고, 수

많은 인명을 구해낼 수 있었다고 한다. 영적인 전쟁도 이와 다르지 않을 것이다. 암호를 해독하는 데 최선을 다하는 이들이 있다면 적극적인 대처로 전쟁에서의 분명한 승리를 취할 수 있도록 노력하는 현장의 일꾼들도 있어야 할 테다.

    2. 겨울 사역 직후 북미로 향했다. 그곳의 사정도 한국과 크게 다르지 않았다. 해외 쪽이 더하면 더했지, 결코 덜하지 않은 상황이라는 것을 20년 만에 방문한 땅에서 뼈저리게 느꼈다. 지난 2013년 L.A 수정교회(지금 이 교회는 천주교로 넘어간 상태다)에서 열렸던 신천지 집회의 규모만 보더라도 적지 않은 이단들이 활동하고 있다는 증거다. 해외 선교 및 이민 선교에도 이단 문제가 빠지면 밑 빠진 독에 물 붓기가 된다. 더 우려스러운 것은 소수의 사람만이 관심을 두고 있는 상황이 예전 신천지 출현 전의 한국교회의 모습이랄까. 그러니 이민 사회의 문제점들을 정확히 간파하고 있는 이단들의 섬김과 나눔까지 보태진 전략이라면 한국교회보다 더 큰 피해가 우려된다. 반면 이민교회들은 문제가 있음에도 신비주의적 성향들을 내세워 교회의 성장을 기대하는 이들이 적지 않고, 성락교회(김기동)의 영향을 받은 교회들이 많다 하니 이젠 선교의 틀 안에 이민 사회와 교회들이 포함되어야 함은 물론이다. 아울러 그들의 (특히 1.5세 내지는 2세들의) 신앙 점검도 중요히 여겨야 할 때다. 그러한 마음을 구체적으로 나누었던 것이 이번 북미 집회의 성과라면 성과겠다. 물론 이곳의 교회들에게는 갈피를 잡지 못한 채 흔들리는 조국 교회를 위한 기도를 잊지 않았다. 그러나 이번 여정이 순탄치만은 않았다. 세미나에는 대략 20~40여 명의 목회자가 참여했는데 날짜가 코앞에 닥쳐왔는

탁 소장님! 여기가 이단인가요?

데도 세미나 장소조차 구하지 못했다는 이야기를 듣고는 당황했었더랬다. 당시 상황을 집회 장소를 내줬던 목회자의 일기로 대신하련다(그는 여호와의 증인 전문가이기도 한데 매일 전도와 더불어 증인들과의 논쟁과 설득이 일과 중 상당수를 차지한다고 했다. 여러 증인을 회복시키기도 해서 지역에서는 이단 사역자로 발돋움하고 있다. 귀한 교제를 나누던 중, 일기로 이번 세미나의 소감을 전해왔기에 약간 분을 담았다.).

'사실 탁 소장을 만나게 된 것이 나의 노력은 아니었다. 나는 이번에 그를 만나기 전까지만 해도 탁 소장에 대해 전혀 들어 본 적이 없었다. 나중에 안 이야기지만 오렌지카운티(OC) 목회자 협의회에서 이번 "이단 대책세미나"를 주최하는 데 있어 장소를 정하는 데 고민이 많았다고 들었다. 세미나를 당신들의 교회에서 주최했다가 혹 말썽이 날까 싶어 교역자들께서 장소를 빌려주기를 모두 꺼렸다는 것이다. 이해할 만하다. 이후 전임 회장께서 나에게 교회를 쓸 수 있느냐고 여쭤왔길래 허락을 했는데 이것이 하나님의 섭리가 아닌가 싶다. 남에게는 길가에 굴러가는 돌처럼 전혀 관심이 없는 일이지만 나에게는 탁 소장을 만난 것이 마치 금광에서 금맥을 찾은 것과도 같았기 때문이다. 한국에도 많은 증인이 있다고 한다. 탁 소장은 내가 여호와의 증인 관련 책을 쓰고 있다는 말을 듣고 한국교회는 증인 전문가가 변변치 않다고 말해주었고, 증인 회복 사역자도 부족하다고 했다. 최근 증인 관련해서 준비하는 서적과 글을 써서 보내주면 탁 소장께서 글과 책을 여러 교회와 나누고 소개도 시켜 주겠다고 했다. 앞으로의 귀한 교제가 기대된다.'

3. 이렇듯 남가주 쪽의 목회자 세미나는 소극적인 관심과 쉽지 않은 상황 속에서 시작됐지만 조금씩 관심을 이끌며 매년 이단 세미나를 개최하기로 결의했다. 이단 대처 팀도 세우기로 했으며, 미주 지역 이단 문제에 적극적인 대처를 다짐하며 막을 내렸다. 인상적이었던 것은 목회자들의 권위 없는 모습과 성도들의 섬김과 나눔, 그리고 언행일치의 모습이었다. 그 살가움들과 집회를 준비하면서 그간의 여러 일이 떠올라서 그랬는지, 마무리 강의 도중 눈물을 쏟기도 했다. 겨우 강의를 마무리하긴 했지만, 집회 후에도 눈물이 멈추지 않아 어찌할 줄 몰랐었다. 지금 생각해 보니 선친을 기억하는 여러 성도들의 이야기를 듣고, 또 예전 선친의 미국 집회와 오버랩되는 무언가가 있어서였던 것 같다. 지금도 이렇게 집회 하나 꾸리는 것이 어려운데 그때는 어땠을까? 이날 교역자들에게는 나이스하게 끝난 집회보다 이러한 일들이 거룩한 부담으로 작용되어서였는지 모인 이들과의 뜨거운 교제는 떠나는 날까지 계속되었고, 주체할 수 없는 감사함을 안고 LA 공항에서 밴쿠버로 향하며 글을 마무리하고 있다.

4. 위안부 문제에 일침을 가했던 모 신문 머리글 제목이 생각난다. '내 어깨를 내주고 심장을 찌른 묘안이 아닌, 내 심장을 내줬는데 상대

머리털도 건드리지 못하고 있다'라는.

　분명 우리들의 이야기이기도 하다. 이단으로 인해 수많은 피해가 있었음에도 제대로 된 대처는 물론, 대꾸조차 못 하고 있다. 이 문제들을 그저 숙명으로 여기며 살고 심장까지 내주었으니 이젠 무엇을 더 내줘야 하나. 그러나 아직 끝난 싸움은 아니니 부디 위의 마음들이 구체적인 행동으로 이어져 국내외 글로벌 대처 네트워크로 하나 되고, 멀지 않은 시기에 우리가 바라는 바가 반드시 이루어질 수 있도록 '나로부터' 시작되는 걸음을 소망한다. (2015. 4)

＊ 뭐든 단번에 이룬다는 것은 어렵지만 뜻있는 한 걸음들이 모여진다면 이루지 못할 일은 없다. 그간 역사도 그렇게 이뤄졌고, 앞으로도 그렇게 될 것이라 믿으며, 이단 사역에 애쓰는 이들 모두가 조금만 더 힘을 낼 수 있길 바란다.

코스타 필리핀

　5년 만에 다시 방문한 필리핀은 변화의 바람이 세차게 불고 있다. 오랜 기간 '부'는 더욱 '부'하고, '빈'은 더욱 '빈'해지고 있으니 새로 당선된 대통령에게 거는 기대가(그런데 우려도) 그만큼 커 보였다. 여전히 1950년도와 2010년대가 공존하는 나라, 백성들의 눈망울이 세상에서 가장 아름답다고 하는 나라, 그러나 사건, 사고가 끊이지 않으며, 탈도 많고,

말도 많은 필리핀의 코스타가 10주년을 맞이했다. 영 육 간의 기도 제목이 적지 않은 곳이기에 코스타 내내 뜨겁고 간절한 기도가 멈추질 않았고, 이단 문제도 그 심각성이 여전했기에 네 번째 방문한 이 땅에 오랜만에 잘 왔지 싶었다. 이전에 만났던 대부분 유학생은 고국으로 돌아왔고, 교역자들 몇 명만이 기억하며 반갑게 맞아주었지만 곧 모두가 이 나라의 정서처럼 친절하게 섬겨줬다. 그리고 늘 그랬던 것처럼 은혜를 끼치러 갔다가 귀한 섬김과 나눔에 도리어 은혜와 감동을 안고 돌아왔다. 집회 중 특이했던 부분은 필리핀에서의 이전까지의 상담은 다락방 상담이 대부분을 차지했었는데 이번엔 '애터미' 관련 상담이 대부분이었다. 이단의 문제도 여전했으나 각각의 생활고 등의 이유로 새로운 활로를 모색하다가 '애터미'를 만나게 되었고, 그것의 영향력은 모두에게 직, 간접적으로 닿아 있었다. 그 외 여러 정보를 나누면서 느꼈던 것은 교민과 유학생 사회, 그리고 현지인들에게까지 미혹의 손을 펼치는 이단 문제의 대처에 관한 간절함이었다. 무튼 이번 필리핀 코스타 10주년엔 베스트(?) 강사들이 총출동했는데 그중 영화 〈제자 옥한흠〉과 〈순교〉 등으로도 잘 알려진 김상철 감독이 함께했다. 그의 영화 모두가 선친과도 관련이 적지 않기에 애잔한 마음이 컸다. 애잔함 중에 감사했던 일은 수년 전 이곳에서의 이단 강의를 통해 두 친구가 이단에서 나오게 되었다는 고백 때문이었다. 계속해서 이 사역이 회복의 가능성에 다다른 것이 놀랍기도 하고, 참 감사했다. 두 친구 모두 20년 가까이 이단에 있다 돌아온 사례여서 지금껏 감격의 마음이 식지 않고 있다. 강의 사역과 상담,

탁 소장님! 여기가 이단인가요?

그리고 취재와 자료의 나눔, 모두가 하나님께서 주신 귀한 선물이지 싶다. 코스타가 자비량이고, 상당한 에너지가 필요한 강행군이나 놓지 못하는 이유가 이렇듯 적지 않다. (2016. 7/8)

익숙함 1

'익숙함'은 대체로 전문적인 영역에서 사용 가능한 표현이다. 그러나 그 익숙함이 누군가에게 도움이 되지 못하거나 의롭게 사용되지 못할 땐 잠시 하던 일을 멈추고 스스로를 돌아봐야 하며, 매너리즘에 빠져 있는 익숙함은 아닌가도 살펴봐야 한다. 시간이 흘러 사역에는 익숙해졌으나 초심을 잃고 있는 것은 아닌가 하는 생각이 깊어졌다. 어릴 적 부친을 통해서는 정의를, 모친을 통해서는 사랑을 배웠다. 그 배움은 고스란히 형제들의 몸과 맘에 녹아들어 적어도 정치적으로나 경제적으로 비굴해지지 않으려 노력하며 살았다. 그러나 기성세대에 안착하면서 그 일이 좀처럼 쉽지 않음을 깨닫고 있다. 이단들보다 못한 교회들을 보면서 쓴소리 한번 제대로 못 하고 말씀과 웃음을 팔기도 했고, 관계의 단절이 두려워 외쳐야 할 것들을 외치지 못한 적도 있다. 점점 비굴함을 안고 살면서 남들에게 빌어먹는 사역이 되지 않을까 노심초사하는 마음이 그나마 남아 있기에 다행이긴 하지만 그분만 높이고자 했던 초심은 분명 나락 가까이 떨어지고 있다. 늘 말씀 중심에 서서 살고, 또 사역하는 것이 우선순위임에도 '독자와 회원이 몇 명 떨어졌고, 책은 왜 안팔리는가? 내지는 어려운 예산 문제' 등 현대종교 존폐의 문제만 걱정하며 주객전도된 사역을 이끌어온 것 같다. 돌이키기엔 너무 많이 달려왔으나 그래도 다시금 첫 마음을 부여잡고 새로운 활로를 열어갈 수 있도록 더 열심히 노력할 테다. (2018. 4)

익숙함 2

강의 초청에는 분명한 노동의 대가가 따라야 한다고 믿는다. CCM 가수 출신의 모 가수 사례(최근 모 교회에서 노래 4곡을 부르고 받은 사례비가 1000만 원쯤 된다고 한다)의 수십 분의 일도 안 되지만 신성한 영, 육 노동의 대가이니 서로가 당당하게, 그리고 정성껏 나누고 섬겨야 할 것이다. 그러나 때에 따라서는 자비량 사역에 무게를 실어야 함도 중요하지 싶다.

상당수 대형교회의 변함없는 '열정페이'에 반해 어려운 교회들의 귀한 섬김이 늘 비교되고 남다르기에 거룩한 부담감이 쉬이 잊히진 않는다. 섬김이라는 것이 교회의 규모와 반비례 되는 곳들이 늘고 있어 씁쓸하기만 하고, 아울러 너무도 당연하고 당당하게 자비량을 말하는 이들 역시 같은 마음을 안겨준다. 받는 데만 익숙해진 일부 선교지와 몇몇 기

탁 소장님! 여기가 이단인가요?

독교 학교들의 문제다. 최소한의 성의와 예의를 보여주고 더불어 어려운 부분들은 함께 채워 가면 좋으련만 원칙이랍시고 말하는 그 당당함은 오만에 가까워 보인다. 이해를 구하기보다는 선교 지역에 있으니, 어려운 학교니까 하는 당위성을 안고 '늘 그렇게 하고 있기에'라고 말하는 것은 고리타분하다. 남들에겐 열정과 희생을 강요하면서 반대로 섬김만을 기대하는 이들의 선교가 과연 온당한가 싶다. 받는 만큼 나눠주기도 하면 좋으련만. 우리가 받는 데만 익숙하지 않으려 노력하는 이유이다. 거절의 아픔이 워낙 많았던 만큼 나누는 것에 있어서도 열심히 하고자 한다. 나눔과 섬김의 익숙함을 기대하며…. (2018. 4)

채플

(기독교 대학들의) 채플을 섬기는 중에 난데없이 이번 남북 특별공연이 떠올랐다. 문화적 차이가 다르고, 들을 때도 무표정하긴 하지만 끝나고서는 열심을 다한 이들에게 아낌없는 박수를 보내주던 북한 주민들과는 다르게 채플 때에는 시작부터 끝날 때까지 반응이라곤 눈곱만큼도 찾을 수 없어서다. 미동조차 없다고 해야 하나. 나름 기독교인들에게 인기 있는(?) 강사임에도 학교 채플은 적잖은 상처를 안고 돌아오기 일쑤다. 강의는 그럭저럭 경청하는 것 같은데 반응은 전혀 없는, 그 묘한 분

위기를 보신 적이 있는지. 물론 강사가 반응만 보고 강의해서는 안 되겠으나 그럼에도 사람인지라 불특정 다수의 강의 때에도 최소한의 반응과 교감을 기대하곤 한다. 그래야 기쁜 마음으로 강의를 진행할 수 있을 것 같은데 그 작은 배려가 아쉽다(반응은 이단들에게서 더 빠르게 온다. 학교마다 이단에 속한 학생들이 있기에 채플 후 바로 이단 단체에서 항의성 연락이 오곤 한다.). 이렇듯 요즘 채플의 분위기는 빠르게 변해가는 문화적 차이, 내지는 기독교 대학에 들어와 반드시 참여해야 하는 채플 수업에 대한 항변도 담겨 있지 싶다. 또한 20% 정도밖에 안 되는 기독 학생들의 정체성의 문제도 한몫하고 있다. 믿지 않는 주변 친구들의 분위기에 휘둘려 기독 학생들의 적극적인 모습을 찾아보기가 쉽지 않아졌다. "진정한 신앙인이라면 주변 사람들 눈치 보지 말고 당당하고 떳떳하게 신앙생활해야 하지 않는가, 찬양과 특송 이후 박수 치는 것조차 옆 사람의 눈치를 살피고 식사할 때조차 부끄러워 기도하는 것을 머뭇거리고 있다면 그게 무슨 신앙이고 믿음인가? 그런 신앙이라면 당장 때려치우시라! 섬김과 나눔을 통해 믿지 않는 친구들에게 모범이 되는 것도 전도이고, 선교일 수 있음을 잊지 말아달라"고 쓴소리를 쏟아낸 것에 미안한 맘 없진 않지만 그래도 새겨듣길 바라며, 부디 청년들이 신앙의 정체성과 당당함을 잃지 않고 건강히 잘 살아갈 수 있었으면 한다.

* "채플 운영이 어렵긴 하지만 도움이 될 '그 한 사람'을 위해 반드시 존재해야 한다"라는 어느 교목의 이야기에 동의한다. '한 사람의 영혼이 천하보다 귀하다'는 말씀이 언젠간 그들의 삶에 적용될 것이라 믿는다. (2018. 5)

탁 소장님! 여기가 이단인가요?

감사

　강의 때 단 한 사람만이라도 강의에 집중해 주고, 반응이라도 보여줄라치면 밤새도록 말씀을 전한다 해도 힘들 것 같지 않다. 그만큼 요즘 강의 현장엔 리액션을 도통 기대하기가 어렵다. 초청받은 손님임에도 불구하고 최소한의 예의를 기대하는 것조차 어려워서 그런지 물 한 잔, 커피 한 잔 대접받는 것만으로도 감동이 되는 현장이 많다. 상담을 통해서는 내담자들의 반응과 인사만으로도, 내지는 이 사역을 아껴주는 이들과 간단한 교제만으로도 무엇과도 바꿀 수 없는 힘이 되건만 아무리 세상이 각박해졌다 해도 작은 배려하나 기대하기가 어려워지고 있으니 야속한 마음을 숨길 수가 없다. 그나마 가끔 위로와 격려의 편지들, 그리고 본지 정보를 통해 귀한 실천과 행동에 힘이 보태졌다는 소식은 감사가 된다. '감사'라는 말, 결코 멀리에 있는 것이 아니라 항상 우리 곁에 거하는 것일 테니 자주 꺼내어 들어 말하고 들을 수 있다면 좋으련만. 하여 이번 달 소소한 감사로 다가온 여러 격려 편지 중 하나를 소개하고자 한다.

　"소장님! 명절은 잘 보내셨는지요? 저는 얼마 전 "광주 횃불회"에 참석하여 소장님의 강의를 들은 예장통합 OOO교회 오OO 목사라고 합니다. (중간 생략) 저는 2006년 첫 교육전도사 사역지에서 인터콥 때문에 청년들이 양분되는 안타까운 모습을 목격했고, 인터콥이 청년에서 아동부까지 포교하는 모습을 보면서, 저희 교단의 '예의주시' 결정에 다소 아쉬움을 가지고 있었습니다. 올해 초 딸아이의 제보를 통해 중학교에서 인터콥의 '큐티 동아리' 창설 계획을 듣고, 학교에 연락해서 현대종교의 인터콥 관련 정보를 전해 그 단체를 막은 적이 있었습니다. 전라도 광주지역이 신천지에 대한 교육과 정보는 많은데, 인터콥과 동방번개, 지방교회 등의 정보는 다소 미약한 것 같습니다. 현대종교가 저에게는 얼마나 감사하고 공신력 있는 무기인지 모릅니다. 늘 힘내십시오! 함께 기도하겠습니다. 개척교회임에도 정기구독을 하고 있습니다. 그렇게라도 힘을 보태고 싶네요! 이 가을 더욱 힘 있는 사역과, 복음의 열정, 귀한 생명을 회복시키기 위한 열정에 함께 기도합니다."

* 매일 답지하는 편지 중 혼자만 보기에 아쉬운 소식들이 적지 않다. 물론 우리들만 잘난 사역을 하고 있다고 생각진 않는다. 그저 위와 같은 고민을 안고 사는 이들이 많아서인지 이단과의 싸움이 그리 외롭진 않다는 것을 독자들과 나누고 싶을 뿐이다. 모두에게 지면을 통해 감사의 마음을 전한다. (2018. 11)

탁 소장님! 여기가 이단인가요?

유스코스타 인도네시아

잘 알고 있는 국가라 생각했는데 그러지 못했던 것 같다. 면적으로는 세계 14위라고는 하나 인도네시아 끝에서 끝이 한국에서 이 나라까지 오는 시간보다 길다고 하고, 인구도 중국과 인도에 이어 세계 4번째이며, 더 놀라운 것은 인도네시아 인구 중 3000만 명 가까이가 기독교 신자라고 한다. 7만 신도가 모이는 교회도 있다고 하니 이슬람 국가라고만 생각한 것에 나름 반전이지 싶다. 두 번째 방문을 통해서 알게 된 사실들이다. 연말이다 보니 항공료의 부담이 적지 않았으나 감사한 마음으로 찾은 열 번째 인도네시아 코스타, 이번에도 은혜를 끼치러 갔다가 도리어 은혜를 받고 옴은 여전했다. 때마다 코스타에 참여하는 이유. 아울러 조국을 떠나 있는 다음 세대들을 만나는 일이 반드시 필요하기 때문이다. 7년 전 처음 이곳을 방문했을 때 순수하기 그지없었던 아이들과 선생님들과의 교제가 이후에도 지속된 것에 기대를 안고 갔는데 세월 탓인지, 아니면 기대가 너무 커서 그랬는지는(어쩌면 나이 먹어가며 아이들과의 교감이 떨어지고 있는 탓인지도) 모르겠으나 예전보단 교제가 원활치는 않았지만 그래도 먼 땅에 사는 아이들에게 이단 이야기를 들려줄 수 있다는 것만으로도 감사했다. 마지막 날 아이들에게 '너희들의 조국과 고향 땅을 잊지 말고 때마다 기도해 주길, 이단의 수입국에서 수출국으로 세계 진출을 노리는 이단들, 특히 인도네시아의 이단 문제에 관심을 가져달라!'고 부탁했고, '한국에 돌아가서는 때마다 재난 등의 아픔을 겪고 있는 이 땅과 더불어 한인교회와 다음 세대를 위한 기도를 잊지 않고, 때마다 필요한 이단 정보를 공급하겠노라'고 약속했다. 그간 지면을 통해 몇 번 소개했듯이 인도네시아 역시 한국의 이단들이 정성을 들이는 곳 중 하나다. 박옥수 구원파의 문제는 역시나 심각한 상황이고, 다락방과 여호와의 증인 등의 문제도 컸다. 특히 주재원의 자녀들이 대부분 한국의 대학으로 입학하는 아이들이기에 한국 캠퍼스 이단에 대한 상담이 많았는데 어느 곳에 거하든 귀한 아이들의 건투를 소망한다.
(2019. 2)

위기는 기회와 귀한 동역이 되어

안녕하세요. 지난번에 소장님께서 이단 강의해 주셨던 서울 ○○교회 청년부 부회장 김○○이라고 합니다. 짧은 시간이었지만 강의 이후에 저희에게 많은 변화가 있어 이 부분을 나누고 몇 가지 추가로 여쭤보고자 이렇게 메일을 드리게 되었습니다. 나누고 싶은 이야기는,

1. 이단 강의를 통한 청년부에 울린 경종(신천지 발견)
수련회 첫날에 오셔서 신천지에 대해 말씀하셨을 때 동시에 스치고

탁 소장님! 여기가 이단인가요?

지나가는 1명이 있었습니다(A라고 칭하겠습니다. 수련회 강의 때는 불참). 특히 A와 친한 아이들일수록 강의에 몰입했는데 A의 일상과 신천지의 접근법/단계가 모두 일치했기 때문입니다(첫사랑 이벤트에 당첨되었다며 연락 옴 ⇒ 설문 조사 ⇒ 심리 검사 ⇒ 교수님과 지속적 교류 ⇒ 그리고 성경공부 참여까지). 이단이라는 생각만 갖고 막연히 경계해야 하는 것으로만 알았던 청년들은 강의 후에 이단이 멀리에 있지 않음을 깨닫고, 경종을 울리는 계기가 되었습니다.

2. 의심에서 확신으로

그러다 주일이 되고 청년들이 모여서 수련회 때의 이야기를 나눴습니다. 그런데 A가 "이번 수련회에는 구원과 은혜가 없었다. 말씀만이 있어야 한다" 식의 이야기를 끊임없이 했습니다. 이번 강의로 신천지에 대한 사전 지식이 조금은 생긴 상태이기에 모두의 의심은 거의 확신으로 바뀌게 되었고, 나눔 이후 청년부 예배를 통해 이런 상황을 먼저 감지하신 담당 목사님께서 밤새 준비하여 신천지에 대해 깊이 있는 강의를 진행했습니다. 예배 후에는 청년들이 다시 모여 소장님이 추천해 주신 '이단 사이렌-신천지' 편을 보며 다시 생각을 정리하고 눈물을 쏟으며 기도 시간을 가졌습니다. 경각심이 생기고 의심이 확신으로 바뀌자 아이들은 자신들이 들은 A에 대한 이야기를 나누었고, 서로의 조각들을 맞춰보니 강의 때 말씀해 주시고, 방송을 통해 알게 된 신천지의 포교 단계와 모두 정확히 일치하는 것을 볼 수 있었습니다.

3. 하나님의 적절한 타이밍

A라는 아이 역시 저희가 사랑하는 지체이기에 마음이 아프지만 정말 감사했던 것은 하나님의 타이밍이었습니다. 저희가 모든 이야기를 공유한 결과 A는 신천지와 접촉한 지 반년이 넘은 상태였고, 친한 아이들에게는 은근히 함께하기를 권유하고 있었습니다. 저희가 지금 깨닫지 못했다면 2~3명 정도가 성경공부에 따라가지 않았을까 싶네요. 이단에 대한 객관적인 강의로 인해 경각심과 의심이 시작되었기에 그나마 이렇게 빠르게 대처할 수 있었습니다. 하나님과 하나님께서 사용하시는 현대종교를 비롯한 이단에 대처하는 분들께 참 감사했습니다.

4. 향후 대처 논의

모두가 함께 느낀 일이었기에 절박한 마음으로 이후 대처 방안에 대해 의논을 했는데 목사님께서는 연구를, 아울러 전문가와 함께 대처해 나가겠다고 하셨습니다. A가 기류를 느낀 것 같기는 하지만 서로 대놓고 이야기하지 않은 상태이기 때문에 A와의 논쟁 및 가족 케어 등의 일은 목사님께서 하시고 저희는 일상적으로 대하되 내적인 경계심을 잃지 않는 것으로 방어하고 (다만 일상적으로 대하는 것이 많이 힘든 아이들은 연락을 끊고 피하는 방법을 선택) A와 접촉하는 일이 생기면 모든 것을 목사님과 공유하기로 정리했습니다.

탁 소장님! 여기가 이단인가요?

5. 앞으로 해야 할 일들

이 일을 통해 청년들은 현재 많이 힘들어하고 있습니다. 여러 단서가 일찍이 보였음에도 무지해서 알아채지 못했다는 자책감 때문입니다. A와 친한 아이들일수록 많이 괴로워하고 있습니다. 동시에 앞으로 어떻게 해야 할지 청년들이 많은 혼란을 느끼는 것 같습니다. 그러나 감사한 것은 다들 뭐라도 해야겠다는 의지가 생겼다는 것입니다. 그것은 남은 자들을 지키고 떠난 자를 돌아오게 하고, 맞이할 준비를 하는 것이 중요하다는 생각입니다.

6. 도움 및 조언 요청

앞서 말씀드린 사항과 관련하여 몇 가지 조언을 요청하고자 합니다.

1) 떠난 자를 기다리는 자세

A는 떠났지만, 저희 청년부는 돌아오기를 기대하며 기다리려고 합니다. 그럼 어떤 태도로, 어떤 준비를 하면서 그 지체를 기다리면 좋을지, 또한 접촉 당하고 있는 친한 친구들이 취해야 할 태도도 듣고 싶습니다. 연락을 주고받거나 만날 일이 있을 때는 또 어떻게 대해야 할지. (일상처럼 대하면 될지, 성경 이야기를 하거나 회유할 경우 어떻게 해야 하는지 등)

2) 맞이할 준비

그리고 A가 돌아왔을 때 저희가 잘 맞이하기 위해서 어떻게 준비를 하면 좋을지, 돌아왔을 때는 어떻게 대하고 섬겨야 할지 등에 대해서도 기도하며 준비하고자 합니다.

3) 기다리며 남은 이들에 대한 위로

앞서 말씀드린 것처럼 청년들은 A의 문제 때문에 자책하고 있습니다. 저희가 어떻게 서로를 위로하고 어떤 마음가짐으로 기다리면 좋을지 조언해 주셨으면 합니다.

4) 목회자를 돕는 방법

물론 기도가 가장 중요하겠지만 전면에 나서서 싸우시고 문제를 풀어갈 목사님을 청년부원들이 어떻게 도와드려야 하는지, 어떻게 보탬을 드려야 할지도 궁금합니다.

5) 참고할 만한 선례

실제로 신천지에 있던 청년을 꺼내오고 품은 공동체외 기세힌 스도리나 혹은 그 스토리를 들을 수 있도록 조언을 구할 만한 교회나 사람을 추천해 주실 수 있는지요?

7. 다짐 – 작은 실천

강의 이후에 교회에도 이단 대책팀이 꾸려지고 다음에는 목사님이 아니라 이단 대책팀장과 구체적인 교통을 하면 좋겠다고 하셨는데 이번 일을 통해 따로 팀이 꾸려질 필요는 없을 것 같고, 청년부 전체가 이단 대책팀으로 활동을 하게 될 것 같습니다. 먼저는 무시로 기도하고 있으며, 초등부 교사인 청년은 초등부실에 이단에 대한 설명 및 이단 물품 불매운동 게시판을 만들기로 하였고, 이단 대책 동영상 등을 보며 공부하고 익히기로 논의를 했습니다(앞으로 몇 주간 목사님께서 이단에 대한 심화 교

탁 소장님! 여기가 이단인가요?

육도 하시겠다고 하네요!).

그리고 이번에 저희가 깨달았던 것처럼 많은 이들을 도우러 다니시는 소장님을 비롯해 이단과 맞서고 관련 교육을 진행하는 현대종교의 사역이 너무 귀하다는 생각이 들었습니다. 물론 기도도 중요하나 미약하게나마 사역에 보탬이 되고 싶어서 청년부 회비 일부를 현대종교 사역에 보태기로 하였습니다. 조금밖에는 안 되지만 (청년 수가 적어 회비가 한 달에 조금 밖에 걷히질 않네요.^^) 응원하고 기도하는 저희 마음은 그보다는 훨씬 크다는 것 알아주시고 힘내셨으면 좋겠습니다. 이번에 우리 공동체를 지킬 수 있는 시작점을 제공하고, 또 많은 교회와 크리스천들을 위해 어려운 사역에 힘써주셔서 감사합니다. 힘써서 기도로 후원하겠습니다.

* 짧은 시간 안에 이단 대처와 동역이 이뤄진 귀한 선례가 될 것 같아 이번 겨울에 만난 모 교회 청년의 간증과 사연을 소개했다. 이단 대처가 시작되고 있는 교회들이 위 편지를 통해 한 번 더 마음을 다져주길 소망하며, 아울러 위 질문의 답변은 지면에 담진 않았으나 필요한 분이 있다면 연락 주길 바란다. 따로 나누도록 하겠다. (2019. 4)

아픈 것이 집회 취소 때문만이 아니라니까요

9월 전후로 그나마 잡혀 있던 강의가 대부분 취소됐다. 올 초에 시작된 강의 취소는 지금도 현재진행형이다. 중간에 조금 뜸해지는가 싶었는데, 다시금 확산세가 이어지며, 8개월간 같은 일이 반복되고 있다. 이제는 전화벨만 울려도 깜짝 놀라곤 한다. 상반기는 신천지로 인해, 하반기에는 사랑제일교회 발 발병이 주요 원인이었기에 이 두 곳만 생각하면 자다가도 화가 나서 잠을 깨곤 한다. 선친 소천 이후 가장 힘든 시간을 보내고 있다. 그나마 달라진 것이 있다면 지난번엔 우리만의 아픔이라고 생각하며 주변을 둘러보지 못했으나 이번엔 주변이 보이기 시작했다는 것이다. 코로나로 인해 문을 닫는 개척교회들과 소상공인들의 이야기를 들으면 사실 우리가 겪고 있는 것은 아무것도 아니라는 생각이 든다. 소규모 교회들과 업주들이 줄줄이 문을 닫는 상황을 들을 때마다 본지의 상황과 맞물려 급격히 우울해진다. 도대체 어찌해야 할지, 이 상황이 언제쯤 멈추어질지, 전혀 알 길 없으니 그저 원점으로 돌아와 하나님의 간섭하심을 소망할 뿐이다. 비참하고 우울한 이유가 하나 더 있는데, 여전한 강의 초청자들의 무례함 때문이다. 집회를 잡았음에도 아예 연락이 없는 곳도 부지기수이고, 몇 번이나 취소의 결례를 범하고도 코로나 탓만 하며, 사과 한마디 없는 곳을 포함해 강행이든 취소든 간에 결정을 기다리고 있는데 연락조차 주지 않으니 실망을 넘어 절망스럽기까지 하다.

　　늘 적지 않은 상담과 도움 요청에 성실히 응해왔고, 사역하면서 어떤 요청에도 웬만해선 거절치 않으려 노력했던 그간의 일들이 주마등처럼 펼쳐지며 왠지 모를 배신감에 휩싸였다. 매달 넋두리가 점점 느는 것

탁 소장님! 여기가 이단인가요?

같아 송구한 마음이나 이 지면마저도 그러한 이야기를 담을 수 없다면 속이 터질 것만 같으니 부디 양해를 구한다(글을 마칠 즈음 모 교회에서 집회 취소에 관한 아쉬움을 전하며, 미안한 마음을 후원으로 대신하겠다는 연락을 해왔다. 이 같은 상황은 처음이지 싶다. 감사한 마음이 큰 것은 당연히 후원 때문만은 아니다.). 그러나 이 넋두리가 전부였다면 아예 처음부터 이 사역에 뛰어들지 말아야 했을 테니 다시 마음을 다잡아보는 것이 이번에도 변함없는 결론이 될 것 같다. 강의 사역의 이유가 교회와 성도를 위한 정보의 나눔이 전부였던 초심으로 돌아가야 함도 필요할 것 같고. 언제쯤 우리는 그동안 너무나 당연히 여겼던 각자의 일상으로 돌아갈 수 있을까? 지금은 한 치 앞을 알 순 없으나 우선 본지는 각자 직원들이 흔들리지 않고, 그간 해왔던 일들을 그대로 잘 감당하되, 상황에 따라 차선책도 준비 중이다. 특히 본지보다 힘든 곳들이 많다는 것을 기억하며 거룩한 부담감을 안고자 함도 물론이다. 최근 현대종교를 섬기는 손길이 조금씩 줄어들고 있다. 그러나 반대로 우리의 섬김은 웬만해선 포기치 않고, 더욱 주변을 살피고자 한다. 코로나가 끝난 이후에 지금의 시간을 회상할 때 포기했던 것들로 인해 후회하는 일이 없기를 바라는 '이유' 때문이다. (2020. 10)

인천 숭덕여고, 안산 동산고, 이화여고

매해 수능 시험이 끝나고 나면 고3 학생을 대상으로 이단 강의를 진행해왔다. 특히 위의 세 학교는 20여 년 동안 별다른 사정이 없는 한 거의 빠지지 않고 강의가 이뤄졌다. 올해는 코로나로 인해 진행이 불투명하긴 하나, 걱정은 없다. 학교 교목이나 교사들이 대신해서 이단의 포교와 대처에 대해, 진학할 대학의 이단 문제도 함께 고민, 공유해 줄 것이기 때문이다. 그 학교들과는 이미 오래전부터 말하지 않아도 알 수 있는 신뢰가 쌓여있고, 굳이 상의가 아니더라도 이단 문제에 대한 동기부여와 관심이 마련되어져 있다. '한 영혼이 천하보다 귀하다'라는 믿음과 함께 경계와 예방의 마음을 제자들에게 몸소 행동으로 옮기며, '사랑하는 제자 중 누구도 이단에 빼앗길 수 없다'라는 심정의 동기부여가 아이들 마음에 제대로 꽂힐 수 있길 바란다. 이 학교들은 때로는 필자의 출신 학교보다 정감과 신뢰가 큰데, 앞서 언급한 것처럼 이단으로부터 제자들을 지키겠노라는 교사들의 마음과 더불어 기독교 학교들이긴 하나 믿는 이들이 10~20%밖에 안 됨에도 불구하고 웬만한 교회 고등부 강의 때보다 듣는 태도 등 분위기도 좋고, 예의와 배려가 깊으며, 피드백도 적지 않기 때문이다. 본지도 빚진 마음으로 관심에 부응하기 위해 매년 그 중요성에 대해 심각하게 고민하며, 고3과 각 대학 캠퍼스의 이단 정보들을 업데이트하고 있다. 이렇듯 학교도 이단과 대처하며 열심히들

탁 소장님! 여기가 이단인가요?

싸우고 있는데 교회는 이러한 일에 관심을 두고 기도 제목으로 나누고 있는지 모르겠다. 수능생을 위한 정해진 기도 모임이 대부분 교회에서 진행되고 있는 것으로 알고 있다. 그 시간 중에 단 하루, 아니! 단 한 시간만이라도 '고3과 이단', '캠퍼스와 이단' 등의 주제로 말씀을 나누고 기도할 수 있는 시간이 주어진다면 더할 나위 없겠다. 그렇지 않아도 올 한해 코로나로 지친 아이들인데 이단 문제로 아픔을 겪게 해서야 쓰겠나 싶다. 교육열은 높으나 반대로 교육 제도는 형편없는 이 땅에서 아름다운 청춘의 때에 도서관과 학교, 학원만을 맴돌며, 죽어라 공부하다가 이제 겨우겨우 대학에 들어갔는데 이단 포교로 인해 미혹된 이야기를 들을 때면 안타깝다 못해 절망적이다. 좋은 학교에 입학하고, 좋은 직장에 취업하는 것도 감사한 일이긴 하나 그보다 더 중요한 것은 사각지대에 놓인 영혼과 관련된 문제라고 믿는다. 제자들과 자녀들을 정말 사랑한다면 앞으로 오랫동안 그들과 얽혀가게 될 이단 문제에 대해서도 분명한 관심을 두길 바란다.

마지막 인사

만남과 헤어짐이 거듭될수록 처음에는 (첫)만남을 중요히 여기곤 했는데 시간이 지날수록 만남도 중요하나 제대로 잘 헤어지는 것도 중요하다는 생각을 하고 있다. 아울러 만나면 좋을 사람들은 만나지 못해 아쉽고, 만나지 말아야 할 사람들을 만난 일들은 떠나보낸 이의 잘못은 아니나 후회로 남는다. 글을 쓰게 된 이유는 모 아나운서의 경험을 보고 동의와 공감이 커서인데 26년 동안 수많은 이들을 맞고 떠나보냈음에도 이제야 정리가 된 이유도 있어서다. 그 글에는 우리가 마지막 만남을 첫 만남만큼 신경 쓰지 못하는 이유가 우선 떠나는 자의 경우, 퇴사하거나 부서를 이동할 때, 새로운 시작에 에너지를 쏟느라 혹은 마음이 들떠서 마무리를 소홀히 하게 된다는 것이다. 머물던 곳에서 좋지 않았던 기억을 소심하게 복수하거나 두 번 다시 보지 않으리란 생각으로 무심한 경우도 있다. 하지만 이유가 무엇이든 남는 사람으로서 더는 이해관계가 있지 않을 때의 모습을 '그 사람의 민낯'이라고 말했다. 이어 언제 어디에서 다시 만날지 모를 관계의 고리를 되새기며 마무리에 더욱 정성을 쏟고, 감사 인사를 전하되, 들뜬 마음을 여과 없이 드러내면 분위기를 흐릴 수 있으니 주의하자고 말한다. 남는 자들은 함께한 시간을 되새기고 서로 '고마웠다.' 같은 표현을 아끼지 않은 경우에 이별의 순간이 더없이 아름다울 것이고, 동료애 또한 지속될 수 있다는 것이다. 마무리에 거창할 준비는 필요 없다. 말 한마디면 된다. '고마웠다.', '고생 많았다.'라는 말 한마디 말이다. 첫인사를 잊지 않듯 마지막 인사를 잊지 않는 것이다. 그동안 이곳에 머물고, 아울러 떠나간 수백 명은 족히 될 이들과의 첫 만남과 마지막 만남은 어떠했는지 기억나는 일들만 떠올려보다가 이내 후회 때문에 더는 생각하기가 어려웠다. 그래도 앞으로가 남아 있어 다행이고, 연약하고 부족한 인간 임을 느낄 수 있어 나쁘다고만 할 수는 없으나 이러한 이치를 깨닫는데 50년이 지났으니 황망함이 크다. (2020. 12)

탁 소장님! 여기가 이단인가요?

에필로그

　　도망갈 곳도, 숨을 곳도 없다. 해가 스물여덟 번 가까이 바뀌었는데도 여전히 말씀을 전하는 것이 쉽진 않다. 노쇠해져서인지, 또는 겪고 있는 증상 때문인지 그것이 아니라면 전하는 말씀과 삶이 일치되지 못하는 연약한 이의 반성 탓이거나 첫 마음을 회복시키려 하는 하나님의 뜻인지 모두 다 잘 모르겠다. 최근 사투를 벌이며, 심지어는 사생결단의 마음으로까지 강단에 설 때도 있다. 말을 한다는 것이 이리도 힘들었던가, 또 역으로 감사가 될 수 있다는 것을 예전엔 미처 몰랐다. 지금 할 수 있는 것은 힘든 일과 친구가 되고자 애쓰는 일과 믿음과 응원에 기대는 것뿐이지만 언젠간 다시 예전처럼 힘차게 설 수 있을 것이라 믿는다.

　　강의를 말끔히 끝내고 박수를 받으며 멋지게 강단을 내려오고 싶으나 강의 후에 구차하게(?) 후원 요청과 더불어 도서에 관해 이야기를 전한다. 그나마 남아 있던 자긍심이 한순간에 땅에 떨어지는 순간이다. 강의를 통해 동기부여를 하지 않더라도 회원과 독자 등이 한결같으면 좋으련만, 그러나 그렇지 않은 것을 보면 그리 건강한 시스템이진 않은 듯하다. 간절한 호소가 독자와 회원으로 이어지는 것도 좋지만 교회와 성도들의 당연한 필요로 귀한 나눔이 이어지길, 잠시 쉬더라도 독자나 회원이 더 늘게 되는 기적을 맛볼 수 있길 바란다.

탁 소장님! 여기가 이단인가요?

29년 전의 일기장을 꺼내어 들었다. 혹독했던 그해 겨울, 선친을 포함해 많은 이들이 우리의 곁을 떠났다. 신앙의 동지였던 옥한흠, 문익환, 한경직, 이강오 등과 이젠 좀 편히 쉬고 계시려나? 그리운 이들은 이리도 빨리 우리 곁을 떠났는데 못되고, 못난 이들은 여전히 잘 먹고, 잘 들 살아가고 있다.

PART. 2

그리운 내 아버지 고 탁명환 소장, 그리고 이단 대처

그리운 내 아버지 고 탁명환 소장, 그리고 이단 대처

'이단 사냥꾼(또는 이단 감별사)', 세상에서 가장 아름다운 직업.

보고 듣기에는 불편하고 버거운 단어의 조합 같으나 마녀사냥이 아닌, 이단과 열심히 혈투를 벌이는 이단 사냥꾼이나 이단 감별사란 이름에 대해(또는 그 직업 내지는 소명에 대해) 곰곰이 생각해 보니 그렇게 기분 나쁠 필요는 없는 듯하다. 순수하고 진실 된 이단 연구가들은(패거리로 몰려다니는, 늘 구역질 나는 몇몇 이단 연구가들은 제외) 사람들에게 그저 하나님을 사랑하고 이 땅 교회와 성도들을 지키기 위해 열심히 사는 모습으로 비치기를 바랄 것이다. 또 사람들에게 이단 연구가라는 사실이 그 알량한 허명이나 글과 말로서만이 아니라 살아가는 모습을 통해서 전해지길 바라는 마음이 분명히 있을 것이라 믿는다. 마지막 때, 세상에는 그들의 열심을 이해하는 사람보다는 딴죽 거는 사람들이 더 많다는 걸 안다. 그러나 그들을 통해 늘 희망을 본다.

살아남은 자의 슬픔이
기쁨이 되기를 소망하며

살아남은 자의 슬픔

책장을 뒤적이다가 15년 전 군에서 제대할 무렵 후임 군종이 선물한 책을 발견했다. 〈살아남은 자의 슬픔〉, 창창한 젊은 날에 많은 고민을 숙제(내지는 선물)로 안겨준 그를 기억한다. 그는 아마도 베르톨트 브레히트 시의 제목을 기억하며 책의 제목을 정했겠지.

물론 나는 알고 있다. 오직 운이 좋았던 덕택에 나는 그 많은 친구보다 오래 살아남았다.
그리고 지난밤 꿈속에서 나에 대해서 이야기하는 소리가 들렸다. '강한 자는 살아남는다', 그러나 나는 자신이 미워졌다.

살아남아 있다는 것이 더러운 타협이라는 생각을 한 적이 지금껏 두 번 있었다. 시대의 아픔 속에 불의와 맞서다 목숨 내어놓으며 숨진 이들의 장례식 때마다 눈물 흘리며 늘 가슴 아파하며 살 줄 알았으나 돌아서면 곧 살아있다는 것에 안도의 한숨을 쉬며 감사했던 날들과 그럭저럭 권력에 대항하며 사는 것 같았으나 그것에 기생하며 살던 부끄러운 청년의 때가 첫 번째이고, 1994년 이단 신자들의 폭력에 쓰러져 차

탁 소장님! 여기가 이단인가요?

갑게 식어가던 그의 육신을 느꼈을 때다. 그날 그와 함께 이 세상을 떠났거나 아니면 함께 살아남아야 하지 않았나 싶은 생각이 여전히 힘들게 한다. 더러운 오욕의 역사와 치욕스러운 나날들, 그리고 예수의 삶과는 정반대로 살아가면서 그것이 진리인 양 착각하며 살아가는 살아남은 자의 슬픔은 지금도 계속되고 있다.

새벽 편지

어머니가 오랜만에 오셨다. 아들의 집에 머무르는 그 짧은 시간 동안 그는 많은 말을 하지 않았으나 그 표정만 봐도 그가 무슨 생각을 하고 있음을, 나의 표정만 봐도 그가 알고 있을 모든 것을 짐작할 수 있다. 김해로 내려가는 날, 여전한 습관대로 이른 새벽이 되어 어김없이 일어나 주변의 사람들을 위해 기도하고 있는 그를 본다. 가슴이 저린다. 그가 꿈꾸고 내가 꿈꾸며 우리 가족이 꿈꾸는 하나님 나라를 소망하는 것 외에는 그 아픔을 치유할 길이 없다는 것을 잘 알고 있다. 기도 후, 새벽에 집을 나서는 아들에게 편지를 건넨다. 읽지 않아도 거기엔 아들에 대한 애달픔과 위로 등이 담겨 있을 게다. 70이 넘은 노모가 이제 40이 된 아들에게 건넨 편지는 늘 그렇듯이 가지런한 글씨체로 채워져 있다.

'사랑하는 아들에게! 너의 염려를 바꾸어보면 축복이, 겸손한 인생, 자기보다 남을 낮게 여기는 것이 소중하며, 너 자신을 사랑하는 것이 이웃 사랑과 가족 사랑의 토대가 됨을 잊지 말기를, 목적지만 사랑하지 말고 험난해도 가는 길을 사랑하면 우리 하나님께서 형통함을 주실 거야!' - 새벽, 너와 헤어지면서 엄마. -

그녀를 사랑한다.

* 아울러 자주 위태롭게 응급실 신세를 지며 힘들게 투병하고 있는 장인어른과 장모님의 건강을 간절히 기도하며, 이 땅에 질병 등으로 눈물 흘리고 있는 모든 이들과 그 가족들에게 주님 주시는 평화가 가득하기를 소망한다. (2007. 4)

이제 다시 시작하며
 - 박윤식 무혐의 처리는 고 탁명환 소장 피살사건의 끝이 아닌 시작 -

선친의 피살사건과 관련해 살인교사 혐의로 입건된 바 있는 박윤식 씨가 검찰의 재수사 결과 무혐의 처리가 되었다. 그전 박씨의 귀국환영예배가 드려질 것이라는 제보를 대성교회 신도라고 밝힌 몇 사람으로부터 들었기에 본지 직원들과 교계 관계자들이 긴장하고 있기는 했으나 이번 박씨의 무혐의 처리는 상상도 못 한 일이 아닐 수 없다. 벌써 일부 교계 신문의 관계자들과 대성교회 측의 은밀한 만남이 진행되는 기미가 보이더니 아니나 다를까 각 교계 신문마다 대성교회가 보낸 보도자료가 전문 그대로 게재되었다. 보도자료 수령 자체를 거부한 곳도 일부 있었으

탁 소장님! 여기가 이단인가요?

나 본지에 무혐의 처리의 진상을 물어오는 신문사는 단 한 곳뿐이었다. 그나마 한 신문사라도 우리의 견해를 들어주었으니 그것만으로도 고마워 눈물이 날 지경이었다. 필자와 절친한 한 기자는 현대종교의 입장을 기사화하고 싶으나 위로부터 인터뷰 불가 방침이 내려와 부득이 대성교회의 보도자료만이 나가게 될 것이라고 씁쓸해하기도 했다. 교계 신문에 게재된 문제의 기사는 대성교회의 보도자료를 그대로 옮기는 바람에 한국교회가 순교자로 추대한 고 탁 소장에게는 "씨"라는 호칭이 쓰이고, 한국교회가 이단자로 규정한 박윤식에게는 "목사"라는 호칭을 썼으니 이 아이러니를 어찌해야 할지. 평생을 걸고서라도 선친의 살해사건의 진실만은 꼭 밝히겠다고 기도해온 필자는 이번 검찰의 처리에 일순간 회의가 들었지만, 박씨의 무혐의 처리는 사건의 종결을 의미하는 것이 아니라 이제야 비로소 시작임을 이내 깨달았다. 본지는 박씨의 무혐의를 결코 인정할 수가 없다. 검찰이 박씨에 대한 재심 신청을 받고 사실상 재수사도 하지 않은 채 무혐의 처리한 것은 실로 부당하다. 사건 발생 당시 박씨가 소환되기만 하면 철저하게 조사하겠다고 유족과 한국 교계에 분명히 약속한 검찰이 아니었던가. 말 그대로 혐의가 없다면 무슨 이유로 공범 중 하나인 임홍천이 체포되자 돌연 미국으로 피신하였으며, 대성교회가 살인사건에 연루되어 분열을 거듭하는데도 3년 6개월이나 해외에 거주하며 원격 조종했는지 박씨는 답해야 할 것이다. 무엇보다도 그는 자신의 운전사가 자신을 보호해 주기 위해 살인을 저질렀음에도 피해자인 고 탁 소장의 유족이나 한국교회 앞에 단 한 번도 유감을 표시하거나 윤리, 도덕적으로 회개를 한 일이 없었다. 성직자를 자처해 온 자로서 결코 있을 수 없는 행동이며, 그가 사과는커녕 피해자들의 눈을 피해 해외로 도피해 생활한 것부터가 의문이 아닐 수 없다. 이번 무혐의 처리에 분노와 의혹이 더욱 커져만 가고 있지만 현 정권과 박씨의 밀착설이 제기되고 있는 만큼 서투르게 대항하지는 않을 것이다. 우선 연말 대선 전까지는 지면을 통해 박씨의 교리를 정리, 분석하여 널리 알리는 동시에 대성교회가 이단인지조차 모르고 있는 대성교회의 여러 신자들과 지역 주민들에게 그 폐해를 홍보하는 데 주력할 것이다. 이후 정권이 바뀌었을 때 검찰이 재수사에 착수할 수 있도록 가능한 모든 방법을 동원해 고 탁명환 소장 피살사건의 진상을 규명할 것임을 천명한다.

　　한국교회 성도들께서 우리의 의지에 격려와 기도로 함께 해 주실 것을 믿는다. 아울러 박윤식씨는 지금이라도 하나님을 두려워하는 마음으로 모든 사실을 숨김없이 털어놓아야 할 것이다. 범인으로 지목된 임씨 역시 고 탁 소장의 유족이 두 번이나 감형 탄원을 하며 용서하고자 했던 이유가 진실을 밝혀 줄 것을 전제로 했음을 기억하고 이 세상 떠나기 전, 반드시 진실을 밝혀주길 바란다. (1997. 10)

＊ 그러나 결국 박씨는 2014년 사망했다. 이제 남은 것은 임씨의 양심선언뿐일 텐데 언제쯤 그가 세상에 진실을 말하게 될까? 사람의 생각으로는 쉽지 않은 일이겠으나 하나님의 방법대로 이뤄줄 것이라 믿어 의심치 않는다.

탁 소장님! 여기가 이단인가요?

결코 손바닥으로 태양을 가릴 수 없기에

월간지가 발간되면 한 달의 일이 끝나는 것이 아니라 그때부터 사실상 일의 시작으로 볼 수 있다. 기사에 대한 고소, 고발이 제기돼 경찰, 검찰에서의 공방전을 치러내야만 하는 절차가 남아 있기 때문이다. 마치 월례행사처럼 되어버린 이런 상황은 거의 예외가 없어 매달 마감 후의 휴식은 엄두도 못 내고 월간지의 배포와 동시에 더 바쁘게 뛰어야 한다. 최소한 한 달에 한 건 이상 고소와 항의 등의 압박이 멈추지 않고 있다. 선친 소천 이후 천부교의 고소를 시작으로 4년간 고소, 고발, 언론중재, 내용증명에 이르기까지 법적 공방이 30여 건이 넘었고, 현재 소송 중인 것만 해도 10여 건에 이를 정도로 이단, 사이비들의 법적 공격은 그치질 않고 있다. 80년대에나 볼 수 있던 철제 의자에 앉아 온종일 피의자 아닌 피의자가 되어 조사를 받기란 여전히 쉽지가 않다. 그러나 직원들과 아울러 한국교회 성도들과 독자들의 기도가 늘 커다란 힘이 되고 있으며, 우리 하나님께서는 지금껏 친히 변호사로, 때로는 재판관이 되셔서 현대종교를 승리로 이끌어주셨고, 무혐의란 선물을 허락해 줬다. 혹 패소하거나 무혐의가 되지 않는다 해도 상관없다. 이것도 연단이요, 시험이기에 결과가 어찌 되었든 그것을 이겨낼 힘만 있으면 되기 때문이다. 선친은 30여 년 이상 이루 헤아릴 수 없을 송사에 휘말려 고생하고 심지어 이단자들과 밀착한 일부 검사와 경찰로부터 폭력을 당하는가 하면 구속의 문턱에까지 가는 등 온갖 수모를 겪기도 했었다. 그것이 결국에는 고 탁 소장을 더욱 단련시켰으며, 모든 것을 감사함으로 받아들이는 계기가 된것을 잘 알기에 더더욱 이러한 모든 일을 연단의 과정이라 여기며 하나님께 감사를 드리지 않을 수 없다. 고 탁 소장의 순교 이전엔 고소와 협박, 테러의 박자를 갖추고 괴롭혔던 이단은 이제 많은 이들의 눈을 의식해서인지 자신의 정당성(?)을 소송을 통해 해결하려 하고 있다. 그러나 선친 생전에 가해졌던 70여 차례의 테러는 시간이 흐른다 해도 분명히 밝혀져야 할 것이며, 그 테러에 직, 간접적으로 관여했던 자들, 이 글을 읽으며 불안에 떨고 있을 이단·사이비들은 결코 하나님의 심판을 피할 수 없을 것이다. 법적인 소송이 정당성을 획득하기 위한 그들의 유일한 방법이라면 우리에게는 진실과 진리와 당당함이 있다. 이것이 그들을 이길 수 있는 유일한 길이라 생각한다. 현재 고 탁 소장 살해 배후 기사와 관련 구 대성교회(현 평강제일교회)와 3건의 법적 소송이 진행 중이며, 대진대학교와 관련해서도 역시 3건의 소송이 진행 중이다(대순진리회는 사건의 성격상 대순진리회와 대진대학교의 관계를 흐리려는 듯 현대종교에 대한 민사사건 중 대순진리회의 고소는 취하하고 대진대학교만 고소인으로 했다.). 지난 여름 빡빡한 세미나를 진행하고, 바쁘게 살면서도 법적인 절차에 따라 조사를 받고 자료를 보강하며 소송을 준비하는 것은 쉽지 않은 일이었다. 허나 언론의 생명은 진실과 올바른 보도에 있으며, 분명히 진실은 밝혀져야 한다. 설사 그것이 세상 법정에서 제대로 가려지지 않

탁 소장님! 여기가 이단인가요?

는다 해도 결코 손바닥으로는 태양을 가릴 수 없기에 분명히 진실은 승리할 것이다. 끝까지 관심을 갖고 지켜봐 주길 바란다. 오늘도 법정에 서기 위해 서둘러 사무실을 나선다. 그분께서 법원까지 동행해 주실 것이라 믿어 의심치 않는다. 지금까지 늘 그랬던 것처럼. (1998. 9)

진리를 알지니
진리가 너희를 자유케 하리라

만인을 위해 내가 노력할 때 나는 자유다.
땀 흘려 힘껏 일하지 않고서야 어찌 나는 자유다, 라고 말할 수 있으랴.
만인을 위해 내가 싸울 때 나는 자유다.
피 흘려 함께 싸우지 않고서야 어찌 나는 자유다, 라고 말할 수 있으랴.
만인을 위해 내가 몸부림칠 때 나는 자유다.
피와 땀과 눈물을 나눠 흘리지 않고서야 어찌 나는 자유다, 라고 말할 수 있으랴.
사람들은 맨날 밖으로는 자유여, 형제여, 동포여! 외쳐대면서도
안으로는 제 잇속만 차리고들 있으니 도대체 무엇을 할 수 있단 말인가?
도대체 무엇이 될 수 있단 말인가 제 자신을 속이고서.

문득 고 김남주 시인의 '자유'라는 시를 통해 시대의 참된 자유에 대해 생각해 본다. 요한복음 8장 32절에 참된 자유란 진리를 바로 아는 것, 깨닫는 것이라 기록되어 있다. 그 진리란 예수 그리스도와 하나님의 말씀을 나타내는 것이리라. 요한복음 8장을 보면 예수께서 하나님께 들은 진리를 말하려 하나 유대인들은 그런 예수님을 돌로 치려는 상황이 발생한다. 이렇듯 진리를 통한 자유는 아무나 얻을 수 있는 것은 아니지 싶다. 필자는 늘 자유하기를 원하고, 그렇게 살려고 노력하고 있다. 그러나 '오해를 받고, 음해를 당해도 묵묵할 수 있는 그런 어리석음과 배짱도 때로는 필요한 것은 아닌지, 지혜롭지 못하더라도 진실을 밝히자고 그것을 증인해 줄 누군가에게 피해를 줘서는 안 되는데, 요 몇 달 새 진행되고 있는 현대종교와 고 탁 소장을 둘러싼 일련의 불미스러운 중상모략에 부닥치면서 겪는 갈등에 필자는 자유함을 잃고 있지는 않은지 스스로 돌아보고 있다. 선친의 살해 관련된 임모 씨를 진심으로 용서하고자 했던 것처럼 현대종교를 압박하는 이들에게도 먼저는 용서의 힘으로 상대해야 할 텐데 하나님의 일이라고 모두 용서로만 되는 일들은 아니기에 더욱 힘들다.

기독교신문협회 회원사 중 「기독교신문」, 「교회연합신문」, 「한국교회신문」은 "탁명환 그는 과연 순교자인가"라는 제하의 기사를 현재 3회째 실었다(기독교신문협회에는 5개 신문사가 소속되어 있으나 이들 세 신문을 제외한 「기독교연합신문」과 「크리스찬신문」은 이에 동조하지 않았고, 기사를 싣지 않았다.). 원고를 쓴 사람도 밝히지 않고 세 신문이 똑같은 기사를 나란히 게재한 사

탁 소장님! 여기가 이단인가요?

실은 그렇다 치더라도 어처구니없는 기사 내용에 필자는 격심한 분노와 용서의 갈림길에 섰다. 사실을 왜곡하고도 모자라 비판의 기회를 원천적으로 봉쇄하고 진위 확인 없이 자기들 멋대로 규정해 버림으로써 많은 성도의 진리와 자유를 멍들게 하는 바로 그 점에 갈등하는 것이다. 이단과 이단 옹호 세력의 음해공작의 진실은 언젠가는 밝히 드러나게 마련이라는 믿음으로 인내하며 기다리고자 한다. 아울러 그들 신문의 특성상 빠른 전달력이라는 장점을 가진 데 비해 월간지로 한 달에 한 번밖에 독자들을 만날 수 없는 우리로서는 부득이 권두언의 공간을 할애할 수밖에 없는 상황이다. 이들 신문이 선친의 명예를 실추시키기 위해, 마치 구체적인 증거라도 되는 양 본지와 얽혀있는 여러 사람과 당시의 언론 보도들을 제시하고 있는데 실상 그 자료라는 것이 당시 음해자들의 주장일 뿐 고 탁 소장이 그때그때 해명했으며 필요한 경우 법적인 힘을 빌려 가면서까지 진위를 가렸는데도 거기에 대해서는 일언반구도 없다. 일례로 이들 신문이 "탁명환 사이비 시비를 최초로 제기"했다며 언급한 김덕환씨의 경우 구 대성교회 박윤식씨로부터 막대한 금품을 받고 『탁명환 그는 과연 가룟 유다인가』란 책을 써서 이단들이 교과서처럼 악용하게 했다가 1986년 2월 11일 자 교계 신문에 "탁명환 소장님께 용서를 빕니다" 제하의 기사를 냈더랬다. 그 후 김씨는 고 탁 소장 외에도 여러 사람들에게 금품을 주지 않으면 책을 쓰겠다고 공갈 협박한 사실이 드러나 그해 9월에는 사문서위조 및 무고, 출판물에 의한 명예훼손, 공갈 및 공갈미수 등의 혐의로 징역 10월에 집행유예 1년 형을 선고받은 적

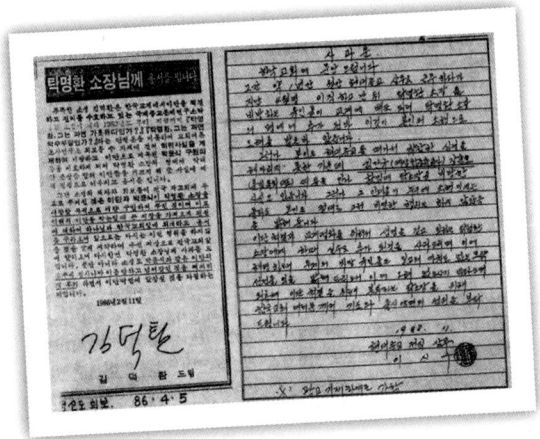

도 있다. 그런데도 그가 쓴 책을 갖고 선친을 평가할 수 있겠는가? 당시 고 탁 소장을 비방하는 유인물 대부분이 이와 비슷한 경로를 거쳐 교계 주변에 뿌려졌다.

    진실과 진리를 갈망하고 추구하는 기독인들의 열린 기독교사회의 적은 이단과 그들을 옹호하는 일부 언론들이라고 생각한다. 그 언론들의 문제는 어제, 오늘의 일이 아니며 모두가 그들의 잘못된 점을 지적하고는 있으나 그에 대한 간헐적인 비판은 그 집단의 위력(?)만을 확인한 채 별다른 성과 없이 비판 아닌 비판으로만 끝났던 것이 사실이다. 앞의 기사에 대한 분노가 단순히 선친에 대한 음해를 못 견딘 필자의 사적 감정이 앞선 것만은 아니다. 선친이 소천한 지 4년 만에 그를 재조명하기 위하여 여러 각도에서 취재가 이뤄지고 기사가 완성되었다면 굳이 이렇

탁 소장님! 여기가 이단인가요?

다 저렇다 말할 필요는 없다. 그러나 누가 보더라도 음해를 목적으로 한 기사가 틀림없으며, 아울러 작성 이유가 이단자들이 작성한 보도자료 전문을 그대로 게재한 데 대한 항의와 무분별한 이단 광고의 게재, 그리고 촌지 수수 의혹에 대한 문제 제기가 못마땅해서 비롯된 것이라면 참으로 유치하기 짝이 없는 어리석은 행위라 아니할 수 없다.

최근 필자의 광주 전남대학교 집회 도중에 그들 신문에 실린 문제의 기사를 통일교 외 많은 이단이 전단으로 제작해서 대량 살포한 일이 있었다. 한국교회를 분열시키려 호시탐탐 노리는 이단에게 기독교 내부에서 행해지는 왜곡된 모략 중상은 좋은 기회를 제공하는 결과를 낳는다는 것을 알고나 있는지 묻고 싶다. 한 가지 다행스러운 것은 본지가 회원으로 가입된 한국기독언론사연합회 회원사들이 박윤식씨의 이단성을 전면 재조사하겠다는 결의와 더불어 종교 브로커를 뿌리 뽑자는 의지를 밝히고 있어서다. 이런 고질적 병폐는 반드시 없어져야 하며, 아울러 이 싸움은 오래도록 진행될 테니 기도를 부탁드린다. 현대종교는 『드레프스 사건과 지식인』의 저자 할라즈의 말에 힘을 얻으며 당당히 싸워 나가고자 한다.

'나는 궁극적 승리에 대해 조금도 절망하지 않습니다. 더욱 강력한 신념으로 거듭 말합니다. 진실이 행군하고 있고 아무도 그 길은 막을 수 없음을!' 진리가 너희를 자유케 하리라(요8:32)! (1998. 4)

뜻이 하늘에서 이룬 것 같이 땅에서도 이루어지이다

모든 기독교인이 그러하듯 필자에게도 역시 마음의 고향은 하나님 나라다. 물론 이 땅에서의 하나님 나라의 확장도 늘 중요하게 여기고 있긴 하나 요즈음 그 나라의 소망을 더욱 확신하고 있고, 그것이 중심을 잡아주고 있음은 참으로 감사한 일이다.

지난 10월 2일 연세대학교 의과대학 '푸른 사랑 하우리'에서 선친의 추모 예배가 있었다. 평소 고 탁 소장을 아끼던 가족 친지 몇 분과 순교하기 전 집사로 섬겼던 영등포농아교회 몇몇 성도들, 그리고 본지 임직원들이 조촐한 자리를 마련하여 함께 눈물로 예배를 드렸다. 늘 힘이 들 때마다 찾아왔었지만 그날따라 감격스럽기도 하고 한편으로는 가슴이 멍 뚫린 그리움 가운데 예배드릴 수 있었던 것은 근래 현대종교의 어려운 사정 때문이기도 하지만 더 큰 이유는 그곳에서 선친을 만날 수 있어서다. 처음으로 개관한 납골당 예배실의 한쪽 벽면에는 화장을 거친 유골들이 함에 담겨 안치되어 있는데 그 옆에 골격을 다시 맞춰 인간의 형상으로 복원된 선친의 유골이 세워져 있다. 처음에는 영화 속에서처럼 전시용이겠거니 생각했는데 그 유골이 바로 해부학 실습용으로 쓰이고 난 후 복원된 유골이라니 도저히 믿을 수 없었으나 옆에 붙어있는 안내판을 보니 꿈속에서조차 그리워했던 아버지의 유골이 확실했다. 아직

탁 소장님! 여기가 이단인가요?

도 믿음이 부족한 필자인지라 용인 순교자기념관보다는 육적인 것에 관심을 두고 신촌을 자주 찾았더랬다. 단 한 번만이라도 선친을 다시 보고, 만질 수 있다면. 인간적인 꿈이며 미련한 생각이겠지만 그러나 제발 단 한 번만이라도 아버님을 만날 수 있다면 여한이 없을 것만 같다. 오랜 시간 많은 고민과 기도를 했다. 결국 기도 덕분으로 필자는 더욱더 확신에 찬 하나님 나라의 소망을 갖게 되었고, 후에 천국에서 선친을 만날 수 있다는 소망이 싹트게 되었다. 몇몇 이들이 상식 밖인 음해를 자행하고 있음에도 불구하고 그날 예배 때에 고 탁 소장이 살갑고 인간적인 분으로 추억되고 있음을 한 직원의 추모사를 통해 확인할 수 있었다. 10만 원의 상여금을 받고 볼멘소리로 액수의 적음을 투덜거렸다는 그 직원은 "나보다 4만 원을 더 받았구나"라며 토닥여 주던 고 탁 소장을 만난 지 150일 만에 하나님 나라로 보내드려야 했으나 그 짧은 시간의 끈끈한 만남과 대화가 사랑의 맘으로 이어져 어려운 상황에서도 5년을 버틸 수 있었다는 고백으로 앞으로 계속될 현대종교 공동체의 사랑을 확인케 했다. 이단 연구가인 모 목사는 필자를 향해 아버지 소영웅주의에 빠져들었다고도 했으나 그만큼 고 탁 소장의 한계와 실수들을 잘 알고 있기에 그 한계들을 덮을 수 있었던 사랑을 생각해 보고자 했던 것에 대한 오해라 생각한다. 한 인간이 갑작스레 떠났으나 이단자들과 그 동조자들은 그 죽음을, 한 인간의 죽음을 악용하고 있다. 선친 역시 한 인간으로서 종교연구가이기 이전에 아들이며, 남편이며, 아버지였음에도 그들이 오로지 한 가지만 파고들며 비난하는 것은 이해할 수 없다. 두

가지 다짐이 든다. 하나는 죽음을 맞이하는 순간까지 하나님만 바라보며 살고자 하는 것과 이 세상을 떠날 때 세상에서 썩어질 장기나 안구, 시신 등을 이웃에게 나누고 가겠다는 것이다. 아울러 이 땅에서의 고난과 연단, 시험은 더 큰 소망을 이루기 위한 것임을 고백하지 않을 수 없다. (1998. 11)

더 열심히 말을 걸고 귀 기울이고 사랑하며

타고난 거 없지만 그래도 약골은 아니라고 자신하는 필자도 방학 수련회 기간에는 세미나와 집회의 강행군이 불가피해 매년 거르지 않고 병원 신세를 지곤 한다. 독감이 기승을 부렸던 지난겨울에도 특별히 주의했건만 한 청년연합회의 새벽 집회 강연 후 맥없이 쓰러지고 말았다. 병원으로 향하며 발걸음을 떼기도 힘들었지만 걱정하는 가족과 주변 사람들 앞에서는 아무렇지 않은 듯 여유를 부렸다. 언제부터인가 단골이 된 환자에게 의사는 과로하지 말라고 하지만 회사와 강의 걱정으로 꽉 찬 머릿속에는 그러한 충고가 들어오지 않으니 이것도 직업병이지 싶다. 한창때라고 할 수 있는 서른세 살, 평생 이 길을 가자면 이제 막 출발선을 벗어났을 뿐인데 이래서야 몇 년이나 버틸 수 있을까 걱정이 되기도 한다. 우리 같은 사람은 몸이 재산인데. 그뿐만 아니라 추위 탓도 있겠지만 최근 격무에 시달리던 현대종교 임직원들이 하나둘 탈이 나고 있다. 지난해 말부터 업무부장을 시작으로 이사장과 총무 주임, 그리고 이번에 필자마저 이렇게 되니 다음엔 또 누가 힘들어지지나 않을까 답답한 맘이 크다. 하나님 나라의 상급으로 위로받을 줄 알면서도 가끔은 쓸쓸해지곤 한다. 부족한 믿음임을 잘 알고 있지만 영, 육 간에 강건함이 절실한 때이니 기도를 부탁드린다.

나는 가끔 후회한다. 그때 그 일이 노다지였을지도 모르는데
그때 그 사건이 그 물건이 노다지였을지도 모르는데
더 열심히 말을 걸고, 더 열심히 귀 기울이고, 더 열심히 사랑할걸
반벙어리처럼 귀머거리처럼 보내지는 않았는가 우두커니처럼
모든 순간이 꽃봉오리인 것을!
내 열심에 따라 피어날 꽃봉오리인 것을!

- 이해인의 『사랑할 땐 별이 되고』 중에서 -

아울러 안타까운 일 하나는 선친 살해사건 배후의 재수사를 요청한 기사가 명예를 훼손했다며 2000만 원의 배상 판결이 내려졌다. 이로 인해 부동산 강제경매를 통한 압류 위기에 처했으나 기도하고 위로하며 십시일반의 정성을 모아준 사랑의교회 옥한흠 목사와 전주 안디옥교회 이동휘 목사를 비롯한 많은 동역자께 머리 숙여 감사드린다. 많은 이들

의 사랑과 관심으로 지난달 필자와 회사의 동산, 부동산에 대한 가압류 처분이 모두 해제 및 말소되었다. 하지만 거액의 손해배상을 했다고 해서 고 탁 소장 살해사건의 진상을 규명하려는 우리의 노력이 꺾이지는 않을 것이다. 한 점 의혹도 남기지 않고 진실을 밝히 드러내는데 더욱 박차를 가할 것이며, 다시는 하나님의 정의를 지키다가 불의한 세력에 의해 희생되는 이가 나오지 않도록 최선을 다해 싸울 것이다. 이번 일을 겪으면서 사람을 의지하기보다는 하나님만 의지해야 그가 풀어주신다는 것을 재차 확인할 수 있었다. 다짐하고 회개하며, 다짐하고 반성하기를 되풀이하는 못난 이를 사랑해 주시는 하나님의 은혜를 어찌 말로 다 할 수 있을까 싶다. (2000. 3)

넘치는 햇살만큼의 희망을

원고 마감 때가 되면 각 대학의 캠퍼스나 주변의 골목 안 카페를 찾는 것이 필자의 습관 중 하나이고 나름 스트레스를 해소하는 방법이다. 사역 시작 7년째, 숨이 막힐 것 같이 답답하고 어려운 일을 겪을 때나 마감에 쫓길 때마다 찾는 젊음이 넘치는 캠퍼스 주변은 넉넉한 안식처가 되기에 충분하다. 푸르른 잔디 위에서 초여름의 아침 햇살을 온몸으로 받으며 커피까지 더해지니 부러울 것 없는 근사한 자유 그 자체다. 그렇게 감상에 빠져 있을 때냐고 질책하시는 이들도 있겠지만 그저 현대종교를 아껴주시고 못난 필자를 격려해 주시는 분들께 커피 한 잔 대접하고 싶다는 이야기를 하려다 옆으로 샌 것이니 이해를 바란다.^^ 어느 날 골목 어귀의 아담하고 넉넉한 카페나 캠퍼스 잔디밭에서 우연히 만나 자잘하게 사는 이야기를 나눌 수 있다면 더할 나위 없겠다. 오늘은 선친의 시신을 기증한 신촌 세브란스병원 옆에서 이름 모를 들꽃 한 송이 그분께 바치고 연세대학교의 활기찬 청년들을 바라보며 몇 자 적고 있다. 한경직 목사께서 떠난 지 한 달이 지났는데도 그분이 안 계시다는 사실이 문득문득 가슴을 사무치게 한다. 고 탁명환 소장의 스승이자 귀한 동료이기도 했던 문상희 교수, 이강오 교수 등…. 탁명환 소장이 떠나신 후에 더욱 마음으로 의지했던 이분들 모두 이제는 이 땅에 없기에 공허하기만 하다. 그래도 귀한 선배들이 함께했음에 감사하며, 할 수 있는 한 부끄럽지 않은 후배가 되도록 노력하고자 한다.

아울러 또 하나의 감사는 현대종교를 운영하는 데 경제적 능력의 한계를 번번이 느끼곤 하나 이 귀한 단체를 당당히 이끌고자 하는 열망은 변함이 없어서다. 7년의 세월을 버틸 수 있었던 것은 직원들의 열정이 있었기에 가능했고, 촌로에서부터 청년 학생, 아이들의 고사리손의 기도와 후원이 있어서 가능했다. 최근 받은 초등학생의 편지도 이 중 하나이다.

"탁지원 소장님! 저 우정아예요. 저희 할아버지가 돌아가셨어요. 목사님 품 안에서요. 하나님을 믿지 않았지만, 마지막엔 예수님을 영접하고 가셨어요. 그래서 기분이 좋아요. 저번 토요일 전단지 돌리는 아르바이트를 했어요. 이 아르바이트를 통해 돈 버는 것이 얼마나 힘든지 깨달았어요. 4000원을 벌었는데 이 돈을 후원금으로 보냅니다. 소장님과 현대종교를 위해 기도 많이 하니만요, 힘내세요. 샬롬!" (2000. 6)

치유와 회복의 역사

선친의 살해사건과 관련하여 떠들썩했던 대성교회(현 평강제일교회)의 당회장이었던 윤○○ 목사에게서 연락이 온 것은 몇 달 전의 일이다. 조금 놀라긴 했으나 무슨 일인가 싶어 차분히 이유를 묻자 할 말이 많다며 당장 만나자고 했다. 그는 교회에서 여러 가지 이유로(?) 쫓겨난 상태라며 섬기던 교회가 이단임을 고백했다. 한 교회의 당회장이었던 이가 자신이 담임으로 있던 교회를 이단이라 말하는데 어떤 말이 필요할 수 있을까? 지면을 통해 아직은 말할 단계(이 부분에 대해서 언젠가는 구체적으로 말할 날이 올 것이라 믿고 있다)가 아니라고 생각하나 중요한 것은 지금까지 있었던 어떤 일도 하나님께서 역사하지 않는 것이 없다는 것과 이단에서 한 영혼이 돌아오게 되었다는 사실이다. 그는 연신 그곳에서 나와 하

탁 소장님! 여기가 이단인가요?

나님께 감사하다 말했고, 선친 사건에 대해서는 계속해 사과한다며 용서를 구했다(윤 목사는 그 당시 선친 살해 사건이 교회에 알려졌을 때 많은 교인이 박수치며 기뻐했다는 이야기를 전해 주었다. 피가 거꾸로 솟았다. 아무리 원수라 할지라도 사람의 죽음 앞에 과연 그 같은 모습이 가능할까? 그것이 신앙을 가진 자들의 태도인가? 역시나 이단이기에 가능한 일이지 싶다.). 지금은 힘든 노동으로 사모와 열심히 땀 흘리며 새로운 인생을 살아가고 있다고 했다. 그리고 보니 하나님은 우리의 소명이 이단 관련 취재, 비판하는 것만이 아니라 이단에 속한 이들을 다시금 하나님 앞에 서게 하며, 회복의 사역 역시 중요하다는 것을 깨닫게 해주시는 것 같다. (2002. 10)

9번째의 눈물과 희망

어머니 김춘심 권사의 호칭이 하나 더 늘어나 이젠 할머니라고도 불리게 됐다는 것을 처음 안 것은 조카들이나 필자의 아이들이 태어났을 때가 아니었다. 2년 전 경로 우대증을 받고 돌아온 어머니가 "이젠 대중교통수단을 무료로 이용할 수 있게 되었네"라는 아무렇지도 않게 읊조린 말 때문이었다. 쓸쓸함이 묻어 있는 그 한마디에 영원히 늙지 않을 것만 같았던 어머니가 비로소 할머니가 되었다는 것을 알았다. 얼마 전 선친의 9주기 예배를 가족들과 조촐하게 드렸다. 왠지 그날만은 널리 알려졌던 아버지보다 어머니란 그 이름이 가슴에 깊이 박히었다. 아무도 하지 않으려 했던 험난한 일을 해온 남편과의 동역자로서 내조와 의협심(?) 강한 세 아들의 뒷바라지, 거기에다 몸이 불편한 할아버지까지 모셔가며 살아왔던 어머니는 누군가가 말했듯 아버지보다 더 험한 삶을 살아왔지 싶다. 평생 남을 위해서만 살아왔고, 당신의 몸은 제대로 돌보지 못해 지금도 병원 신세를 지고 있는 어머니는 여전히 자신의 것보다 남을 챙겨주는 일에 여념이 없다. 삶은 고단하지만 완수해야만 하는 책무임을 일깨워 주고 모두가 하늘나라에 갈 터이니 사소한 것에 목숨 걸고 살지 말아야 한다는 것을 온몸으로 보여줬던 68년 동안 그녀의 삶은 오늘도 많은 감사를 갖게 하나 왠지 모를 아픔도 크다. 세상의 많은 이들이 이단과 싸우는 사역자들을 욕하고 때로는 외면하고 단 한 순간의 실수조차 용납하지 않으며 손가락질할 때 당사자도 아프지만 가족들이 겪는 그 아픔을 과연 누가 이해할 수 있을까 싶다. 이단이나 종교 브로커들이 말하는 사역자들의 일들로 얻어지는 세상의 득이 만에 하나 사실일지라도 그 아픔과 슬픔보다 더하지 못하다는 것을 아는 이가 과연 몇이나 될까? 여전히 물질과 관련지어 현대종교를 이야기하는, 되먹지 못한 인간들이 우리 주위에 많음을 볼 때 우리가 지고 가야 할 십자가가 죽기보다 싫을 때 많지만 그래도 달려가야만 하는 그 아픔을 이해하는 이들 역시 얼마나 될까 싶다. 그래도 이 아픔과 슬픔을 근본적으로 치유하고 회복시켜 주는 분은 하나님이기에 절망하지 않는다. 아울러 날마다 다시 이 길에 설 수 있는 용기와 다짐의 원동력을 주는 이들이 있으

탁 소장님! 여기가 이단인가요?

니 늘 뒤에서 수고하고 무시로 기도하는 가족들이며, 필자의 옆에 없으면 안 될 직원들의 맡은 바 책임을 다하는 열심이라는 것은 두말할 나위가 없다. 그들에게 이제는 필자에게 집중되어 있는 위로와 격려와 사랑을 돌려 드리고자 한다.

조만간 형님 가정과 어머니가 김해라는 곳으로 내려간다. 각각 40년과 68년 만에 여러 가지 이유로 다른 땅에서의 새로운 출발을 시작할 어머니와 형님 가족에게 하나님의 놀라운 뜻이 임하기를 소망해 마지않는다. 선친의 9주기 예배를 드리며 세월이 이리 지나도 아픈 마음 가눌 길 없으나 다시금 희망으로 삼고자 하는 것은 할머니가 된 채 조금씩 늙어 가고 있으나 그녀들이(두 어머니와 아내) 여전히 필자와 함께 이 땅을 밟고 있어서이다. (2003. 3)

1994년 2월 이후, 여전히 탁명환 소장을 기억하며

버스의 급출발로 둘째 아이는 중심을 잃은 채 버스 뒤쪽 뾰족한 발받침대에 얼굴이 받히는 사고를 당했다. 순식간에 아이의 얼굴은 피로 뒤범벅이 되었고, 그 당혹스러운 순간 할 수 있는 것이라곤 흐르는 피를 막아내는 것뿐, 아무것도 없었다. 지혈은 되지 않았고 아이의 옷과 가지고 있던 수건은 온통 핏물로 흥건했다. 병원까지 가는 시간은 멀고 막막하기만 했다. 아내는 울음을 멈추지 못했고, 이 병원 저 병원을 전전하다 결국 도착한 곳은 상계 백병원 응급실이었다. 아이는 버둥대며 목이 쉴 정도로 악을 써대며 눈물을 흘렸다. 끔찍함이 자책감으로 이어지고 아이에게 용서받을 수 없는 미안함만이 가득했다. '미안하다! 정말 미안하다!' X-ray 사진을 찍고 마취를 하고 코를 꿰매는 등 할 수 있는 모든 응급처치와 치료를 했다. 그러나 워낙 아이가 어리기 때문에 의사는 당장 결과를 알 수 없다며 며칠 두고 봐야 한다고 말했다. 그 절박한 순간에도 강의 약속을 취소할 수 없었던지라 시간을 조금 연기한 집회의 현장으로 소란스러운 응급실에 아내와 아이들만 남겨둔 채 떠났다. 자책감과 비참함이 가슴을 헤집는다. 밀려오는 괴로움을 어찌할 방법이 없다. 응급실을 나서는데 10년 전 같은 장소에서 있었던 일이 떠오른다. 괴한들에 의해 쇠 파이프로 두들겨 맞고 칼에 휘둘린 채 피를 흘리며 숨을 거둔 고 탁 소장의 사건이 일어난 것은 1994년 2월 18일이었고, 사건 직후 정신을 차리지 못한 채 경찰차를 따라 도착한 곳이 바로 이곳 응급실이었다. 그가 늘 테러 때마다 힘든 상황이었음에도 웃음을 잃지 않고 들려줬던 "지원아! 사명자는 말야. 그 사명 다할 때까지 절대로 먼저 가지 않는단다"라는 이야기를 그날은 전해주지 못했더랬다. 선친이 떠나기 몇 시간 전 영생교 사건의 기자회견을 마치고 "이제 영생교 문제는 초읽기인 것 같구나!"라며 그동안의 고생을 말해주었던 아버지는, "이젠 네 엄마와 쉴 수 있는 시간을 보냈으면 좋겠다"라며 며칠 후 있을 결혼

탁 소장님! 여기가 이단인가요?

30주년의 여행 계획을 들뜬 채 말해 줬는데 결국 가족의 곁을 떠나 남은 사람들의 가슴속에 순교자, 이단 감별사, 추모 등의 '역사적 추상'으로만 남게 되었다. 그와 반대로 가해자인 대성교회(현 평강제일교회)는 그들과 행보를 같이했던 몇몇 교계 언론들과 지금까지 적반하장격인 행태와 공격으로 그들만의 살아남는 방법들을 강구하며 버텨왔다. 그러나 더욱 아픈 것은 당연히 함께 소리쳐주어야 했던 한국교회의 여전한 무관심과 이단들의 공격에 힘을 실어 주기까지 하는 교회와 언론들을 볼 때이다. 이를 악물고 살아왔던 지난날은 필자를 더욱 강하게 만들어 주었지만 서러움의 눈물이 가득했던 저리고 쓰렸던 순간순간의 기억들만큼은 지금도 지우기가 어렵다.

하늘나라의 소망을 말하며 살아왔으나 누군가 말했듯 어쩌면 '역사적 추상'보다 중요한 것은 '구체적 실감'인지도 모르겠다. 그가 계셔 주었으면 했던 많은 순간은 그래서 늘 절망이었다. 이제 그 솔직한 절망에 간섭하고 상관해 줄 하나님을 확신하며, 반드시 해야 할 일들을 다시 시작해야 하는 일만이 남았다. 그중에는 수년 전 탁 소장 사건의 진실을 밝혀 달라는 기사로 명예훼손이 되어 잠시 멈추었던 대성교회와의 한판 싸움과 부패된 교계 몇몇 언론과의 싸움도 포함될 것이다. 한참 동안 그들을 잊고 있었다. 이제 두 살배기 둘째 아이가 점점 회복될 것을 믿는 것처럼 필자의 마음도 절망에서 또다시 희망으로 회복될 것을 믿어 의심치 않는다. 작지만 건강하고 아름다운 원칙들을 10주기 이후 지켜가야 하고 그것이 앞으로 본지가 살아남을 수 있는 길이라 또한 믿는다. 늘

바르고 건강한 원칙들을 가르쳐 주고 세상을 떠난 고 탁 소장이 아버지이기 전에 내 소중한 선배임을 기억하고자 한다. 그가 생전에 원했던 세상이 쉽게 오지는 않겠지만 모두가 올곧게 살아간다면 그 자체가 우리가 꿈꾸는, 또한 탁 소장이 꿈꾸는 세상이 아닐까 싶다. 여전히 아버지를 지지하며…. (2004. 2)

신촌

바람이 차가워져 신촌의 아버지께 들렀다.
젊은이들로 북적거리는 그 거리에서 얼마 떨어져 있지 않은 대학 병원의 한 귀퉁이에 있는 그곳에.
그에 반해 오류동에서 용산에서 종로5가에서 그들은 여전히 잘 살아가고 있다.
바람이 물었다. 너희들은 우리 곁을 떠난 사람들의 뜻대로 그렇게 잘살고 있냐고?
하나님을 사랑하는 만큼 하나님 욕되게 하는 사람들에게 열심히 제대로 덤비며 사느냐고?
못나고 못된 사람들을, 그리고 그리워하는 사람들을 떠난 그가 보고 싶은 날이다. (2006. 12)

탁 소장님! 여기가 이단인가요?

그때 그 이야기들

선친의 이야기를 자주 하는 것이 살아계신 어머니에 대한 결례일 수도 있겠지만 또 반대로 이렇게 해서라도 너무 일찍 떠난 이들과 영원한 이야기 나눌 수 있는 하나님 나라의 소망을 확신하고 싶은 생각이 든다. 선친은 살아계실 때 늘 세 가지 온몸으로 느낄 수 있는 교훈을 말했고, 온몸으로 그것들을 실천했었다. 오늘 다시금 전하는 몇 이야기가 불편하기보다는 같은 공감대로 묶여 위로와 격려로 돌아왔으면 하는 바람이 간절하다.

첫 번째 이야기, '삶의 순간을 마지막 유언하는 심정으로….'

1994년 추운 겨울의 어느 날 강원도 미탄이라는 곳에서 선친을 강사로 초청한 집회가 있었다. 졸업을 앞두고 잠깐 현대종교에서 봉사했던 때였던 지라 짬을 내어 아버지를 따라나서게 되었고, 오랜만의 선친과의 여행은 참으로 좋았다. 시골 교회인지라 모인 이들이 얼마 되지 않아 속으로 조금 실망하긴 했으나 어려운 시골 교회의 강의 초청을 아버지는 무척 행복하게 받아들였다. 강의 때도 도시의 유명 교회들은 강사들을 쉽게, 많이 초청할 수 있으나 이런 곳은 정보를 받기가 쉽지 않다는 것을 잘 알기에 오늘 집회가 감사하다고 말했다(그런 모습이 내가 선친을 아버지로서가 아니라 신앙의 선배로서 존경하는 이유다. 이와 비슷한 문제로 가끔 갈등하는 내 모습은 그래서 부끄럽기만 하다.). 이어 집회 말미에 고백 한 가지를 했다. 요즘 이단들의 공격과 협박을 많이 받아 유언장을 써놓고 사역하고 있고, 늘 마지막 유언하는 심정으로 강의하고 있다고, 그래서 오늘 이 집회가 나의 마지막 집회가 될지도 모르겠다고, 우리는 올 때는 주민등록 순서대로 오지만 갈 때는 순서가 없기에 하루하루 유언하는 심정으로 살아가는 것이 중요하다고 말했다. 그리고 끝으로 간절한 기도의 요청을 했다. 집회가 끝난 후, 조그만 여관인지 여인숙인지 모를 곳이 숙소였고, 비록 초라하기는 했으나 아버지와 함께 할 수 있다는 것만으로도 기뻤다. 새벽까지 이런저런 이야기를 나누고 새벽 기차를 타고 서울로 돌아왔는데 그만 돌아온 지 얼마 안 되어 이비지는 이단의 공격을 받고 이 땅을 떠난 것이다. 아버지의 마지막 집회가 어느 정도 유명하거나 내지는 대형교회의 집회가 아닌 초라한 시골 교회였던 것에 그의 이야기처럼 갈 때는 순서가 없다는 것을 깨달으며 만감이 교차했다. 교역자의 주일 때의 설교가 이 세상에서의 마지막 설교라고 생각하며 준비한다면 얼마나 열심히 준비하게 될까. 주일 학교에서 아이들에게 가르치는 공과 공부가 세상에서의 마지막 공과 공부라면 교사는 얼마나 열심히 준비할까, 엄마의 심부름이 이 세상의 마지막 심부름이라면 그것이 얼마나 또 간절해질까. 그렇게, 그러한 것들을 마지막 유언하는 심정으로 받아들일 수 있다면 우리의 삶은 얼마나 근사해질까 싶다.

탁 소장님! 여기가 이단인가요?

두 번째 이야기, '사명자는 그 사명 다할 때까지….'

가끔 필자의 아픔과는 비교도 안 될 선친의 몇십 배 더했던 슬픔과 고독함을(그리고 선친보다 몇백 배, 아니 몇천 배 더했을 예수님의 고통과 외로움을) 생각하곤 한다. 그가 겪었던 직, 간접적 테러와 공격이 70여 차례, 고소와 고발은 수없이 많았다. 그럴 때마다 그는 늘 당당히 말했었다. "사명자는 그 사명을 다할 때까지 결코 먼저 죽지 않는다"라고. 리빙스턴 선교사의 이야기였으나 그의 이야기이기도 했다. 환갑을 맞기도 전에 그를 불러 가셨을 때, 하나님을 많이 원망하고 아울러 절망했으나 궁극적으로 하나님은 그의 나라의 소망을 보여주며 "네 아빠가 고생 많아서 내가 데려간 것이다. 이제 남아 있는 사람들이 더 열심히 살아야 하는 것 아니겠니. 아버지가 보고 싶은 만큼 열심히 살다가 영원한 대화를 나눌 수 있는 곳에서 기쁘게 만나길 바란다"라고 말하는 것처럼 느껴졌다. 모두에게 항상 넉넉했던 아버지, 아픔과 눈물로 가득 찬 그가 그의 아픔들을 가족에게 내색하지 않고 일해온 것이 얼마나 커다란 분투인지 잘 알고 있다. 어두운 세상과의 싸움을 한시도 쉬지 않았지만 늘 따뜻하게 세상을 바라볼 줄 알았던 그는 분명 좋은 사람이다. 적어도 그의 가족에겐.

마지막 세 번째 이야기, '가난이 불편할지는 모르겠으나 불행한 것은 아니다.'

눈치 보지 않고 내 집에서 살아보는 것이 소원이었던 때가 있었다. 후에 집을 장만하기는 했으나 그렇게 여유 있는 곳은 아니었다. 늘 선친은 물질에 얽매이며 살지 않았던 기억만은 뚜렷하다. 회사를 이끌어 가는 문제로 물질이 필요하긴 했으나 적어도 이단이나 이단 옹호자들이 말하는 것처럼 '돈 주면 이단이 아니고, 돈 안 주면 이단'이라는 논리는 유치하기 짝이 없다(어쩜 모든 이단은 토씨 하나 틀리지 않고 음해하는 내용이 똑같은지 모를 일이다. 첫 소문의 뿌리를 찾아보는 것도 의미가 있겠다. 아무튼 이러한 이야기는 특히 신천지가 자주 사용했던 일인지라 참을 만큼 참다가 결국 법적 소송을 통해 승소했기에 더는 이런 이야기들이 나오지 않기를 바랄 뿐이다.).

  중학생 때였다. 구체적인 것은 기억나지 않으나 음악에 취미를 붙인 후에 용돈을 모아 구입했던 전축까지 선친의 소송과 관련해 경매에 부쳐지고 차압이 되었을 때 서럽게 울었던 기억이 난다. 그때 그는 "가난은 불편할지는 모르겠으나 불행한 것은 아니다"라고 말했다. 하나님의 품으로 떠나던 날까지 그가 물질에 욕심을 내었던 적을 본 적이 없다. 혹시 이 이야기가 사실과 다르게 들리는 이가 있다면 아마도 그것은 가난한 회사를 이끌며 그만을 바라보는 직원들의 급여를 책임지기 위해 노력했던 일이 오해로 비쳤기 때문일 가능성이 크다. 그는 수많은 자료와 뜨거웠던 사랑과 신앙 외에는 아무것도 남겨 두고 가지 않았다. 그러니 그로 인한 불편함이 조금 있다 하더라도 결코 힘들다고 생각할 수 있는 여지조차 없는 것은 당연하다.

  * 고 탁 소장의 예전 고백을 다시 한번 담아봤다. 최근 우리에게 주었던 가장 구체적 위로였기에.

탁 소장님! 여기가 이단인가요?

내가 걷는 길이 칭찬과 비난이 엇갈린 험한 길이지만 나는 내가 살아 있는 동안 평가되리라고는 생각지 않는다.

언젠가 내가 죽은 후 내가 한 일들이 정당하게 평가될 날이 올 것을 믿는다. 사람들이 나를 어떻게 보고 있느냐에는 관심을 기울이지 않는다. 하나님이 나를 어떻게 보시고 평가하느냐가 문제일 뿐이다. 그렇게 생각하고 사니까 어느 누구의 눈치를 보지 않아서 좋다. 내가 하는 일이 칭찬도 오해도 받을 소지가 있는 일이다. 그러나 누가 나를 칭찬한다고 우쭐거리지도 않고 나를 오해하고 모략한다고 해서 낙심하지도 않는다. (2007. 12)

공소시효

독자들께서 이 책을 받을 즈음이면 고 탁명환 소장 살인사건의 공소시효는 한 달 정도 남게 된다. 15년이 살 같이 지났으나 그동안 사건과 관련하여 변한 것은 아무것도 없다. 범인으로 지목되어 옥에 간 청년이 이제 중년의 나이가 되어 작년 말 교도소에서 출소한 것과 가해자의 무리가 여전히 아무렇지도 않게 적반하장 하며 살아가고 있다는 것 외엔….

그리고 피해자라 불리는 사람들은 아무도 모를, 아픔의 깊이를 가슴과 눈물로 삭이며 먼저 떠난 이와 다시 만나 영원한 대화를 나눌 그날을 소망하며 살고 있다. 고 탁 소장의 칼럼집 제목처럼 '손바닥으로 태양을 가릴 수 없다'라는 그 진리와 믿음으로 공소시효가 존재치 않는 하나님 나라에서의 언젠가는 반드시 밝혀질 공의와 진실을 기대해 마지않는다. (2009. 2)

그때, 그리고 지금, 그들에 관하여

1. 얼마 전 부주의로 인해 작은 교통사고가 났다. 다행히 피해자는 많이 다치진 않았고, 그의 오토바이도 생각보다 괜찮아 보였다. 그런데 사람은 천생 이기와 간사함을 떼어놓지 못하는 존재인가 보다. 그 상황 중에서 사람보다는 물질 문제를 더 걱정했다. 한참이 지나서야 피해자의 안위가 걱정되었고, 마무리될 때까지 최선을 다하긴 했으나 미안함이 쉽게 사그라지진 않는다.

2. 사고 직후, 15년 전의 사건이 떠올랐다. 위 사건과는 비교가 되지 않을, 사회, 종교적으로 큰 파장을 불러일으켰던 큰 사건이었다. 절대로 있어서는 안 될, 한 생명을 앗아간 무지막지한 테러가 곁에서 벌어졌다. 그땐 필자가 피해자였다. 그런데 답답하게도 그 사건은 아직도 오리무중, 완전히 마무리가 되지 않았다. 당시 곧바로 범인이 잡히기는 했

으나 그가 진범이 아닐 수도 있다는, 이 사건의 열쇠를 쥐고 있는 또 다른 누군가가 분명히 존재할 것이라는 의혹은 지금도 여전히 남아 있다. 범인으로 지목된 청년은 사형 구형을 받았다가 무기징역을 선고받았고, 피해자 가족의 탄원으로(가족은 그도 똑같은 피해자라고 믿었고, 언젠가는 분명한 양심선언을 해줄 것을 기대하며 두 번이나 탄원서를 썼다.) 최종 15년 형을 받았다. 그는 중년이 되어 작년 초 출소했다. 그렇게 15년이 살 같이 지났다. 가끔 분노의 마음이 가라앉지 않는 이유는 한낱 미물인 개가 소란을 피우면 주인의 직접적인 잘못이 없어도 사과를 하는 법이고, 아무리 원수지간이라 할지라도 상대방에 크나큰 아픔과 손실을 안겨주었다면 사람 된 도리로서 책임자가 유감을 표명해야 할 텐데 사건 관련된 교회의 실질적인 수장은 여태껏 한 마디 사과조차 없다. 이번 교통사고를 접하며 불현듯 15년 전의 사건이 떠올랐다.

3. 한두 번 훈계한 후에 멀리해야 할 이단에 속한 이들에게 감정적으로 너무 많은 것을 바라고 있는 것은 아닌가 싶지만 간단한 교통사고 하나로도 지금껏 미안한 마음이고 걱정이 쉬이 사라지지 않는데도 한 생명을 앗아간 일보다 자신들의 조직과 안위만을 걱정하는 태도를 도저히 이해할 수 없어 다시금 공허한 메아리가 될지는 모르겠으나 꺼내 들었다. 이제 선친의 사건은 안타깝게도 공소시효가 끝났다. 그러나 언젠가는 그 진실이 밝히 드러날 때가 분명히 오게 될 것이라고 확신한다. 손바닥으로 태양을 가릴 수는 없기 때문이다. 아울러 진리는 살아 숨 쉴

것이다. 기대하지는 않겠지만 한 조직의 수장으로서 그때의 사건 관련해서 부디 안타깝고 미안한 마음 조금이라도 가져 보시길 바란다. 친애하는 대성교회와 박윤식씨! (2009. 3)

현대종교가 뿔났다 (15주기 예식 유감)

고 탁 소장 15주기 추모예식 때 요즘 잘나가는(?) 모 이단 쪽에서도 다녀간 것 같다(분위기 파악과 그들 언론의 취재 때문이 아닌가 싶다. 물론 취재 부분은 다른 꼼수가 있어서겠지만 여하간 별일이다.). 날이 날이니만큼 조금 걱정도 했는데 별다른 난동을 부리지 않아 다행이었다. 그런데 이후 그들의 기사를 보니 글까지 잘 써줘 '이 녀석들도 나름 예의를 갖춰야 할 곳에서는 적어도 몰상식하지는 않구나'라는 깊은 감동(?)을 받았다. 참석의 여부를 갖고 내 편이네 아니네! 따지는 것이 조금 유치하고, 또 그날 참석지 못한 이들의 긴급한 사정을 잘 알고 있는지라 지금부터 하는 이야기가 무슨 소용이 있겠는가 싶지만 그래도 그날 꼭 왔어야 했던 사람들이 참석지 않은 당황스러움을 굳이 숨기고 싶지는 않다. 입만 열면 탁 소장 이야기를 꺼내며 은혜와 사랑을 말했던 사람들, 이단 관련 연구를 한답시고 물질과 가소로운 자기 명예에만 목매단 그들이 그래도 혹시나 했는데 보이지 않았거나 대부분 참석지 않았음은 깊은 유감이고 실망이었

탁 소장님! 여기가 이단인가요?

다. 꼭 와주길 바랐던 언론들도 마찬가지다(현대종교와 조금 서먹하거나 이해관계의 문제가 걸려있다 해도 공과 사를 구별하면 좋았을 텐데 속 좁게 구는 몇몇 기독 언론들을 볼 때마다 늘 속상하다.). 이해관계 걸려 아쉬울 때만 현대종교의 문을 두드리는 사람들이다. 이단조차도 (목적이 어떻든 간에) 방문했던 행사에 기대했던 여러 사람이 참석지 않았음은 두고두고 기억에서 지우기가 어려울 것 같다. 아군과 적군을 분간할 수 없었던 잠깐의 혼란함을 이해해 주길 바라며, 사람 사는 세상에서의 도리가 참 아쉽기만 하다.

지금도 사람을 만나고 전화할 때마다 "내가 탁 소장과~"라고 지난날의 친분을 거들먹거리며 이야기를 꺼내는 사람들은 여전히 신뢰하고 있지 않다(물론 예외가 없는 것은 아니다.). 간절한 마음으로 현대종교와 함께 했고, 또 여전히 함께하고 있는 이들은 그따위의 친분보다 더 중요한, 변하지 않는 믿음과 사랑이 보인다. 그 모습이나 목소리만 들어도 알 수 있는 그 느낌말이다. 그래도 글을 쓰며 감사의 마음이 큰 이유는 그날 참여해서, 또 비록 참석진 못했지만 간절하고 애타는 마음으로 추모해 준 많은 이들이 있어서이다. (2009. 4)

고 탁명환 소장과의 가상 대화

여전히 그가 참으로 그리운 건 작금의 교계 현실이 요즘 날씨 마냥 너무나 추워서이다. 교계에 대한 따끔한 일침과 건강한 비판이 그리운 2월이 다시 돌아왔다. 특히 이단 관련 날카로운 비판은 더더욱 그렇다. 부디 2011년엔 모두에게 가슴 아픈 일들이 적어지기를 바라며, 이단과의 영적 전쟁과 대처도 더욱 진일보할 수 있길 바란다. 이번 호에서는 하나님 나라에서 선친을 만나기 전, 가상으로 그와의 대담을 마련해 봤다. 선친이 살아 있었다면, 어떻게 했을까, 의 심정으로 그가 생전에 썼던 글들을 토대로 기도하며 정리해 봤다. 글의 형식이나 상황, 그 내용을 다른 뜻으로 오해하거나 받아들이지 마시고 이번엔 편히 공감만 해 주셨으면 좋겠다.

탁지원 소장(이하 원) 세월이 참으로 살 같아요. 아버지! 아니! 소장님! 공적인 지면이니 소장님으로 호칭하는 것이 좋겠네요. 소장님께서 떠난 지가 벌써 18년이라니 믿기지 않습니다. 그러나 이렇게 가상으로라도 만날 수 있으니 글쓰기 전과 지금의 순간이 많이 행복합니다.

고 탁명환 소장(이하 탁) 그래! 아들아! 나도 참 반갑고 많이 행복하구나. 그런데 공적인 지면이라고 하니 나도 존대어로 말해야겠구나!^^

탁 소장님! 여기가 이단인가요?

원 소장님은 살아생전 정말 여러 일로 많이도 고통스러웠겠으나 하나님 나라에서는 칭찬 많이 받으셨을 것 같아요!

탁 그래! 참 많이 고생했지요. 고소와 고발, 그리고 수많은 협박과 테러들에, 음해까지…. 그러나 가장 나를 힘들게 했던 것은 잘 알고 있듯이 함께 싸워야 할 동지들이 등을 돌릴 때와 그것을 넘어 등에 비수를 꽂을 때였습니다. 그리고 많은 이들의 무관심이 저를 가장 힘들게 했던 것 같습니다. 그러나 힘든 일들만 있었던 것은 아니죠. 제가 하는 일에 최선을 다하여 기도해 주고 격려해 주며 관심을 둔 사람들 또한 셀 수 없을 정도로 많았으니까요. 그래서 힘든 사역을 꿋꿋이 버텨낼 수 있었던 거겠죠. 고마운 이들이야 다 열거할 수 없을 정도로 많았는데 그 고마움의 빚을 다 갚지 못하고 떠난 것이 못내 아쉽네요.

원 그것은 너무 염려 마세요. 사역하는 동안 전 세계 각지에서 소장님의 제자들과 동료들, 그리고 여러 도움을 받았거나 함께 일했다며 소장님을 간절한 마음으로 추모하고 보고파 하는 사람들이 많이 있었음을 확인할 수 있었답니다. 그리고

뿌려놓은 씨앗이 참으로 감사했음을 가는 곳곳마다 확인할 수 있었고요. 어머니와 세 아들이 대신하여 인사드렸고, 또 지금도 열심히 감사한 마음을 안고 만나는 중이니 염려하지 마세요.

탁 고맙네요! 그건 그렇고 요즘 이단 관련해서 교계가 왜 이리 시끄러운지 모르겠네요.

원 부끄러운 이야기라 숨기고 싶었는데 먼저 꺼내셨네요. 그저 답답하고 부끄러울 뿐입니다. 예전에 소장님께서 이야기하신 것처럼 이단의 규정이 함부로 진행되면 안 될 것이고, 시간을 두고 한국교회가 성경이란 잣대로 기도하고 연구하며 교회와 성도들을 지키기 위해 시간을 두고 판단해야 할 텐데 요즘은 그 중요한 소명에 정치적 입김들이 개입되는 등 절대로 있어서는 안 될 일들이 심심치 않게 나타나고 있고, 또 한국교회가 이단 규정한 것을 너무 쉽게 해제하고 있어 교회들이 혼란에 빠질 때가 많습니다. 소장님이 떠나시고 이단 사역자들이 늘고, 또 그와 반대로 이단 내지는 말 많은 단체들도 현저히 늘었답니다. 우선 이단 사역자들은 건강하게 사역하는 분들이 많으나 자신의 정치적 정당성을 획득하는 데만 관심을 두는 이들도 많아지고 있습니다. 아울러 조금 특별한 사역 중 하나는 이단에 빠진 분들을 회복, 치유하는 사역이 생겨났는데 그 사역이 저희 일에도 큰 힘이 되고 있지만 반대로 상담 명목으로 적절치 않은 물질을 요구하여 피해자들의 원성을 사기도 해 사역자들 전체가 욕을 먹는 경우도 있습니다. 사역자들은 늘 하나님 나라의 상급만을 바라보며, 순수하고 건강하게 일해야 할 텐데 아쉬울 뿐입니다. 그리고 요즘 상담을 할 때마다 느끼

는 것인데 처음 들어보는 곳인데 상식적이거나 성경적이지 못한, 반드시 검증이 필요한 단체가 여럿 나타나고 있는 것이 소장님 사후에 벌어진 특별한 일이 아닌가 싶습니다. 그리고 여전히 소장님을 음해하는 세력은 줄지 않아 속상할 때가 많습니다. 소장님도 사람이니 실수도 있고, 한계도 있었을 텐데 물론 그렇다 하더라도 형님의 이야기처럼 최선을 다해 살았고, 결국 그 모든 빚진 것을 죽음으로 갚으셨음에도 불구하고 여전히 비난을 위한 비난들이 계속되고 있으니 답답한 마음 가눌 길이 없답니다. 그래도 소송을 최대한 자제하려고 노력했는데 그 약속을 지키지 못하고 소장님을 공격했던 신천지, 최옥석씨 등에게 '사자 명예훼손'

으로 소송을 제기하기도 했답니다. 그런데도 같은 내용으로 여전히 소장님을 공격하는 이들 많으나 마음 불편하셔도 모든 것 하나님께 맡기시고 평안한 마음을 가지셨으면 합니다. 소장님께서 자주 말씀하신 것처럼 손바닥으로 태양을 가릴 수는 없는 법이니까요. 그리고 18년간 소송 관련해서 자주 경찰서와 검찰, 법원에 가는 일이 잦다 보니 예전 소장님께서 법적 소송으로 힘들어하실 때 왜 간절한 위로를 드리지 못했나 하는 후회가 많이 들어요. 그때 제가 철이 없긴 했어도 그 정도는 눈치챘어야 했는데… 죄송해요!

탁 아니에요! 그런 것은 아무래도 괜찮아요. 아무튼 사명자의 길은 참으로 험난한 것 같아요. 저는 지난 수십여 년간 한국교회의 진리 수호를 위해 막강하기만 한 악한 세력들과 싸워왔습니다. 그러나 말씀하신 것처럼 그 과정에서 인간적인 시행착오도 있었음을 고백합니다. 그러나 적어도 부끄럽게 살지는 않았다고 생각하며, 늘 한국교회를 보호하고 이리떼로부터 양들을 지키고자 했던 것은 떳떳하게 자부할 수 있습니다. 그 산물로 여러 저서를 쓸 수 있었고요. 물론 본의 아니게 불건전한 자들과 연계되는 바람에 다소 명예에 누를 끼친 일이 있었음은 가슴 아프게 생각하고 있습니다. 그래서 다시는 그런 아픔이 없게 하려고 마지막까지 애를 썼는지도 모르겠습니다. 이단들은 교묘하게 위장하여 접근하기 때문에 자기도 모르는 사이에 이단을 돕는 일을 하거나 그들에게 이용당할 수 있음을 성도들께서는 주의하셔야 합니다. 한 가지 더 말씀드리고 싶은 것은 각종 이단과 비호세력들이 유인물과 책자 등을 통해 마치 제가 이단들과 금전적인 스캔들이 있었던 것처럼 허위 사실을 유포하고 있고, 더러는 그것을 사실로 믿는 사람들이 있네요. 통일교 등의 이단들로부터 돈을 받았다면 어떻게 통일교 등의 이단들을 계속 비판하고 공격하는 데 앞장설 수 있겠고, 수십 차례 고소 고발을 당하고 집단 폭행에 테러까지 당했겠습니까. 또 이단과의 전투도 벅찬데 엎친 데 덮친 격으로 기성교회에 몸담은 이단의 비호세력들이 뒤에서 공격해 올 때는 정말 죽고 싶은 심정이었습니다. 저에 대한 금전적인 스캔들은 이런 비호세력에 의해 그럴듯하게 치장되어 교계에 유포되기도 했습니다. 그래서 저를 잘 몰랐던 사람들은 그런 유언비어를 믿고 오해했던 적도 많았죠.

원 요즘에도 그 같은 일들이 변하지 않고, 같은 일이 되풀이되고 있답니다.

탁 이단이란 그들의 가르침이 성경에서 벗어났을 때 붙게 되는 이름입니다. 다시 말하면 교리나 주장이 성경적이냐 성경적이지 못하냐를 판가름하는 것이죠. 그렇다면 기본이 성경이라고 보아도 될 것입니다. 그런데 이단이나 문제성 집단을 보면 그 대표자의 가르침이 성경적인가 아닌가의 문제를 평하고 검증할 때 애초부터 그렇게 가르치지 않았다고 발뺌하거나 국지적으로 개인의 신상에 관계된 것을 문제 삼아 핵심을 흐리려고 시도하는 경우가 허다했습니다. 그래서 공개청문회를 제의해 보았지만 이루어지는 예는 없었죠. 지상 공개토론의 문도 열어 놓았지만 담대하게 나서지를 못했네요. 그러면서 뒷마당에서 끼리끼리 모여 스트레스 해소나 분풀이하듯 말 잔치를 벌입니다. 어떤 기독교 언론들은 그 말을 받아 사실인지 확인도 해보지 않고 맞장구를 치기도 합니다. 한심한 노릇이 아닐 수가 없죠. 저야 그러려니 하지만 그 내막을 잘 모르는 성도들이 제대로 판단했으면 하고 기도하는 수밖에 없었던 현실이 한편으로는 서글프기만 했습니다. 아울러 그들의 말이 여과 없이 성도들에게 전달된 것들이 드러나 웃음거리가 된 것을 볼 때 씁쓸하기도 했답니다.

원 그런 일은 요즘도 여전하답니다. 조금 더 진화되었다고나 할까요. 예를 들면 이단의 수장급 들이나 그 조직에서 언론을 담당하는 이들이 글을 쓰거나 올리면 그 밑에 댓글 팀이 하루종일 옹호하는 글을 올리고 그 내용과 기사들을 수많은 곳에 뿌리는데 혹 저희와 재판이라도 벌이게 되면 증거물로 그 내용을 제출하곤 한답니다. 박자가 척척 맞습니다.

탁 그렇군요. 그러나 무엇보다 이제 먼 곳에서 그 일들을 생각하니 모든 것들이 정말 아무것도 아닌데 왜 이리도 사람들이 못났나 싶은 생각이 듭니다. 악한 영의 역사야 어쩔 수 없지만, 나머지 아군끼리의 다툼은 하나님 보시기에 티끌만 한 우주와 지구에서, 또 티끌만 한 한국 땅에서, 티끌만 한 서울에서, 그러한 공간에서 서로 헐뜯고 싸우는 것을 바라보는 것이 여간 힘든 것이 아닙니다. 물론 아닌 것은 분명히 아니라 이야기해야겠지만 무엇보다 중요한 것은 서로 아끼고 배려하며 살아가야 하는 것 아니겠나 싶어요. 교회의 섬김과 나눔, 그리고 건강함이 이단들을 그 자리에 설 수 없도록 하는 가장 커다란 이단 대처라는 이야기를 예전부터 말해왔는데 기억하는지요? 우리 탁 목사가 요즈음 자주 이야기하는 세상 사람들은 사회봉사 열심히 하는 이단들보다 타락하는 우리 교회를 더 걱정하고 있다는 말과 한국교회가 위기를 기회로 삼았으면 한다는 말에 공감합니다.

원 이왕 말이 나왔으니 한국교회의 갱신 등에 관한 소장님의 이야기를 조금 더 듣고 싶어요.

탁 그러죠. 교회가 교회로서의 사명을 다하지 못할 때 이단들이 발호하게 되는 것은 일찍이 우리 교회사를 통해 여실히 볼 수 있지 않습니까. 오늘의 우리 한국교회를 보면 누구도 참된 교회의 모습이라고 감히 입을 열어 말을 할 수 없을 정도로 타락과 부패 일로를 걷고 있음이 분명합니다. 예나 지금이나 변함없는 그리스도의 정신과 얼이 빠져 버린 껍데기만의 사치스러운 교회들과 목사, 장로, 권사, 집사 직분을 계급으로 착각하는 병든 교회 풍토, 오만하고 교만 방자하여 교인들 위에 군림하려는 권위주의적 당회, 이단 내지는 말 많은 단체들과 야합하여 심판과 정죄를 일삼고 이단 판단의 기준을 흐리게 하는 잡스러운 지도자들, 사탄의 무리들과 악어와 악어새로 공생하며 더러운 이익을 나눠 먹는 이들, 돈 몇백만 원이면 목사안수를 주고 사심을 채우는 목사 간판 장사꾼들, 가짜 박사에 눈이 어두워 여러 나라에 귀한 외화를 낭비하며 박사 학위를 사서 버젓이 박사 행세하는 얼빠진 성직자들, 세속화한 탕자처럼 방황하며 더러운 돼지우리에서 파 껍질을 주워 먹는 꼴이 되어 이리저리 떠돌아다니다 이단에 미혹되어지는 평신도들, 음녀 이세벨과 니골라당이나 발람의 길을 걷고 있는 그리스도인들, 가난한 교인이야 죽든 살든 아랑곳하지 않고 사치스럽고 호화로운 매머드 교회를 자랑하며 농어촌 교회에 물질 몇 푼 던져주고 엄청난 선교사업이나 한 듯 떠들어대고 자기선전을 하는 사람들과 교회들…. 그러나 이러한 상황 속에서도 이름도 빛도 없이 그저 묵묵하게 참된 교회의 겸허한 길을 걷는 교회들이 경향 각지에서 그 수가 하나 둘씩 늘어가는 것이 그나마 한국교회의 희망이지 않나 싶습니다. 그 희망과 소망의 불씨가 이제 크게 불붙어 이 땅에 하나님의 나라가 확장될 수만 있다면 얼마나 좋을까 생각해 봅니다. 그래야 이단들이 설 자리가 없어지지 않을까 싶습니다. 오래전 제가 '깡통 교회'라고 이름 붙여준 교회와 바울선교회 같은 경우가 모범적이라 생각합니다.

원 현대종교 직원들에게도 한 말씀 해주세요.

탁 '현대종교', 이 네 글자의 한자어를 이렇게 한 번 생각해 봤습니다. 어질 현 賢, 큰 대 大, 남의 집에서 대대로 천한 일을 하던 사람의 의미로서 좇을 종 從, 자세히 조사하고 대조하여 잘못된 것을 바로잡음인 '감교'의 교 校, 이 네 한자의 뜻을 한 번 더 곰곰이 생각하시며 새로운 각오로 사역에 임하셨으면 합니다. 저와 함께했던 우리 한 목사와 남 장로, 그리고 새로운 직원들 모두 힘내시고 하나님 나라에서 우리 기쁘게 뵙도록 해요. 부족한 제 아들들, 삼 형제의 사역을 옆에서 돕고 일하시느라 고생이 많습니다. 이왕 현대종교 공동체의 자리에 섰으니 하나님 앞에 부끄럽지 않은 모습들을 기대합니다. 제가 오래전 아들들에게 늘 이야기했던 말씀이 있는데 오늘은 그 이야기를 우리 직원 여러분들에게 하고 싶네요. 삶의 순간순간을 마지막 유언처럼 살아가셨으면 하며, 가난은 불편할지는 모르겠으나 불행한 것은 아니라는 것, 마지막으로 사명자는 그 사명 다할 때까지 결코 죽지 않음을 기억해 주세요. 그리고 요즈음의 일들을 지켜보며 힌두 마디 더 드리고 싶습니다. 무엇이 진리인지를 가리는 일과 드러나는 상황의 대처는 다른 문제일 수 있다는 것을 기억하며, 지금 처한 여러 일과 일어나는 일들을 보며 결코 자포자기하거나 믿음 잃지 마시길 바랍니다. 겉만 봐서는 이단이 이기고 있는 것처럼 보이나 결국 그것이 승리가 아님을 종국에 깨닫게 될 것입니다. 그리고 마지막으로 영적 전쟁의 기술에서 고려해야 할 중요한 요소가 있습니다. 공격하는 데에는 조금만 힘을 써야 한다는 것입니다. 대부분의 힘은 한국교회와 성도들, 그리고 세상 사람들과의 공감을 얻고 확산하는 데에 써야 하는 것이 옳지 않나 생각됩니다. 이단들과 싸워야 하는 것은 누구나 알고 있으나 이단들과 싸우는 이들이 무엇을 하며 사는지

탁 소장님! 여기가 이단인가요?

와 그 정당성 획득의 공감대는 아직 부족하기 때문입니다. 구체적인 공감대가 형성되면 하지 말라고 해도 모두가 함께 그 일에 발 벗고 나설 것입니다.

원 그래요. 소장님! 더욱 모든 일에 지혜롭고 건강하게 최선을 다해야 함을 느낍니다. 절대로 지치거나 쓰러지지 말고요. 이길 수 없어 보여도 하나님만을 의지하며 끝까지 싸우는 것이 우리 신앙의 의무를 다하는 것이겠고, 종국에 하나님께서 다 이겨놓은 싸움에 마침표를 찍는 일이라 생각합니다. 그렇게 살고 싶습니다.

탁 우리 아들이 이제 다 컸네요(웃음).

원 감사한 이야기와 씁쓸한 이야기 하나씩 말씀드리며 아쉽지만 이제 이 대화를 정리해야 할 것 같습니다. 소장님은 한 번도 만나지 못했던 손자 손녀들이 참으로 귀하게 잘 자라고 있다는 것과 그 아이들이 할아버지를 무척 자랑스럽게 생각하며 크고 있다는 사실이에요. 그 아이들이 많이 보고 싶으시죠? 그리고 세 며느리들도 열심히 남편의 일들을 내조하고 있는데 시아버지의 사랑을 가끔은 그리워하는 눈치랍니다. 사적인 이야기는 이제 그만 하려고 하는데 끝으로 한 가지만 더 말씀드리고 싶은 것은 언젠가는 소장님 곁으로 가실 어머니가 외롭지 않도록 위로, 응원해주시고 늘 함께해 주시길 부탁드려요. 가족들 모두가 하나님 나라에서 다시 만날 소망을 갖고 살아가기에 이것이 실로 감사한 일이고, 씁쓸한 이야기는 잘 아시리라 생각되지만 소장님의 스승이고, 동료들, 그리고 제자 중 여럿이 자신들의 안보를 위해 우리가 가야 할 길과는 정반대의 길을 걷고 있다는 사실입니다. 특히 소장님도 많이 실망하셨겠지만 가장 가슴 아팠던 것은 소장님의 스승이기도 했던 민 모 교수의 문제입니다. 소장님의 살해사건과 밀접한 관련이 있고, 또 그가 속한 교단에서도 이단으로 규정한 모 교회와의 밀월 관계를 유지하는 모습을 보며 '어떻게 이럴 수 있나? 많은 이들이 통탄해 미지않고 있납니다. 세상에 믿을 수 있는 것은 오로지 하나님 밖에는 없구나'라는 생각을 하게 해준 장본인이기도 한 그의 행보를 보며 '우리의 삶에 있어 끝까지 하나님의 길을 곧게 가기가 얼마나 어려운 것인가?' 하는 것을 새삼 일깨워주는 것 같습니다.

탁 참으로 아쉬운 일입니다. 언젠가는 후회할 때가 있을 것입니다. 그건 그렇고 우리 손자 손녀들이 많이 보고 싶군요.

원 네! 아이들은 할아버지를 그리워하고 존

경하는 마음으로 앞서 말씀드렸듯이 정직하고 건강하게 잘 커갈 것이라 믿습니다. 끝으로 소장님의 사건이 15년이 지나 이제는 공소시효가 만료되었습니다. 이젠 그 사건의 범인이 잡힌다고 하더라도 처벌이 어렵다는 이야기는 저희에게 큰 슬픔이었습니다. 다른 이유가 아니라 다시는 그러한 안타까운 사건이 생기지 않아야 하는 일에 분명한 해결점이 있어야 할 것이기 때문입니다. 소장님은 그 범인들이 누구인지 물론 잘 아시고 계시겠죠? 얼굴들도 똑똑히 보셨을 테고요. 정말 궁금하나 진실이 밝혀지게 될 것을 기도하며 기다리려 합니다. 그때 범인으로 지목되어 수감생활을 했던 이는 15년을 살고 제 작년 출소하였는데 지난번 길을 가다가 우연히 여의도에서 보게 되었답니다. 이젠 중년이 다 됐더군요. 그의 양심선언을 기다리고 기도하고 있는데 그가 언제쯤이나 그때의 진실을 말하게 될까요? 조금만 더 기다리면 될는지? 그건 그렇고 평강제일교회의 수장 그룹은 소장님 사건 이후에도 유족에게 한 번도 용서를 구하지 않았음이 이단 여부를 떠나 윤리, 도덕적으로도 되먹지 못 한 사람들임에 틀림이 없다는 생각을 지울 길이 없네요.

탁 언젠가는 그 진실이 밝히 드러날 터이니 너무 마음 아파하지 않았으면 좋겠습니다. 하나님께서는 그 사건의 진상을 잘 아시고 계실 테니 분명히 그가 계획하는 방법대로 선히 해결해 주실 것이라 믿어 의심치 않습니다.

원 새해 초이니 소장님께서 가장 좋아하셨던 성경 말씀 한 구절을 말씀해 주시면 좋겠어요.

탁 이사야 41장 10절 이하의 말씀입니다. '두려워 말라 내가 너와 함께 함이니라 놀라지말라 나는 네 하나님이 됨이니라 내가 너를 굳세게 하리라 참으로 너를 도와주리라 참으로 나의 의로운 오른손으로 너를 붙들리라 보라 네게 노하던 자들이 수치와 욕을 당할 것이요 너와 다투는 자들이 아무것도 아닌 것같이 될 것이며 멸망할 것이라 네가 찾아도 너와 싸우던 자들을 만나지 못할 것이요 너를 치는 자들은 아무것도 아닌 것 같이 허무한 것 같이 되리니 이는 나 여호와 너의 하나님이 네 오른손을 붙들고 네게 이르기를 두려워 말라 내가 너를 도우리라 할 것임이니라' 부디 남아 있는 이들이 힘 있게 싸우시길 바랍니다. 그리고 사랑만이 그 모든 것을 이겨낼 수 있음도 기억하시길 바랍니다. 먼저 일어나렵니다. 눈이 많이 오네요.

원 오늘 말씀 참으로 감사했습니다. 이제 곧 소장님 계시는 그곳에서 뵙겠습니다. 추울 때 보내드려서 죄송합니다. 소장님! 아니 아버지! (2011. 2)

탁 소장님! 여기가 이단인가요?

그들만의 평강
(박윤식씨 등의 결단과 회개를 재차 촉구하며)

1. 최근 평강제일교회 관련하여 두 통의 이메일을 받았다. 하나는 평강제일교회의 문제점을 조목조목 비판한 내용인데 워낙 구체적인 내용인지라 내부 고발자인 듯싶고, 나머지 이메일도 익명으로 왔는데 평강제일교회 비판을 중지하라는 내용이었다. 먼저 앞의 이메일을 보내게 된 이유와 내용인즉슨 교계의 많은 지도자나 학자들이 박윤식씨의 실체를 전혀 모르고 그를 이단에서 정통으로 끌어 오려는 작금의 현실이 분하고 답답한 마음 때문이라 했다. 외부적으로 박씨와 평강제일교회가 정통교단으로 편입하려고 최선을 다하면서도 내부적으로는 여전히 감춰진 교리들을 통해 핵심적인 신도들을 꾸준히 양육하고 있다는, 그러나 상당수의 교인은 그런 사실을 모르고 있다고 했다. 무튼 박씨의 실체를 모르고 그를 이단에서 정통으로 끌어 오려는 작금의 현실을 바라보니 참으로 답답한 마음이라며 과연 그들이 훗날 하나님 앞에 서서 어떻게 자신들의 큰 잘못을 변명할 수 있을지 심히 걱정된다고 덧붙였다. 이렇듯 최근 '구속사 시리즈'를 통하여 자신을 신학에 정통한 목사로 공인케 만든 다음 자연스럽게 정통교단으로 편입하려는 것이 박씨와 평강제일교회의 생각임을 모르는 이 없지만 왜 유독 '선생님', 또는 '어르신'으로 불렸던 이들만 그 사실을 모르는 걸까.

2. 두 번째 이메일의 내용은 따로 소개가 필요 없는, 현대종교에 대한 비판 일색의 글이었다. 그런데 그 교회의 공식적인 입장으로 보내온 것이라면 무시하지 않고 성실히 답변할 수 있었으나 익명의 글까지 답신을 보낼 만큼 너그러운 상황은 아니다. 더욱이 반론과 항의가 꼭 필요했다면 상대방의 상황을 헤아리고 난 후에 항의하는 것이 좋지 않았겠나 하는 생각이다. 마침 그간 답답했던 속내를 눈치챘는지 「기독교포털뉴스」의 정윤석 기자가 관련해서 쓴 글이 있기에 내용 전문을 담았다. 그리고 앞의 이에게 이 글과 함께 답신을 보냈다. 선 사과, 후 문제 제기라면 요청한 것에 긍정적으로 응하겠다는 조건으로.

박윤식 목사(평강제일교회 원로)가 올해 89살이라고 한다. 박 목사는 자신을 옭아맨 '이단'이라는 굴레를 벗기 위해 안간힘을 쓰는 중인 것으로 보인다. 평강제일교회도 적극적으로 이 문제에 나서고 있다. 말년을 좋게 마무리하고자 하는 박 목사 측의 모습은 이해가 간다. 그러나 박 목사가 이단 해제를 시도하기 전 최우선 순위로 해야 할 일이 있다. 박 목사는 그걸 간과하고 있다. 박 목사의 진심 어린 사과다. 이건 그의 인간 됨과 관련한 본질적인 문제다. 물론 박 목사는 통일교·전도관과 관련한 과거의 전력 문제, 씨앗 속임 등 핵심 사상에 나타난 이단적인 문제 등에 대해서도 사과하고 돌이켜야 한다. 그러나 탁명환 소장의 살해사건과 관련한 도의적 책임과 사과와 관련한 부분만 먼저 언급해 보고자 한다.

탁 소장님! 여기가 이단인가요?

중년의 남자 한 명이 집 앞에서 칼에 찔려 숨졌다. 1994년 2월의 일이었다. 범인은 박윤식 목사의 운전기사였다. 살해당한 중년의 남자는 다른 사람도 아닌, 박 목사에 대해 이단 시비를 제기하던 탁명환 소장(당시 56, 전 국제종교문제연구소·현대종교 설립자)이었다. 박 목사가 이단이냐 아니냐, 누가 탁 소장의 살해 배후냐 아니냐의 여부를 따지자는 게 아니다. 시시비비를 떠나 자신의 운전기사가 저지른 살인사건에 대해 박 목사는 당시 담임자로서의 책임감을 갖고 도의적으로 유족들 앞에 사과하고 그들이 받은 상처를 치유하기 위한 조치를 취해야 한다는 것이다. 삼일교회 전 담임 전병욱의 성추행 논란이 교계의 최대 이슈가 되고 있을 때였다. 삼일교회에 새롭게 부임한 송태근 목사의 공개적인 사과가 화제가 됐다. 송태근 목사는 삼일교회의 위임목사가 되는 2012년 10월 10일, 성추행 문제로 피해를 겪는 자매들에게 삼일교회 공동체의 책임자로서 고개 숙여 사과했다. 송 목사에게 도대체 사과해야 할 어떤 책임이 있을까마는 송 목사는 삼일교회에서 발생한 아픔을 마치 자신의 잘못과 책임으로 여기고 고개를 숙이는 선택을 했다. 이게 지도자 된 인간으로서의 도리다. 송 목사의 사과 행위를 놓고 그를 비난하는 사람은 아무도 없었다. 보스, 지도자의 위치에 있는 사람들은 지도자다운 면모를 보이고 책임지는 자세를 보여야 한다. 지도자들이 책임지는 용기를 보일 때 사람들은 비난의 손가락질을 멈춘다. 단지 운전기사의 범행이니까 나와는 전혀 상관없다고 박 목사가 생각하고 있다면 이는 비겁한 일이다. 박 목사는 일반인이 아니라 소위 '목회자'다. 일반인과는 다른 차원 높은 도덕성과 양심을 보여야 한다. 그런데 20년이 다 돼가도록 여태껏 탁명환 소장의 유족들에 대한 사과나 회복을 위한 박 목사의 조치가 아무것도 취해진 게 없다니 의아하기만 하다. 박 목사가 만 명 이상의 대형 단체의 담임을 지낸 목회자라면, 그리고 자신이 쓴 책자에 수십 명의 권위 있는 대학교수들의 추천사를 받을 수 있을 정도의 능력 있는 지도급 인사라면, 더 늦기 전에 20년 전의 그 사건에 대해 유족들에게 진심으로 사과하고 그 심리적 아픔을 위로하고 치유하는 일에 나서야 한다. 이건 그가 이단이냐, 아니냐의 여부보다 더 근본적이고 도의적인 문제다.

몇 주가 지났지만 묵묵부답이다.

3. 물론 지금도 탁 소장의 죽음에 관한 미스터리와 그 진실의 행방은 묘연하지만 언젠간 그 진실이 반드시 밝혀질 것이라 믿어 의심치 않는다. 손바닥으로는 태양을 결코 가릴 수 없기 때문이다. 우선 그때 당시 범인으로 지목된 임모씨가 사형 선고에서 무기징역으로, 또 15년으로 감형된 이유 중 하나가 유족들의 탄원서 때문이었음을 그는 잊지 않고 있을 것이다. 20여 년 전 그를 처음 만났을 때와 이후 교도소에서 접견했을 때 그는 "유족들을 위해 평생을 기도하며 살겠다"라고 말했고, 필자는 언제가 될지는 모르겠지만 때가 되면 반드시 진실을 밝혀달라고

탁 소장님! 여기가 이단인가요?

주문했었다. 아직도 늦은 것은 아니니 부디 늦지 않은 시기에 그 사실을 밝혀주길 간절히 소망하고 또 소망하는 바이다. 이번 이메일 내용 중에 아직 평강제일교회와 관계하고 있는 임씨에게 잠시 분노하기도 했지만, 진실을 밝히는 일이 아직 끝난 것은 아니기에 맘을 다스리며 다시금 그에게 강력히 요구한다. 아니! 간절히 부탁한다. "지금 함께 사는 당신의 가족들이 소중한 만큼 필자의 가족들 역시 그 어떤 것과도 바꿀 수 없는 소중한 것이니, 그리고 당신 가족들에게 떳떳하길 원한다면 부디 귀한 결단을 내려주기를 바란다. 당신이 말한 유족들을 위한 평생 기도의 결론은 20년 전의 진실을 밝히는 것 외에 다른 선택은 없다. 그 시기가 내년 선친의 20주기에 맞춰진다면야 더할 나위 없겠다."

＊ 시인 김선우는 '억울하게 죽어간 사람들이 있을 때, 그 억울함은 누가 풀어줘야 하는 것일까. 가장 좋은 것은 억울한 죽음이 없어야 한다는 것이다. 그런데 이미 발생했다면 최선을 다해 풀어줘야 한다. 죽은 자를 위해, 산 자를 위해, 그리고 이 땅에서 살아갈 미래의 사람들을 위해'라고 말했다. 또 '억울함을 풀어주기 위해 애쓰는 것이 피를 나눈 친족뿐이라면 그것은 원시사회. 혹은 혈통 공동체가 중심인 중세 봉건 사회이거나. 현대사회는 억울함을 조율하기 위해 보다 합리적인 합의 시스템을 활용한다. 법과 언론이 그 역할을 하기 위해 공공성을 부여받는다. 회자되는 저 엄숙한 '법 정신'과 '언론 정신'은 억울한 사람이 없도록 보살피라는 사회적 책무에 대한 표현이기도 하다. 사건의 시시비비를 가리는 이유는 단죄가 목적이라기보다 누군가의 죄로 인해 발생하는 억울한 피해가 다시는 없도록 하기 위한 것일 터. 그런데 지금 우리들의 사정은 어떠한가'라고 묻고 있다. 최근 받았던 이메일들과 기사, 그리고 관련 재판까지 모두가 한 사건과 맞물려있다. 비단 우연일까.

4. 끝으로 평강제일교회와의 오랜 기간 부적절한 관계로 주목받고

있는 김만규씨 또한 신앙의 양심에 어긋나게 살아온 그 부끄러운 삶을 되돌아볼 수 있기를 바란다. 이단을 옹호하고 있는 이가 필자가 한때 몸담았던 자리에 있는 이 아이러니가 작금의 한국교회의 현실이다. 평생을 신앙인과 학자로서 흔들림 없이 살아온 민경배씨 역시 박윤식씨의 저서에 '용비어천가' 수준의 찬양 일색의 추천사를 쓴 것과 그가 속한 교단에서 이단으로 규정한 교회와의 관계에 대해서 관련 교단 목사로서 깊이 있는 반성 내지는 회개가 있기를 바란다. 그것이 어렵다면 하나님과 먼저 떠난 탁 소장을 어찌 제대로 볼 수 있겠는가. (2013. 9)

간극

'고 탁명환 소장 20주기 추모예식'이 뜻있는 이들의 관심 속에 잘 마쳐졌다. 홀가분하나 한쪽 구석이 여전히 저린 이유는 평강제일교회 관련 사건들이 다시금 현재진행형이 되었기 때문이다. 한국교회의 대변자 역할보다는 이단을 옹호하는 데 힘을 쏟고, 한국교회와 그 구성원들을 자신들 수하에 둔 것 마냥, 오만에 빠져 있는 한기총은 이번엔 '평강제일교회 지키기' 책자를 발행하면서 더는 돌이킬 수 없는 지점까지 오고야 말았다. 수만 한국교회를 대표한다는 연합 기관이 이단교회 하나를 위해 발 벗고 나서는 일과 이단 해제의 결정에 반하는 이들에겐 가차 없이 법적으로 대응하겠다는 무시무시한 위협이 영적 전쟁에 적용되었다면 얼마나 좋았을까 싶다. 한기총 이대위의 중요 직을 거머쥔 김모씨 같은 경우, 오랜 기간 평강제일교회와 커넥션을 이루고 있었기에 이미 예견된 일이었으나 이단 해제 등의 문제가 직접 현실이 되는 것을 보니 답답할 뿐이다. 정치적 의도는 기본, 늘 비난을 위한 비난을 본질로 삼고 자신들에게 유리하다 판단되면 수십, 수백 년을 우려먹을 수도 있을 것 같은 간교한 모습들이 우리 주변에 얼마나 많은지. 모두가 믿는 이들이라고는 하지만 그 간극은 결코 좁혀지지 않을 것이다. 그럼에도 이번 20주기 예식을 끝내면서 선한 연대를 다짐하는 이들과 함께 한기총 등 한국교회에 반하는 기관들과 이단 옹호 단체(언론)들, 그리고 이단과의 전면전을 벌이기 위해 다시금 전열을 가다듬고자 한다. 여전히 사는 것이 고단할 때 많지만 훗날 있을 귀한 열매를 기대하지 않을 수 없기 때문이다. 바라기는, 뜻을 같이하는 사람들이 앞으로 만들어 가야 할 세상을 위해 더욱 열심히 꿈꾸고 싸울 수 있기를 바란다. 추모예식 때 '헛된 관계와 명분 속에서 위안을 받는 것보다, 하나님의 뜻 안에서 외로운 편이 낫다'던 고백을 곱씹어 보며….

* 누군가의 이야기처럼 본래 땅 위에는 길이 없었다. 걸어가는 사람이 많아지면 그것이 곧 길이 되는 법. 이단 문제는 사람과 교회가 더욱 건강해지도록 하는 데 본질과 뜻이 있다고 믿는다. 그런 면에서 이단 문제가 곧 해결될 것으로 생각지는 않으나 그때가 그렇다고 그렇게 멀지 않았음도 분명하다. (2014. 3)

나눔 1

　강의 직후, 성도 한 분이 찾아왔다. 으레 이단 관련 질문을 하겠지 싶었는데 갑작스레 감사 인사를 전해왔다. 선친에게 큰 빚을 졌다며.
　21년 전 선친의 시신과 장기, 그리고 두 각막은 유족을 통해 기쁘고 간절한 마음으로 여러 사람, 또는 해부학 실습용으로 기증됐었다. 그중 각막을 통해서는 두 사람의 눈이 회복되었으나 그 수혜자들을 만나거나 관련 정보를 알려줄 수 없다는 이야기를 듣고는 못내 아쉬워했었다. 그러나 시간이 흘러 이렇게 수혜자의 가족을 만나게 될 줄이야, 가슴이 요동쳤다. 경황이 없어 많은 이야기를 나누지는 못했으나 선친의 각막을 품은 이가 그 자녀의 강의에 함께 했다는 사실은 뭐라 표현하기 어려운, 형용할 수 없는 떨림으로 이어졌다. 선친은 이렇듯 바쁘고 정신없던 이단 사역 외에도 〈사랑의장기기증운동본부〉, 〈사형폐지운동〉 등 건강한 사회와 종교를 위해 여러 일을 감당했고, 시간이 지나 그 열매들이 조금씩 수면 위로 드러나고 있고, 열매는 열심히 꽃을 피우고 있다. 떠나는 순간까지 가지고 있던 모든 것을 나누려 애를 썼지만 말 만들길 좋아하는 사람들은 한 사람의 일생에 있어 선한 영향력은 애써 무시하고, 어떻게든 먼지 털기에만 급급하니 달은 보지 못하고 손가락만 보는 셈이다. (2015. 3)

탁 소장님! 여기가 이단인가요?

나눔 2

　　40년을 넘어선 사역의 햇수만큼이나 자료의 소중함을 깨닫는 하루하루를 보내고 있다. 누군가 자료를 요청할 때 간단한 자료는 몰라도 꽤 오래된, 필요한 자료들을 나눌 때면 적잖이 놀라곤 한다. 그 자체만으로도 역사인 수많은 '땀'과 선배 기자들을 통해 한 땀 한 땀 흘려 모아진 소중한 본지의 '심장'이라고도 말할 수 있다. 그 자료들이 교회와 성도들을 지켜가는 데 소중히 사용되고 있음을 믿어 의심치 않는다. 앞으로도 귀한 자료를 필요로 하는 곳들이 있다면 어떻게든 나누고 싶은 마음이다. 가끔 외국 집회 때 참여했던 이들의 부탁대로 영어, 중국어, 일본어 등으로 번역돼도 좋겠고, 아이들의 눈높이로, 또는 청각, 시각장애인들에게도 적절히 사용될 수 있다면 좋겠다. 곧 사라질 것들에 대한 욕심이 아닌 이 같은 일들에 욕심을 내는 이들이 더 많아진다면 더할 나위 없겠다. (2015. 3)

＊ 2021년 그간의 바람이 이뤄져 여러 이단에 대해 영어와 중국어로 번역된 책이 발간됐다. 그리고 2022년에는 러시아어로도 번역이 진행되고 있다.

2016년의 끝자락에 그를 만나다

1. 자료, 그리고 언론

내 사랑하는 조국의 소용돌이치는 혼란스러움을 보니(아니! 온몸으로 겪고 나니) '이게 나라냐?'라는 구호가 깊이 와닿는다. 종교인과 언론인이기 전에 국민의 한 사람으로서 그 분노와 상실, 허탈함을 어찌해야 좋을지 모르겠다. 이렇듯 아무것도 풀리지 않는 시국에 그나마 본지의 오래전 자료(최태민 관련 자료)가 진실을 마주할 수 있는 작은 창구역할이라도 마련할 수 있었으니 그것이 위로라면 위로가 되겠다. 3~40년 전 자료가 시대를 관통하는 귀한 도구로 사용될 수 있음을 경험하며, 선친의 통찰력과 더불어 언론인의 소명에 대한 진중한 생각을 갖게 됐다(자료 하나가 이리도 중요하니 50년 가까이 모아 놓은 수많은 본지 자료들의 보존과 정보의 '데이터베이스화'에 관심을 가지는 분들이 많아졌으면 한다.). 아무튼 정치, 종교 등의 부분에서 어떤 것 하나도 빠짐없이 국정농단과 국기 문란의 어처구니없는 책임의 문책이 반드시 있어야겠고, 이와 같은 일이 되풀이되지 않도록 종교 문제에서도 '소 잃고 외양간 고치기'식의 대처를 멈춰야 할 것이다. 종교의 자유에 '사이비종교의 자유'가 포함된 범위를 심사숙고하지 않는다면 이 나라는 지금보다 더한 일들을 수없이 경험하게 될 것이다. 세월호 사건 이후, 2년 6개월 만에 또다시 수많은 국내외 언론들의 연락을 받으며, 그 호들갑들과 끈질김이 특종을 찾기 위한 몸부림이 아니라

탁 소장님! 여기가 이단인가요?

진실을 찾고자 하는 간절함에 따른 진정성 있는 보도이길 기대했더랬다. 세월호 사건 보도 관련 소송들에서 최소한의 다툼 없이 지레 정정, 반론 보도를 게재하는 모습들을 보며 언론이라는 것이 얼마나 속절없는가 하는 아쉬움 때문이다. 또 하나 최초 보도한 언론을 인용하지 않고 자체 취재한 것처럼 보도하는 언론의 그릇된 행태도 지적하지 않을 수 없다. 「뉴스타파」의 최승호 피디는 "작은 언론일수록 피해가 크다. 다른 언론이 영상을 가져가면서 로고를 인용하지 않거나 팩트를 가져가 자기들이 취재한 것처럼 보도해 허탈한 경우가 많았다. 인용 보도하면 권위가 떨어진다고 생각하는 언론이 많은데 한심하고 부끄러운 일이다"라고 말했다.

2. 언론인들

지난 세월호 사건 때 일면식도 없었으나 선친 부재에 대해 아쉬움을 떠올린 이가 많았는데 이번에도 수많은 언론이 선친과 그의 업적을 다루고, 선친에 대한 특집기사를 편성하기도 했다. 그중 「국민일보」의 정진영 논설위원은,

최순실 게이트가 확산되는 가운데 낯선 이름 하나가 최근 급격히 떠올랐다. '탁명환'. 다수의 국민은 처음 듣겠지만 종교계에선 널리 알려진 이단, 사이비 등 신흥종교 전문가다. 이 분야에 관한 한 국내 어느 누구보다 정통한 인물임이 틀림없다. 그가 남긴 자료 등

을 통해 최태민씨가 무속인이라는 결정적 사실들이 재확인됐다. 최씨가 무당들도 무서워했던 '큰 무당'이었다는 새로운 내용은 충격적이었다. 최씨 부녀가 박근혜 대통령을 수십 년간 움직일 수 있었던 배경에 무속적 영향력이 작용한 것 아니겠냐는 추측이 제기되면서 이들의 종교적 실체에 관심이 쏠렸다. 탁씨는 앉아서 탐구하는 학자라기보다 신흥종교의 반사회성에 몸으로 맞선 행동가였다. 다수의 이단 및 사이비들이 종교의 이름을 앞세워 교주를 신격화하며 사기, 폭력, 성폭행, 살인 등 범죄를 일삼는 집단이란 실상을 폭로하는 데 앞장섰다. 이런 까닭에 늘 고소와 고발, 폭력에 노출됐으며 급기야 1994년 한 종교단체 신도의 테러로 목숨을 잃었다. 그의 나이 57세였다. 1972년 출간된 그의 첫 저서 '한국의 신흥종교'는 이 땅에서 명멸했던 신흥종교의 실태를 적나라하게 묘사해 큰 인기를 얻었다. 출간 1년 만에 4쇄를 찍을 정도였다. 나는 80년대 초반 우연찮게 이 책을 읽었다. 그때의 느낌은 지금도 생생하다. 그렇게 많은 유사종교가 상상 이상의 엄청난 비리에 연관됐다는 사실은 충격적이었다. 탁씨의 자료에는 최태민씨가 구국선교단을 운영하며 적극적으로 활동하던 시절 그에게 동조했던 목회자들이 적지 않았다는 내용도 있다고 CBS가 최근 보도했다. 돈 몇 푼 받고 가짜 목사 직위를 졌거나 최씨가 주최한 행사에서 기도 등 순서를 맡았던 유명 목회자들의 이름이 거명돼 있다. 그는 본인이 발행한 잡지 현대종교 1988년 6월호 기사 '부끄러운 권력의 시녀 목사들'에서 이 같은 사실을 밝

탁 소장님! 여기가 이단인가요?

히고 "기독교계의 물을 흐려놓은 장본인들이 일언반구 회개조차 없다"라고 개탄했다. 최순실 게이트가 우연찮게 드러낸 한국 교계의 부끄러운 자화상이다, 라고 선친을 회상했다.

3. 이단 옹호 언론들

그렇게 선친에 대해 말 많던 이단 옹호 언론들은 이번 사태의 중심에 서서 구체적인 역할을 감당한 일에는 일언반구 언급이 없다. 본지의 자료를 말없이 사용하거나 아니면 여전히 '비방과 음해'를 일삼고 있다. 아무리 이단 옹호 언론이라 해도 비판할 때는 비판하고, 잘한 일들에는 객관적으로 보도해 주고 다뤄준다면 이리 안쓰럽진 않을 텐데 어떻게든 물고 뜯을 생각뿐이니 애처롭기만 하다. 그들 역시 이번 국정 논란의 사태에 자유로울 수 없는 이단 옹호 언론들이니 이루어질 수 없는 소망이지 싶다.

4. 옥한흠과 이동휘, 그리고 동역자들

영화 '제자 옥한흠'의 은혜가 옥한흠 목사의 제자 훈련과 제자도의 본질을 다룬 '제자 옥한흠2: 제자도'로 이어지고 있다. 많은 이들에게 사랑받던 목사 옥한흠. 고 탁 소장과 막역한 사이로 귀한 동역을 함께 이뤄가진 못했지만 탁 소장이 맘 편히 이 사역에 매진할 수 있도록 보이지 않는 곳에서 함께해 준 일등 공신이다. 간절한 마음으로 뜻을 함께하고자 하는 이들은 주변을 기웃거리고, 앞, 뒤 재가며 동역하지 않고, 보이지 않는 곳에 있더라도 늘 기도와 마음을 한데 모으는 역할을 잊지 않는다. 그러한 태도와 마음을 고 옥 목사를 통해 배웠다. 지금도 사람들과 교제할 때 "내가 예전에 탁 소장과…"라고 이야기하는 사람보다는 어느 곳에 있든지 간에 함께 마음을 모으는 이들이 진정 귀한 동역자라고 믿는다. 그리고 또 한 사람, 고 탁 소장의 동문이자 귀한 동지였던 바울선교회 이동휘 목사. 그에게도 감사한 마음이 크다. 사람들 때문에 힘든 고 탁 소장의 일생이었으나 반대로 사람들 때문에 행복했던 그였지 싶다. 하나님 나라에서 기쁘게 만나고, 또 만날 귀한 친구들과 동역자들이 있었으니 그도 행복할 테지. 그에 반해 고 탁 소장이 "기독교계의 물을 흐려놓은 장본인들이 일언반구 회개조차 없다"라고 개탄한 이들은 지금도 편히 숨 쉬며 잘들 살고 있다.

5. 격려

'이번 교회 교육 엑스포에서 뵈었던 OO교회 OOO 전도사라고 합니다. 잠시나마 현대종교에서 일하고 계신 분들을 뵙고 인사드리게 되어 너무나 기쁩니다. 또한, 제가 사역하고 있는 교회에서 나눌 수 있도록 자료까지 직접 받아 감사한 마음이 큽니다. 제 기억으로 1988년 여름 오산리 기도원에서 교회학교 여름 수련회에 찾아온 어린이들에게 이단에 현혹되지 않도록, 순교의 각오로 밤낮으로 사역하셨던 고 탁명환 소장님의 말씀을 듣고 큰 감동을 받았습니다. 그날 그 자리에서 하나님께 작은 일이라도 하나님의 일을 하겠다는 서원을 했던 것이 엊그제 같은데 벌써 30여 년이 흘렀네요. 멀리서나마 빛나는 사역을 하고 계시는 현대종교 관계자 여러분에 깊은 감사와 존경의 마음을 보내드립니다. 앞으로도 고 탁 소장님께서 갖고 계셨던 교회 수호의 정신을 저 역시 잊지 않고 지키도록 노력하고 혹시라도 전문적인 도움이 필요할 때는 현대종교의 문을 두드리겠습니다. 모두들 건강하십시오!'

＊ 사역하며 숱한 만남과 편지를 받을 때마다 선친의 추억과 이야기를 들려주는 이들이 많은데 최근에 받은 편지다. 늘 이러한 영향력을 끼치며 살고 싶다.

6. 다시 만날 가족

가족과 함께하는 시간을 많이 가지려 노력했으나 선친은 늘 상황이 (몇 주일, 또는 몇 달씩의 출장이 잦아) 쉽지 않음을 아쉬워했었다. 지금의 형제들이 가족과 여러 가지 방법으로 함께하려 노력하는데 당시 선친과의 추억들이 많이 없어서이지 않나 싶다. 그럼에도 다른 방법으로 가족에게 최선을 다한 그이기에 따뜻했던 기억만큼은 쉬이 잊히질 않는다. 한국교회가 하지 못했던 일들을 혼자 감당했다고 감히 말할 수 있겠다. 기억나는 일화는, 그는 집회를 다녀올 때마다 늘 그 지방의 특산물을 사오곤 했다. 호두과자를 사 오면 천안 일정이 있었던 거고, 굴비라도 사오면 전남 영광에 갔다 온 게다. 선물만 보고도 어느 곳에 다녀왔는지를 알 수 있었으니 생각해 보면 재밌었던 것 같다. 외국에라도 가면 현지에서 엽서를 보내주곤 했다. 특히 초지일관, 한 번 무언가 하고자 하면 멈추는 법 없이 저돌적으로 기도와 더불어 바로 행동으로 옮기곤 했다. 강의, 원고, 취재, 법적 소송, 경영 등 1인 10역의 역할을 감당한 것이 지금껏 놀라울 뿐이다. 낮은 곳과 소외된 곳을 향한 마음도 따뜻했다. 익산의 모 교회에 강의차 갔다가 그곳 장애인들의 교통수단이 없다는 것을 알고, 타고 갔던 승합차를 기증하기도 했었다. 일반교회는 말이 너무 많다며 농아인 등 장애인들을 섬기며 그곳 교회에서 마지막 사역을 했던 것도 기억에 선하다. 이제 곧 그를 만날 수 있다는 것을 모두 잘 알고, 또 믿고 있다. 가족들이 하나님 나라의 소망을 간절히 꿈꾸지 않을 수 없는 이유다.

* 고 탁 소장 소천 이후 입사한 이들이 대부분인데도 나름의 자긍을 갖고 열심을 다하고 있는 직원들에게 탁 소장을 대신해 머리 숙여 감사드린다. (2016. 12)

변화

그간의 수많았던 재판 중 가장 뼈아픈 사건을 하나 꼽으라면 10여 년 전 하나님의교회 신자들과의 재판을 꼽지 않을 수 없다. 교주를 찬양하는 아이들의 동영상에 모자이크 처리를 하지 않았던 점과 아이들에 대한 발언들이 모욕이라 판단되어 적지 않은 금액의 배상 판결이 내려졌더랬다. 그러나 그 결정과는 다르게 아직도 인정할 수 없는 것은 그때

탁 소장님! 여기가 이단인가요?

의 발언들이 아이들의 명예를 훼손하고 모욕하고자 함이 아닌, 선택의 여지 없이 잘못된 부모의 신앙을 따라 살아갈 수밖에 없는 아이들에 관한 안타깝고 간절한 마음 때문이다. 시간이 흘러 이단 관련 최근의 판결들을 보면 법원의 이단 비판 자유의 폭이 넓어졌음을 알 수 있다. 시대에 따라 판결도 달라지는가 보다. 최근의 판결 중 '하나님의교회와 북한의 통치 방법이 거의 흡사해 보인다'거나 '영혼들을 짓밟은 사악한 악령들'이라는 표현조차 명예훼손에 해당되지 않는다 하니(예전 재판 결과와 비교해 볼 때) 격세지감을 느끼지 않을 수 없다. 하여 종교의 자유에 사이비 종교의 자유도 포함되는 나라에서 살고 있으니 '비판의 자유' 역시 앞으로는 좀 더 넓게 적용될 수 있는 변화를 기대해 마지않는다.

진화와 퇴화

컴퓨터 자판을 두드리다가 문득 손가락이 퇴화하고 있음을 느낀다. 내비게이션과 스마트폰 등으로 인한 머리의 자연스러운 둔화도 그렇고. 몸과 머리를 쓰지 않으니 퇴화하는 것들이 늘고 있다. 통신수단은 날로 발전하고 있으나 현대인들의 외로움은 커져만 가고, 교회의 건물과 수는 날로 높아지고, 또 많아지고 있으나 우리의 믿음과 신앙은 그만큼 굳세어지고 있는지 모르겠다. 우리의 삶은 진화하고 있는가? 또한 퇴화하고 있는 건가? (2018. 2)

굳은살

　피해자 코스프레는 이단들의 전유물이지 싶다. 특히 소송 중엔 더욱 그러하다. 윤리, 도덕적인 문제들은 감춰두고 신자들의 노력으로 받은 수많은 상패와 표창장 등을 전면에 내세우고, 각 언론사를 구워삶아 관련 홍보 기사까지 제출하면 금상첨화가 된다. 그러니 종교적 문제의 사실과 진실을 구분하기 어려운 세상 법정은 납득하기 어려운 판결을 내릴 때가 종종 있을 수밖에. 법조팀, 언론팀 등과 더불어 재력까지 뒷받침되는 그들에게 불가능은 없다. 이후 그 결과물을 통해 포교와 미혹의 외연을 확대해 나가는 일이 계속되는데 세상 사람들이 그들의 정체를 파악하기란 쉽지 않다. 최근엔 세상 언론 중 일부가 아예 그들 편에 서서 일하고 있으나 아주 가끔 정의감 넘치는 언론의 비판이 있을 때면 그들 주특기인 여러 압박을 통해 쉬이 정정과 반론을 끌어낸다. 정정 보도 하나면 게임 끝이다. 그다음부터는 일사천리. 이미 얻어낸 정정 보도의 무기로 '백기 투항'을 집요하게 요청하면 대부분 언론은 손을 들고 만다. 제대로 한 번 싸워보지도 못하고 정정과 반론을 남발하니 다음 소송의 당사자는 버겁게 싸움을 벌여갈 수밖에 없다. 일이 이쯤 되니 '누군가는 끝까지 한 번 덤벼줘야 하는 것 아니겠는가?' 하는 마음과 더불어 '우리가 돈이 없지! 가오가 없냐?'라는 모 영화 대사의 심정으로 끝없이 이어지는 소송에 25년간 최선을 다해왔다. 이제 어느 것도 익숙하지 않은

탁 소장님! 여기가 이단인가요?

것이 없고, 굳은살이 촘촘히 박였으나 어찌 된 것이 소송만큼은 굳은살이 잘 배기질 않는다. 하나가 끝나면 또 하나가 시작되고, 또 하나가 끝나면 다시 하나가 시작되는, 끝이 보이지 않는 싸움 탓이다. 그럼에도 최근 독자들의 기도로 말미암아 6건의 소송이 모두 '승소' 내지는 '혐의 없음'으로 끝난 것을 보며, 굳은살이 아직 배기지 않은 이유가 현대종교와 독자들로 하여금 기도를 멈추지 않게 하기 위해서가 아닌가 싶다. (2019. 11)

 살림

사역의 소회

이단 전문가라고 하기에는 턱없이 부족하고, 사역자라고 하기에도 부끄러움이 크다. 현대종교의 살림을 책임지는 것과 말씀을 전하는 것만으로도 감사해하는 이유다. 선친의 소천 이후 다른 선택은 없었다. 해야 했던 일도, 공부도 더는 붙잡긴 어려웠고, 선택의 여지 없었던 이 일을 지금껏 이어올 수밖에 없었다. 이젠 내가 서 있어야 할 자리를 점검할 때가 된 것 같다. 문제는 몸과 머리가 따라주질 않는다는 것이지만 올 한해 고민과 기도가 필요한 제목이다. 그저 직원들을 받쳐주며 지금처럼 본지의 살림을 책임지고, 때마다 강의 사역 등으로 교회를 섬기는 일을 지속하는 것만이 최선인지 아직도 잘 모르겠다. 선친의 30주기까지 작년에 약속한 일들을 감당하는 것까진 무리 없겠으나 이후 사역의 방향성에 대해 처음으로 밖에서 바라보며 응원하고 있는 성도들의 지혜를 빌리고자 한다.

문서 살림

수년 전 섬기는 교회에서 외부 강사를 초청했더랬다. 강의 후, 강사의 판매 문서를 보고는 아내의 지인이 부정적인 말을 했단다(이해 못 하는 바는 아니다. 몇몇 강사들의 막무가내식 판매로부터 생긴 일들임을 잘 알고 있어서다.). 아내는 본지의 문서선교도 책 판매만을 위해서 사역을 하는 것으로 오해하는 이들이 많을 거로 생각했는지 지나쳐버려도 될 말에 힘들어했다. 하지만 이내 "책을 팔기 위해 사역을 하는 것이 아니고, 사역과 교회를 위해 문서선교라는 이름으로 일하고 있음을 더 많은 사람이 알아주길 더욱 응원, 기도하겠다"라며 위로의 말을 건네준 적이 있었다. 어떤 강사가 말끔하게 강의만 잘하고 내려오고 싶지 않겠나? 강의 후에 구차하게 '사역이 어려우니, 좀 도와 달라!'거나 '책을 구매해 줬으면 한다'라고 말하고 싶진 않을 것이다. 현대종교에는 여전히 도움의 요청이 많으나 반대로 이곳에 도움을 주는 일에는 여전히 인색하다. 그래서 직원들이 최선을 다해 만든 문서를 통해 귀한 실탄을 장만, 다음 싸움을 준비하고, 교회는 그 문서들을 무기 삼아 가정과 교회를 지킬 수 있다면 서로가 큰 힘이 될 텐데 그 일에 관해 설명하기가 지금도 어렵고, 앞으로

탁 소장님! 여기가 이단인가요?

도 쉽진 않을 것 같다. 하나님을 욕되게 하는 이들과의 싸움을 문서 내지는 물질로 흥정하자는 것이 아니다. 그럼 현대종교가 망해야지! 때마다 '아멘', '할렐루야'만 외치지 말고 지갑을 열 때는 열어 주길, 아울러 문서 사역에 대한 오해도 말아줬으면 한다. 교회를 위한 일에 최선을 다하는 만큼 가끔은 이단의 사역도 또 다른 선교로 여겨주면 더할 나위 없을 것 같다.

또 하나의 살림

또다시 세월호 참사로 인해 희생된 아이의 아버지가 세상을 떠났다. 지난해 말 세월호 참사로 희생된 단원고 학생의 아버지가 승용차 안에서 숨진 채 발견되었다. 참사 이듬해 세상을 떠난 아버지에 이어 두 번째다. 그 외에도 여태껏 희생자 유가족들과 생존 학생들이 수차례 극단적 선택을 하기도 했었다. 아이들의 죽음을 막지 못한 것도 평생의 죄책감으로 남아 있는데 이제 그 가족들조차 지켜내지 못한다면 어찌해야 할까. 올해는 세월호 사건의 최소한의 해결점이 마련될 수 있을지 모르겠다. 아이들이 떠난 지 6년 만에야 참사의 책임자들이 검찰에 고소, 고발되는 나라, 그런 나라에 우리가 살고 있다. 매월 월간「현대종교」의 발송 작업에는 이단에 자녀를 빼앗긴 피해자 부모님 중 몇이 참여하고 있다. 그들의 소망은 하나뿐, 순간 부모의 곁을 떠나간 아이들이 다시 집으로 돌아오는 일이다. 이리 쉽고 단순한 일을 세상에서 가장 힘든 일로 여기며 사는 이들의 간절한 소망이 반드시 이뤄지길, 그래서 그 가정이 더도 말고 덜도 말고 그저 밥상에 둘러앉아 함께 밥 한 끼 먹으며 남은 시간 못다 한 사랑 나누면서 살아갈 수만 있다면 얼마나 좋을까 싶다.

그리고 죽임과 분열

터진 입이라고 감히 하나님을 욕되게 하고, 이름 망령되이 일컬으며 세상 정치를 교묘하게 교회에 끌어들이는 이들과 그런 이들을 지지하는 교회와 목회자들을 씁쓸하게 지켜보고 있다. 거기에는 예전 성도들의 존경을 한 몸에 받았던 '어르신'이라고 불린 이들까지 동참하고 있다. 이단들조차 그들과 선을 그으려고 하는 마당에. 이단은 교회를 분열시키려고 하지만 교회는 교단을 분열시키기도 한다. 이단은 악의 축이긴 하나 서로가 하나 되기 위해 발버둥을 치지만 기독 정치 세력들로 인해 연합기관은 무력화되고, 교회와 성도들은 둘로, 셋으로 쪼개지고 있다.

＊ "안식일에 선을 행하는 것과 악을 행하는 것, 생명을 구하는 것과 죽이는 것, 어느 것이 옳으냐"는 질문을 던진 예수는 죽임으로 내가 죽고, 살림으로 내가 사는 것이라 말했다. '살림'과 '죽임'을 생각하며, 예수와는 정반대의 길을 걸어가는 사람들로 인해 알게 모르게 죽이는 일이 많았던 작년과는 달리 올해는 살리는 일에 매진하는 사람들이 더 많아지길 소망한다. (2020. 2)

탁 소장님! 여기가 이단인가요?

방범대원

1. 야간통행금지는 해방 직후 미군이 주둔하던 1945년 시작됐다. 당시엔 밤 10시부터 새벽 4시까지 통행을 금지했는데 1961년부터 1982년까지는 자정부터 새벽까지 단축돼 시행됐다. 당시 경찰력으로는 야간 통행금지 시간대의 치안을 모두 담당할 수가 없었기에 방범대원을 뽑아 운영했다. 통행금지 시간이 되면 방범대원이 호루라기를 불며 위반자를 단속하여 파출소에 데려가곤 했다. 어둠이 깃들면 바빠졌던 사람들, 방범대원들의 야간 일과가 시작된다. 모든 소음과 인적이 사라진 뒤 관내 시민들의 편안한 휴식을 위해 이들은 50여 리의 순찰을 했다. 야음을 타고 남의 집을 엿보는 도둑으로부터 재산을 지켜주며 야간 응급 환자와 산모들을 병원까지 안내해 주는 일, 늦게 귀가하는 취객들을 안전하게 집으로 인도하는 일, 화재를 미연에 방지하는 일 등을 했다. 이들은 야간통행금지 해제와 함께 역사 속으로 사라졌다(출처: 추억의 직업/ 방범대원의 일상/ 편안한 휴식을 드립니다/ 1973.03).

2. 위의 기억이 지금도 또렷하지만 이후 방범대원의 이야기를 들은 적은 없다. 그 호칭과 역할이 지금은 지역마다 자율 방범대원이나 순찰대원 등의 활동으로 이어지곤 있긴 하지만. 그러나 예전의 방범대만큼 그 이름들이 익숙진 않다. 경찰들이 감당하기 어려웠던 일들을 이웃 가

까이에서 늘 함께했었기에 적어도 작은 동네라도 치안 걱정만큼은 하지 않았던 시절이었다. 지금처럼 자율적으로 결성된 것은 아니었기에 주민들이 소액의 방범비를 내는 것으로 운영됐다고는 하나 누구도 그 비용을 아깝다고 생각하진 않았을 것 같다. 당연한 수고의 대가였을 테니. 언젠가 이단 대처 모 사역자와의 인터뷰 중 사역자들의 역할이 예전 방범대원의 역할과 같지 않냐는 이야기를 나눴는데 크게 공감을 했더랬다. 한국교회가 경찰의 역할이라면 나머지 부족한 부분은 영적 방범대원으로서의 이단 사역자 역할의 비교가 적절했기 때문이다.

3. 이번에 위의 기억과 마음을 품고 10년 만에 긴급 기도, 후원편지를 발송했다. 기도와 후원을 영적 방범비로 여겨주길 바라는 간절한 마음으로 기도하면서 내용을 작성했고, 떨리는 마음으로 몇 교회와 단체에 보냈다. 그리고 몇 통의 답신이 왔다. 후원해 줘야 하는 여러 당위성, 이단으로부터 한국교회를 지키기 위해 하루도 빼놓지 않고, 심지어는 밥 먹고 자기 전까지 오로지 이단 문제만을 염려하는 이들이 자기들 밥그릇의 문제보다 교회와 성도를 지키고자, 아울러 소송과 압박 중에도 힘차게 영적 전투를 벌이고 있는 이들에 대한 최소한의 울타리를 쳐달라는 이야기가 이제 더는 멋쩍고 미안한 맘으로 진행되지 않았으면 한다. (2020. 6)

포스트 코로나, 기본으로 돌아가야

코로나19보다 더하면 더했지 결코 덜하진 않을, 바이러스는 계속해서 진화하며 인간의 곁을 떠나지 않을 것이다. 중요한 것은 발생의 문제보다 나타나게 된 근본적인 이유를 진단하고, 각 상황에 맞게 빠르게 대처, 차단하는 일이다. 바이러스와 이단의 공통점은 생각보다 많다. 피해의 형태도 그렇고, 대처와 대응의 부분도 그렇다. 영적 전쟁이 하나님께서 다 이겨놓은 싸움이기에 마침표를 찍기 위한 기쁜 노력이 쉴 틈 없이 이뤄지는 것처럼 육의 바이러스 역시 조금만 더 힘을 내어 싸운다면 어렵지 않게 이겨낼 수 있을 것이라 믿는다.

그리고 처음으로 돌아가

1. 이제 1년이 됐다. 그간 코로나로 인해 본지를 포함해서 잡지 시장이 녹록지 않음을 여러 차례 말했더랬다. 그러나 이 어려움이 여행업만 할까 싶고, 소상공인들과 개척교회만 할까 싶다. 코로나 발생 초기의 여러 일이 지금도 눈에 생생하다. 여행사를 운영했던 한 후배는 필자의 둘째 아이를 (런던의) 공항 셧다운 전, 가까스로 탈출(?)시킨 일이 그의 마지막 업무라고 했다. 후배는 결국 일을 접고 지방으로 내려가 한 번도 생각하지 못한 다른 일을 하며 살고 있다고 전해왔다. 고교 동창인 한

친구는 성지순례를 중점으로 하는 여행사를 운영하고 있는데 이 역시 더는 버티기 어려운 상황이 되었다고 한다. 그 외 소상공인의 지푸라기조차 잡을 수 없는 참담함이야 말할 필요 없겠고, 개척교회나 미자립교회들도 더는 내려갈 곳 없는 절망적인 상황에 놓여 있다. 대형교회들조차 '힘들다'는 이야기만 되풀이하고 있으니 그곳들은 오죽할까. 그나마 감사한 것은 모두가 힘든 시간을 보내고 있으나 더 어려운 곳의 아픔과 절망을 함께 나누려고 노력하는 교회와 사람들이 적지 않아서다. 이렇게 절망에 다다를 때야 옥석이 드러나는 건가. 섬김과 나눔으로 빛을 발하는 교회가 있는가 하면 정부 정책 등을 탓하며 불만과 불평으로 살아가는 교회들도 있다. 온 국민이 코로나 블루로 지쳐있을 때 교회가 빛이 되고, 위로와 격려가 돼야 할 텐데 해야 할 일은 접어두고, 엄한 것에만 관심을 두는 교회들을 보니 코로나보다 더 암울하기만 하다. 그래도 그렇지 않은 이들이 적지 않기에 희망을 접기엔 아직은 이른 듯하다.

* 1년여 동안 본지도 몇몇 교회와 동역자들의 귀한 위로와 격려로 다시금 힘을 낼 수 있는 원동력을 얻었다. 그중 '베이직 교회' 등의 격려가 컸다. 그래서인지 그 이름처럼 다시 기본으로 돌아가고자 애쓰는 일이 우리에게, 그리고 다시 우리로부터 여러 곳으로 이어지고 있다. 바이러스에 대항하는 일이 백신만 가능한 것이 아니라는 것을 깨닫는 순간이다. 그 같은 움직임들이 더 많은 곳에서 나타나기를 바란다.

2. 여전히 강의 현장에 나서지 못하고 있어서인지 그 공간이 그립고, 말씀을 전하고 싶은 마음도 크다. 최근 집회의 추억들을 자주 떠올리는 이유다. 그중에서도 환경과 상황이 녹록지 않았던 수련회와 캠프

탁 소장님! 여기가 이단인가요?

의 경우는 늘 쉽지 않은 일들이 많았으나 사랑하는 아이들을 만날 수 있어서였는지 더욱 간절하다. 불과 십수 년 전만 해도 여름엔 에어컨 대신 선풍기로, 겨울엔 온풍기 가동이 제대로 되지 않아 추위에 떨며 말씀을 나누는 등 시설과 환경이 매우 열악했더랬다. 그러나 어려운 중에 진행됐던 당시 사역이 무언가 더 큰 감동과 도전이 컸던 것 같다. 때로는 장소를 구하기 어려워 폐교를 빌려, 내지는 스크린조차 마련되지 않은 교회에서 전지 몇 장 붙여놓고 선친이 물려준 슬라이드 기계로 강의를 진행하곤 했다. 세월이 흘러 이제는 교회마다 최신식 예배당이 갖춰지지 않은 곳이 없고, 음향기기와 멋진 스크린이 구비되지 않은 곳들도 찾아보기 어려워졌다. 수련회도 잘 먹고 잘 잘 수 있는 시설들(로 가야지만 신청자 수가 는다고 한다)이 많아졌으나 예전 집회가 더 은혜롭고, 그 주제와 목적에도 걸맞지 않았나 하는 생각이 든다('라떼는…'을 남발한다고 비판하는 분들이 있겠지만). 또한, 때마다 이단들이 몰려와서 집회를 방해하곤 했다. 요즘 집회가 방해받는 일은 그저 음향이나 영상 시설 정도의 불협화음 정도이니 예전에 비하면 코로나의 문제 빼고는 환경은 나아질 대로 나아졌다. 이렇게 모든 것은 좋아지고 있으나 더 많은 불만과 불평을 달고 사는 이유는 왜일까. 다른 것은 다 변해도 욕심만은 변하지 않아서이지 않나 싶다. 어느 때, 어떤 상황이든 간에 '감사'가 사라져서 그렇기도 하고. 그래서일까. '늘 처음처럼'의 마음을 다시 생각하고 배우게 되는 작금의 '코로나 시대'가 꼭 나쁘다고만 생각진 않는다. 삶의 일거수일투족이 하나님의 계획이며, 감사로 받아들여야 할 일이 많음에도 작년 한 해

참 성급히 결정을 내리고, 시시각각 불만 가득한 삶을 살아왔던 것이 후회된다. 부디 올해는 그러한 일이 재발하지 않기를 바란다. 아울러 지긋지긋한 바이러스가 곧 멈추게 될 것은 자명한 일, 사역은 예전처럼 돌아갈 것이고, 모든 것은 제자리를 찾게 될 것이다. 오랜 기간의 학습 효과를 통해 더 센 녀석들이 오더라도 잘 막아내고, 잘 대처할 수 있을 것이라 믿어 의심치 않는다. 그저 마지막 때의 우리의 믿음만 퇴색되지 않도록 스스로를 채찍질하는 데 주저하지 않길 바랄 뿐이다.

* 빌게이츠는 30여 년 전 (디지털 시대에는) 종이가 소멸할 것이라고 말했다. 그러나 여전히 종이 잡지 등은 새로운 미디어와 맥을 같이하고 있다. 그러나 이에 안주하지 않고 새롭게 바뀌는 세상에서 고민에 고민을 더한 본지의 계획들이 빛을 발하도록 먼저는 '첫 마음'과 '기본'으로 돌아가고자 한다. 나름 2021년 현대종교의 노선쯤으로 여겨도 될 것 같다. 올바른 노선은 언제나 그 노선에 기본적으로 합의하는 작은 이견들의 도움으로 완성되는 것일 테니 지지나 응원, 내지는 합의되지 않은 이견들조차 이 일에 무관심한 것만 아니라면 모두 환영한다. 아울러 앞으로는 온라인 사역의 부족한 부분을 채우는 일도 게을리하지 않을 것이다. 모두의 건투를 빈다. (2021. 1)

이전 1

이번 호 제작을 끝으로 본지는 경기도 남양주로 일터를 옮긴다. 창립 이래 서울을 떠나게 된 것은 처음이지 싶다. 이루어질 수 없겠지만 아마 상황만 되었다면 모든 것을 훌훌 털어버리고 강원도나 제주도로

탁 소장님! 여기가 이단인가요?

떠나고 싶은 마음도 없지 않았다. 그러나 후회는 없다. 서울을 떠날 수 있다는 것만으로도 나쁘진 않아서다. 2021년의 여름을 잊을 수 있을까? 지난 시간도 어렵고 힘든 일들 투성이었으나 그것들과 비교할 수 없을 정도로 아프고 버거운 시간을 보냈다. 이제는 조금씩 좋아질 수 있으려나? 아니! 꼭 좋아지길 바라고, 그렇게 반드시 좋아졌으면 한다. '이 또한 지나가리라!'의 믿음을 갖고 버틴 오랜 시간의 마음이 사무실 이전으로, 그리고 코로나의 종식 등으로 이뤄지길 간절히 소망한다.

* 생존방식에는 두 가지가 있다. 하나는 최소한의 투입만으로 버텨내는 방식과 다른 하나는 적극적으로 상황을 돌파하는 방식. 혁신적인 '영화'만이 관객에게 다가갈 수 있기에 더 처절하게 새로운 이야기를 찾아 나서야 한다고 고 탁 소장을 모델로 해서 만든 영화 〈사바하〉를 제작한 영화사 '외유내강' 강혜정 대표가 말했다. 그 이야기는 지금의 우리와 닮아있다. 코로나 시국에 공격적으로 상황을 돌파한 이들처럼 현대종교도 심각하고 어려운 일들이 적지 않으나 공격적인 방법을 택했다. 신간도 여럿 내고, 오프라인에서 온라인 강의 사역 등의 전환을 꾀했으며, 이제 사무실 이전을 통해 새로운 활력을 안고 사역의 재시동을 걸고자 한다. 그리고 한국교회와 이단 피해자 곁을, 아울러 여러분은 현대종교의 곁을 끝까지 지켜줬으면 한다. 때로는 간절하고 애끓는 마음으로, 그러나 기쁘고 즐겁게. (2021. 10)

이전 2

독자 제현의 기도와 격려 덕분에 사무실 이전을 잘 마쳤다. 도시와 자연이 한데 어우러진 귀한 처소로 옮기게 됐는데 특별히 감회가 남다른 것은 10년 동안 몸담았던 지하에서 탈출(?)에 성공한 기자들의 소회 때문이다. 어려웠던 중에 마련된 처소에서 더욱 열심히 사역 잘 감당하는 것으로 주신 사랑에 보답하도록 하겠다. 사무실 이전 중에 특히 주안점을 둔 것은 최근 피복음교회 신자의 기자 폭행 사건이 있었기에 (직원들의) 안전과 보안의 문제였다. 아울러 다시는 그 같은 폭력 사태가 일어나지 않길 바라며, 피복음교회(신자)에 민, 형사상 법적인 문제 제기를 시작했다. 호시탐탐 본지에 폭력과 압박을 가하고자 기회를 엿보는 이들의 못된 생각을 접고, 철퇴를 가하고자 철저하게 대처와 대안을 고민하고 있음도 물론이다. 그 외 잠시 멈췄던 사역들이 빠르게 회복되고, 더욱 기쁜 소식들이 전해질 수 있도록 애쓰고자 한다.

＊ 세상을 바꾸기 위한 싸움이 절대 선인 사람들과 절대 악인 사람들 사이에서 일어나는 것이 아니라 자기성찰이 가능한 사람들과 자기성찰이 부족한 사람들 사이에서 일어나는 누군가의 이야기를 다시금 상기해 본다. 이천 년 전 예수가 보여주었듯, 세상을 바꾸는 삶이란 대개 자신을 망가트리는 일들로부터 출발한다는 것도. (2021. 11)

2021 끝자락의 넋두리들

1. 손편지

'이토록 많을 줄이야!' 그간 받았던 편지에, 선친의 것까지 더해지

탁 소장님! 여기가 이단인가요?

니 족히 스무 상자는 넘어 보였다. 일일이 모두 살펴보진 못했으나 각각의 편지 안에는 어떤 내용이 담겨있을까, 싶은 호기심이 내내 머릿속에서 떠나질 않았다. 한 달여 동안, 이전 정리로 애를 먹었으나 싫진 않았다. 새로운 처소의 이전만큼이나 이런 소소함을 누리는 즐거움이 생각보다 컸기 때문이다. 각각의 편지들이 문의 내지는 상담이든, 절절한 감사의 맘을 담은 편지나 안부를 담은 것이든 간에 사랑하는 이들의 정성어린 관심이 담겨있다고 생각하니 행복하지 않을 수 없었다. 시대가 바뀌어 예전처럼 손편지를 주고받는 일은 쉽지 않아졌다. 이메일이나 댓글들이 그 몫을 대신하고 있긴 하나 손편지의 살가움을 대체하기엔 뭔가 허전함이 깊다.

2. 모든 것이 응원이 되어

이단 내지는 이단 옹호자의 악플이 많기에 본지는 댓글 자체를 좋아하진 않는 편이다. 그러나 응원의 메시지 역시 적지 않기에 늘 힘이 된다. 유튜브 채널 〈현대종교TV〉 같은 경우는 불특정 다수의 공간이기에 비종교인들도 많이 참여하는데, 그들 중 여럿이 때마다 응원의 맘을 더해주곤 하니 서로를 위해 잘 시작했다는 생각이 든다. 물론 악플도 생각하기에 따라 긴장이 풀린 마음에 고삐를 조이고 다지게 하는 역할을 하니 이 역시 나쁘게만 받아들이지는 않고 있다. 아무튼 댓글들을 보면 종종 현종 공동체의 마음을 위로하고 쓰다듬어주며 오래전 기억들을 소환해 주기도 해서 그런지 추억에 젖고 위로가 된다. 지난 목록 중 이단 제품에 관한 동영상 댓글만 해도 450개가 달렸는데 그중 몇 개만 소개해 보고자 한다.

"학생 때 수련회에서 강의 듣고 넘 충격받았는데 30대 중반이 되고 어쩌다 유튜브로 뵙게 되니 참 반갑네요! 이단 제품 불매 영상에서 설명해 주신 제품들, 그때 이후로부터 지금까지 불매 중입니다. 이래서 조기교육이 중요한가 봅니다.", "고등학교 때 뵈었습니다. 그때 받았던 교육이 제가 대학교 입학 후 어머니가 신천지에 빠지고 회심하여 나오기까지 8년의 세월을 버티고 대처하는데 훌륭한 밑거름이 되었습니다.", "저는 종교는 없지만 충격이었습니다. 앞으로는 안 사야겠어요! 이 영상 안 봤으면 내일 시장 볼 때 모르고…^^"

등등 동영상마다 여러 댓글이 달리곤 하는데 응원과 다짐, 그리고 소회 등이다. 매일 칼럼을 통해 넋두리들만 쏟아내기에 이단 대처 사역이 힘들기만 한가, 오해하는 분들도 있으나 기도와 응원이 더 많기에 연약한 이들이 이 일을 오랜 시간 감당해올 수 있었지 않았나 싶다.

3. 우리도 한때는 독자였던 적이 있었지!

그러고 보니 직원들도 한때는 독자로써 현대종교를 응원했던 때가 있었을 게다. 보냈던 응원이 받는 응원으로, 또 받는 응원에서 보내는 응원으로 이어지고 있는 것이리라. 본지 편집국 조민기 기자의 경우는

탁 소장님! 여기가 이단인가요?

초등학교 때 이단 강의를 접하고 나서 청년 때까지 이단에 관심을 두고 지내다 결국 현대종교의 기자로 일하게 된 것이 때로는 신기하기만 하다. 작년에 하나님 나라로 떠난 고 장인희 기자도 그랬었고. 이러한 서로의 섬김과 나눔이 이단 사역의 원동력이 되는 것은 아닐까. 그러나 편치 않은 구석도 있다. 독자 중에서 마음이 떠난 이들이 적지 않아서다. 물질의 문제인지, 관심이 식어서인지 잘은 모르겠으나 아쉬움이 크다. 한 해 동안 나누었던 기사를 통해 독자에게 얼마나 잘, 내지는 겸손하고 충분하게 설명하고 전하려 애썼는가의 생각을 가져봐야 할 이유다. 여태껏 남아 있는 독자만 생각했지, 떠나간 독자의 마음을 자세히 들여다 볼 기회가 없었던 것 같다. 앞으로는 독자의 삶에 작은 흔적이나마 남길 수 있도록 노력하고자 한다. 아울러 내년쯤 코로나가 끝나고 나면 사랑하는 독자들을 더 많이 만날 수 있을지 모르겠으나 처음 이 일을 시작했을 때를 떠올리면서 그 마음 잊지 않고 애쓰고 또 애쓸 때, 더 많은 독자와 살갑게 함께하게 될 것이라 믿는다.

4. 사무실 이전 이야기 3

이전 예배까지 드리고 나서야 모든 것이 마무리됐다. 앞서 언급한 것처럼 수십 년 이상 모아온 자료와 책들을 한 달 만에 정리한 것만으로도 기적 같다는 생각이 든다. 요즘 유행인 '미니멀 라이프'를 사무실에 적용해 필요 없는 물건들을 상당수 버렸음에도 끝없이 쏟아져 나오는 물건들을 처리하고 정리한 것만으로도 그동안 했던 일 중에 가장 잘한 일이지 싶고. 선친께서 남긴 자료는 탁 목사와 기자들이 오랜 시간 동안 정리했고(앞으로도 계속 디지털화 작업이 필요하다.), 그 외 청(소)년 시절의 사진과 편지들, 참 버겁기만 했던 군대 시절의 흔적들, 그러한 때마다 커다란 위로가 되었던 가족의 사랑 듬뿍 담긴 편지 등 바쁘다는 핑계로 살펴보지 못하고 소환하지 못했던 추억들을 이제야 깊이 생각하는 시간을 가졌다. 특히 주변에 있었던 것들을 좀 더 아끼고 사랑하지 못했던 것을 후회하기도 했다. 시간이 흘러 다시금 '정리'라는 것이 필요한 시기가 오고, 현재의 삶을 돌이켜보게 된다면 더는 후회 없는 이야기만 나누어질 수 있도록 현재에 충실한 방법과 삶부터 다시 배워보고자 한다. '살며 사랑하며 '

5. 부전자전

이야기했듯이 족히 스무 상자가 넘는 선친의 서신 등을 정리할 땐 그의 땀과 눈물이 스며 있기에, 선친의 소천 이후 분주한 상황 속에서 살펴보지 못했던 것들을 하나씩 대강이라도 훑어볼 수 있었기에 의미가 컸다. 신기했던 것은 선친의 습관을 빼다 박은 걸까? 선친의 자료를 모으고 관리하는 습관들이 지금의 나와 너무도 닮아 있어서다. 집회에 모인 인원과 날짜 등 집회 관련 일기 내지는 메모를 남긴다든지 주보나 집회 포스터를 모으고, 수첩에 깨알 같은 메모를 남기는 습관들과 바쁜 중에도 편지마다 일일이 답신을 하고, 한 사람이라도 더 교제하고자 애썼던 것이 그러하다. 심지어는 동일인에게 시간의 차이만 있지, 둘이서 나

탁 소장님! 여기가 이단인가요?

란히 받은 편지들도 적지 않았다. 그와 닮은 것들을 찾는 즐거움은 컸으나 한편으로는 애달픔조차 닮은 것 같아 맘이 편치만은 않다.

고 한경직 목사에게 각각 편지를 보내고 받은 글을 소개하며 끝을 맺고자 한다.

"탁 선생께. 편지 감사합니다. 퇴원하셨다니 더욱 기쁩니다. 탁 선생 하시는 일 뒤에 여러분들이 계십니다. 용감히 싸우세요! 1992년 성탄절 영락교회 한경직 배상."

"친애하는 탁 선생! 보내주신 편지를 잘 받았습니다. 아버지의 뜻을 이어 현대종교를 계속하신다니 실로 감사한 일이며, 돌아가신 아버지에게도 큰 위로가 될 줄 믿습니다. 감사합니다. 이 부족한 친구가 부친님 생존 시에 잘 도와드리지 못한 것을 참회합니다. 하나님께서 축복하여 주실 줄 믿습니다. 주안에서 귀 가정에 평강을 빕니다. 1994년 3월 29일 남한산성에서 한경직 배상"

＊ 살면서 좌, 우로 치우치지 않는 삶을 사는 것은 불가능하겠으나 적어도 저지른 실수나 한계에 대해서만큼은 빠르게 인정하고 반성하는 태도가 중요하지 싶다. 자신의 생각과 믿음이 세상 유일한 잣대가 되는 어리석음도 범치 않도록 (개인적으로나 공적으로) 더욱 애쓰며 사는 한 해가 될 수 있길 바란다. (2021. 12)

딜레마

코로나 3년 차까지 갈 거라고는 한 번도 생각 못 했다. 당연히 작년 말 내지는 올해에는 강의 사역이 회복될 것으로 믿었다. 그러나 이번 겨울 강의 사역도 계절 마냥 꽁꽁 얼어붙어 있다. 그나마 온라인으로라도 수련회를 이어가겠다고 하는 몇 교회들이 있어 위로가 된다. 악화가 지속되니 이젠 본지보다 다음 세대의 수련회를 통한 도전과 감동이 다 잊히지 않을까 하는 염려가 크다. 어떤 일이든 먼저 회복되는 것이 마중물 되었으면 하며, 그로 인해 모든 사역이 톱니바퀴처럼 맞물려 예전처럼 잘 돌아갈 수 있길 바란다. 불과 몇 년 전만 해도 건강의 문제로 강의 사역이 부담스러웠던 적도 있었는데 그 같은 생각이 얼마나 사치였는지를 깨닫고 있다. 이젠 어떠한 상황과 조건에서도 감사한 맘으로 버티고 감당할 수 있을 것 같은 자신감은 코로나가 준 선물이지 싶다. 차제에 (팬데믹으로 인한) 현대종교 앞날의 막막함에 따른 후원 등의 요청에 있어 집회 등에서의 결례나 무례함이 있었다면 용서 바란다. 단체의 살림을 책임지는 경영자이기도 하니 강의보다 강의 말미에 구차하고 스스로 당당하기보다는 무안한, 그러나 결코 빠뜨릴 수 없는 후원 등의 이야기를 전해 온 것이 30년째다. 예나 지금이나 어쩌면 소송보다 더 어렵기만 한 일이지 싶다. 상대방에게 편케 말하고 요청하면 소용없다는 것을 다년간 습득한바, 좀 더 간절한 마음으로 후원이나 책에 대해 어느 정도는

탁 소장님! 여기가 이단인가요?

오버해야지만 답을 주실 때가 많아 간증과 광고도 그에 맞춰져 진화(?)했음을 고백한다. 말끔하게 강의만 하고 박수받으며 퇴장하고 싶은 맘이 왜 없겠는가? 강박은 또 다른 강박을 낳아 혼란함 속에 강의가 매끄럽게 끝나지 못해 후회했던 적이 얼마나 많았었는지. 자격지심으로 인한 피폐함과 반드시 꾸려가야 할 사무실 경영의 딜레마는 이 사역이 끝나기 전까진 어렵지 않을까 싶다. 당분간 정해진 답을 안고 앞으로도 더 많은 죄송한 일을 벌여야 할 테니 이 역시 미리 용서를 구한다. 그러나 거룩한 부담감과 빚진 마음으로 올 한해 더욱 건강하게, 그리고 이단 앞에서만큼은 당당하게 맞서갈 것이다. 2022년에도 후원과 독자를 포기하지 않으신 분들과 더불어 본지를 위해 무시로 기도하고 응원하는 분들에게 직원들을 대신해서 진심 어린 감사를 전한다. 어색하고 멋쩍은 논리이긴 하나 한 마디 더 덧붙이자면 본지가 살아야 한국교회를 지켜갈 수 있고, 이단과의 싸움에서도 근사하게 승리할 것이라 믿어 의심치 않는다. (2022. 2)

이름 1(신천지 vs 신천지)

'새 하늘과 새 땅'의 의미인 '신천지'라는 이름을 더는 긍정적으로 사용하기 어려운 이유는 당연히 이단 신천지 때문이다. 좋은 뜻이 담겨 있어도 같은 이름의 빌런이 존재할 때, 의미가 퇴색됨은 물론 주변의 피해로 이어지기도 한다. 가령 역대 대통령 중에 국민의 사랑을 받지 못했던 이의 이름과 같은 이름이라든지, 유명한 살인마나 악당 등의 이름과 같은 경우 피해가 결코 작지 않다. 어렸을 적 이름 때문에 고통받았던 친구 하나쯤은 누구나의 기억에 있지 않은가. 아무것도 아니라면 아무것도 아닌 문제가 나아가 사회 활동에까지 제약을 받을 수 있다는 것이 불합리해 보이나 불가항력이다. 그러니 역으로 양의 탈을 쓰고 활동하는 이단들이 늘고 있는 것이 어쩌면 당연한 건지도 모르겠다.

그러기에 때로는 적극적인 대처가 필요하다. 이단의 전유물처럼 여겨지는 요한계시록이나 종말 관련 등의 말씀은 본디 하나님의 것이니 곡해하는 이들에게는 거룩한 분노를 품고, 더불어 그 이름과 말씀을 다시금 우리의 것으로 만들려는 노력이 뒤따라야 할 것이다. 구원파의 문제를 다룰 때는 건강한 구원관에 대해, 신천지의 문제를 다룰 때면 그들이 주장하는 (조건부적) 종말론 등의 문제점을 지적하고 건전한 종말관에 대해 전하고 나누려 애써야 한다. 피하는 것만이 능사나 상책은 아니다. 더불어 신천지 등 이단들에게 고한다. 더 이상 성도들을 혼란스럽게 만드는 비겁한 술책들로 혹세무민하지 말고, 떳떳하다면 당당히 진리와 비진리를 가릴 수 있는 장에 나서길 바라며, 그렇게 하지 못한다면 거짓된 위상에나 어울릴 만한 이름으로 교체하는 것이 바람직하지 않겠나 싶다.

탁 소장님! 여기가 이단인가요?

* 최근 겁쟁이라는 뜻이 담긴 '터키'가 UN의 승인을 받아 '용감한' 의미가 담긴 '튀르키예'로 개명된 것을 보며, 반대로 신천지 등 이단들이 귀한 이름들에 더는 먹칠하지 않길 바란다. (2022. 9)

이름 2(정명석 vs 정명석)

배우 이름 하나만으로도 극의 몰입에 방해가 될 수 있다는 것을 최근 종영한 드라마를 통해 알게 됐다. 예전에도 이러한 일들이 간혹 있었으나 이번엔 좀 더 명확했다. 최근 신드롬을 일으킨 드라마 〈이상한 변호사 우영우〉에서 주인공의 직장 상사 이름이 '정명석'이라는 한 가지 이유 때문이었다. 우습게 생각할 이들도 있겠으나 사실이다.

이단 대처 사역의 시작과 동시에 지금까지 JMS 교주 '정명석'이란 이름을 가족의 이름만큼이나 꺼내었던 것 같다. 직업병에 따른 부정적인 결과물이 가끔은 이렇게까지 이어지는 것을 보니 도리어 재미있다고 해야 할지. 극 중 정명석 변호사는 40대의 기성세대지만 팀의 불찰을 후배에게 돌리지 않고 내 탓이라 말하며 자신의 잘못으로 돌릴 줄 알고, 자신의 허점을 지적하는 후배의 이야기를 인정하기도 하는 멋진 상사로 등장하나 그의 이름만 등장하면 앞의 교주와 오버랩되어 JMS가 생각나니 '그깟 이름 하나 갖고'라고만 말할 수는 없지 않나 싶다. 아울러 드라마가 방영되는 동안에 다른 모 방송에서는 정명석 교주의 성폭행 관련 사건을 구체적으로 보도했기에 두 인물에 관한 만감의 교차가 쉽게 사그라들 것 같지는 않다. 이젠 이름만으로도 다름과 틀림에 대해 생각하게 되니 사역에 있어 도달할 수 없는 경지에 이른 것인지, 아니면 그냥 고단한 인생을 사는 건지 도통 모르겠다. (2022. 9)

이름 3(현대종교 vs 현대종교)

예나 지금이나 본지가 '현대종교'라는 이름을 쓰고 있다 해도 지금의 것과 선친이 섬겼을 당시의 '현대종교'가 같은 공간, 같은 이름의 단체이긴 하나 어쩌면 전혀(라고 말하고 싶진 않으나) 다른 의미를 내포하며 일해온 건지 모르겠다. 설립자의 의중과 마음을 제대로 이어가고 있는 건지? 아울러 그 마음과 다짐을 제대로 새기며 살고 있는지 등이 그렇다. 만일 설립된 배경과 의미, 그리고 처음처럼의 마음을 놓치고 살아왔다면 단체의 형태나 목적, 그리고 자녀의 운영이라는 이유로 결코 '다르지 않다'라고만 고집할 수는 없을 것이다. 고 탁 소장께서 처음 현대종교를 시작했을 때의 다짐을 때마다 되새겨보고 첫 마음 잃지 않으며, 더불어 날마다 새롭게, 그러나 본질은 한결같을 때라야 자신 있게 '같다'라고 말할 수 있을 것이다.

탁 소장님! 여기가 이단인가요?

* 믿음의 유산 외에 사랑과 애끓는 정의가 더해진다면 더할 나위 없는 인생이었다고 말할 수 있겠다. (2022. 9)

에필로그

29년 전의 일기장을 꺼내어 들었다. 혹독했던 그해 겨울, 선친을 포함해 많은 이들이 우리의 곁을 떠났다. 신앙의 동지였던 옥한흠, 문익환, 한경직, 이강오 등과 이젠 좀 편히 쉬고 계시려나? 그리운 이들은 이리도 빨리 우리 곁을 떠났는데 못되고, 못난 이들은 여전히 잘 먹고, 잘들 살아가고 있다.

탁 소장님! 여기가 이단인가요?

영화잡지도 있고, 평론들이 줄을 잇고 있으나 문외한인 이가 영화 이야기를 이따금 하는 이유는 사회와 종교, 아울러 교회와 이단에 대해 비유와 적용을 통한 이야기를 그리 무겁지 않게 나눌 수 있어서다. '이단'이라는 단어는 아직 세상 사람들에게 어렵고 관심 밖의 문제지만 몇몇 드라마와 영화를 통해 자연스럽게 논할 수 있으니 그나마 다행이다. 삶이 더 영화 같은 시대에 영화든 삶이든 간에 그 끝은 부디 해피엔딩이길 바란다. 영화의 연출은 감독의 몫이지만 세상의 총연출은 하나님의 것임을 믿으며.

PART. 3

영화와 삶, 그리고 이단

영화와 삶, 그리고 이단

유일하게 돈을 내고 구독하는 잡지가 있다. 여러 영화 관련 상식과 해석을 늘 친절하게 설명해 주는 잡지는 진보적인 시각으로 영상매체에 관해 설명하는 이 나라의 유일한 영화잡지다. 그것의 장점은 가끔 '영화 관련한 일을 했어도 좋았을 텐데'라는 생각을 할 때마다 나름 대리 만족을 주어 이룰 수 없는 꿈을 기쁘게 접도록 한다는 데 있다. 방 안 가득 창간호부터 한 권도 빠지지 않고 모아놓았기에 아내에게 타박을 받곤 하지만(결국 2019년에 모두 폐기처분 했다.ㅠ) 그 이유는 뭐랄까, 설명하기는 좀 어려우나 왠지 모를 뿌듯함 같은 것. 영화 일을 하고 있진 않으나 좋아하는 관련 정보를 모두 소유하고 있다는 것만으로도 든든한, 시험 전날 모든 준비를 끝내놓은 그런 마음 말이다. 그래서인지 매주 잡지를 받을 때마다 소소한 행복을 느끼곤 한다.

그리고 매달 애타는 마음으로 만드는 「현대종교」란 잡지가 있다(위의 이야기처럼 이 책을 '간절히'까지는 아니더라도 기대하며 기다리는 독자들이 얼마나 될까. 책을 받으면 한 글자도 놓치지 않고 기사들을 읽는다는 독자의 편지가 종종 있었기에 나름 위로가 되기는 하나 내용 중 무겁고 어려운 부분들도 있는지라 그 같은 기대가 욕심일 수도 있겠다. 그래도 「현대종교」를 받으면 행복해지는 이들이 많았으면 하는 것이 만드는 이들의 간절한 바람이다.). 조금 어렵더라도 매달 이단에 대해 친절하게 설명해 주는 「현대종교」는 가끔은 냉철하게, 그러나 늘 뜨거운 마음으로 이단 관련한 문제 등에 관해 설명하는 이 땅의 유일한 잡지이다. 그것의 장점은 책을 매달 만드는 것이 여전히 어렵고 고단한 일이나 그 잡지를 통해 많은 이들에게 실질적인 도움을 주고 있다는 뿌듯함과 그리하여 더욱 열정을 갖고 일할 수 있도록 우리에게 새로운 꿈을 때마다 안겨준다는 것이다. 예전에 모 잡지사 편집장의 말을 빌리고 적용하여 이런 글을 담았더랬다. "책을 만드는 것이 늘 가슴 죄는 애정의 대상이 된다. 몇 안 되는 기자들이 매번 진이 빠질 정도로 자신을 던져 넣는 이 믿을 수 없을 정도로 가혹한 작업의 결과물이 매달 6000원을 타고 날아가 누군가의 가슴에 따뜻하게 내려앉는다는 것, 그 지친 얼굴들이 아름다워 보인다"는. 그리고 '그동안 「현대종교」가 어려웠던 중에 딱 한 번 휴간한 적은 있었으나 폐간되지 않아 감사하고, 열악한 기독교 잡지 시장의 불안한 생존 속에서도 잘 버틸 수 있어 감사하며, 경제의 침체 속에서 적은 월급이지만 예전처럼 밀리지 않고 꼬박꼬박 챙겨줄 수 있어 행복하다. 거기에는 매달 6000원이라는 적지 않은 십시일반으로 투자한 독자들이 있어서이고 열심히 수고한 직원들이 있어서이며 더 나아가 모든 것을 계획하신 하나님께서 우리와 함께하고 계시기 때문이다.'

탁 소장님! 여기가 이단인가요?

〈글래디에이터〉

"삶은 고통스럽지만 완수해야만 하는 책무이다"

― 영화 〈글래디에이터〉 주인공 막시무스의 대사 중 ―

50여 년 동안 현대종교도 고통스러운 삶과 사역의 연속이었으나 그럼에도 잊지 않고 간구했던 것은 한국교회와 성도들의 바로 알고 바로 믿고 바로 사는 삶이었다. 그것이 우리가 이토록 애쓰는 이유와 또한 책무이기에 (2008. 7/8)

영화 〈라이언 일병 구하기〉를 통한 세 가지 상념

서울신학대학교에서의 수업엔 늘 필자가 개인적으로 사용할 수 있는 시간이 10분 정도 있다. 그 시간을 마음대로 사용하겠다고 처음부터 아예 못을 박아놓고 매 수업 학생들에게 좋은 노래와 시도 들려주고 함께 해야 할 기도도 하며 좋은 글들이 있으면 꼭 함께 나누곤 한다. 특별히 세상의 것들에 대해서도 자주 말하는 편이다. 세상 문화에 대해서까지 시야를 넓혀가는 일도 사역자로서 매우 중요할 것이라는 판단 때문이다. 지난주에는 영화 이야기를 나눴다. 〈라이언 일병 구하기〉, 수년 전, 집회차 갔던 경상도의 어느 도시(아마 마산이었던 것 같다.), 이름 모를 변두리 삼류 극장에서 본 영화는 제2차 세계대전의 유럽 지역을 배경으로, 미군에 참전한 4형제 중 마지막으로 살아남은 막내 라이언을 구하라는 임무를 부여받은 한 부대원들의 갈등과 활약상을 그린 작품이다. 집회 전의 남는 시간을 틈타 편안한 마음으로 보았던 영화는 스필버그가 연출했기에 마음이 끌리기도 했지만, 스케일 면에서 그동안의 전쟁영화와는 비교가 되지 않을 만큼 꽤 역동적(스필버그는 촬영에 있어 고도의 사실성을 부여하기 위해 다큐멘터리 형식의 접근법을 취했고, 전쟁에 참여하는 군인들을 따라가는 뉴스 영화의 카메라맨처럼 장면을 연출할 수 있도록 대부분 핸드헬드 휴대용 카메라를 사용하였다)이라는 소문을 이미 여러 차례 들어서이기도 했다. 시작 후 한참 동안은 소문대로 심장이 멎는 듯한 충격적 영상이 계속되었다(물론 지금은 그러한 영상을 한국 영화에서도 곧잘 볼 수 있으나 그때는 전쟁영화 중 그러한 작품을 만나기란 쉽지 않았다.). 긴 시간 상영된 영화가 매우 짧게 느껴진 특이한 경험을 했다. 그리고 몇 장면들이 마구잡이로 내 삶에 적용되었다.

마구잡이 적용1 연합군이 독일군에 맞서 노르망디 상륙작전을 감행하는 영화의 첫 장면, 지금까지 보기 어려웠던 핸드헬드 기법으로 찍으니 더욱 사실적이다. 팔다리가 잘려 나가는 장면 등을 여과 없이 보여주고 죽음 앞에서 병사들은 애타게 엄마와 가족들을 불러본다. '입에 담

탁 소장님! 여기가 이단인가요?

을 수 없는 잔인하고 아픈 장면들을 보며 '전쟁은 기필코 지구상에서 사라져야 해!'라고 고백해보지만 우리는 더한 전쟁을 겪으며 살고 있다는 것을 느끼지 못하고 있는지도 모르겠다. 눈으로는 보이지 않지만 육과 영의 문제가 비교할 수 없는 엄청난 차이가 있는 것처럼 전쟁에서도 이 땅의 전쟁과는 비교가 되지 않을 또 다른 전쟁이 진행되고 있다는 사실을 깨닫지 못한 채 살아온 것은 아닌지. 영적 전쟁이라는 것이 하나님께서 다 이겨놓은 싸움의 마침표를 찍기만 하면 되는 싸움이긴 하나 무관심 속에 멀리서만 바라보는 사람들이 많아져 더욱 걷잡을 수 없이 승패가 벌어지고 있는, 영화를 보는 내내 영화 속 상황보다 영화 밖 현재의 상황으로 인해 답답함도 있었다. 영화가 많은 이들에게 커다란 충격을 주었던 것처럼 이단으로 인한 혼란한 세상에서 입으로만 외치는 하나님 사랑이 아닌, 활보다는 화살이 되어 온몸으로 그에게 달려가는 이들이 많아져 이 땅에서의 선한 싸움에서 반드시 승리할 수 있길 소망한다.

마구잡이 적용2 노르망디 상륙작전 중 많은 부하를 잃은 밀러 대위(톰 행크스)는 지친 숨을 돌릴 틈도 없이 새로운 임무를 부여받는다. 미 행정부가 전사자통보 업무를 진행하던 중 4형제가 모두 참전한 라이언 가(家)에서 며칠간의 시차를 두고 3형제가 전사하고 막내 제임스 라이언(맷 데이먼) 일병만이 프랑스 전선에 살아 있음을 알게 되자 밀러 대위에게 라이언 일병을 찾아 집으로 보내라는 특명을 내린 것이다. 특명을 완수하던 중 일들이 원활하게 진행되지 않자 밀러 대위는 실의와 절망에 빠진다. 그러나 부하들 앞에서 부끄럽게 눈물을 흘릴 수는 없었기에, 부하들과 떨어진 곳에서 참았던 눈물을 서럽게 흘린다. 영화 내내 가장 아팠던 장면이었다. 어느 조직이라도 앞에 선 사람은 함부로 눈물을 보여서는 안 된다고 생각한다. 그래서 더욱 선친께서 남몰래 흘렸을 그 많은 눈물이 있었을 거라 생각하니 가슴이 미어졌다. 필자도 12년 동안 이 악물고 잘 참아 왔던 것 같다. 앞으로 오랜 기간 그 눈물 참아 정채봉의 시처럼 그 모든 일을 후에 하나님 나라에 가서 하나님께, 그리고 선친께 '아버지!'라고 소리 내어 불러보고는 숨겨놓은 세상사 중 딱 한 가지만 억울했던 일을 말하고 싶다. 지금도 여러 공동체 또는 교회 등을 책임지고 있다는 이유마으로 흘려야 할 눈물 꾹 참고 아픈 삶을 열심히 살아가는 모든 이들의 건투를 바란다.

마구잡이 적용3 대원들은 라이언 일병 한 명을 위해 자신들 여덟 명의 생명을 바쳐야 하는가에 대해 갈등하지만 밀러 대위는 부하들을 설득하여 일곱 명의 대원으로 팀을 구성하여 라이언의 행방을 찾아 최전선, 라이언 일병이 있는 곳으로 향한다. 밀러 대위는 작전을 시작하자마자 라이언 일병을 찾게 되는데, 그는 성만 같은 다른 인물로 밝혀지고 진짜 라이언은 다리를 사수하기 위한 전투에 투입되어 고립되어 있다는 사실을 전해 듣는다. 라이언 일병 한 사람을 구하고자 여러 사람이 애쓰는 장면을 보면서 상식적으로는 무모하기 짝이 없는 일이었겠지만 그 일을 감행하는 이들을 보며 99마리의 양과 잃은 1마리의 양을 떠 올리

탁 소장님! 여기가 이단인가요?

지 않을 수 없었다. 이렇듯 한 영혼의 중요함을 세상 영화에서 지켜보며 우리 믿는 이들은 어찌 살아야 할까, 라는 생각을 하게 했다. 억지로, 마구잡이로 적용해봤는지는 모르겠으나 나름대로 깊은 경각이 되었기에 담은 글들이 공허한 메아리만 되지 않았으면 하는 바람이다. (2006. 1)

현실의 〈디파티드〉, 신천지

조직에서는 조직원을 경찰 조직에 심어 넣고, 경찰은 비밀 요원을 폭력집단에 심어놓는다. 깊숙이 숨겨진 첩자 둘은 서로의 공간에 첩자가 있다는 것을 영화의 끝에서야 눈치채고 서로를 알아내기 위한 노력을 시작한다. 최근 개봉한 영화 〈디파티드〉의 내용이다. 영화 관람 내내 직업병은 어쩔 수 없는가 보다. 영화에 집중하지 못한 채 내내 '신천지'를 떠올리며 두 시간을 허비해 버린 것이다. 쌍방 간이 아닌 한쪽에서만 스파이를 심어놓은 것이 영화와 조금 다를 뿐, 모든 것이 작금의 상황과 다르지 않은 것 같아서이다. 한기총에 속한 어떤 이가 "평생 이단을 봐왔지만 이런 이단은 처음 본다"고 한 것이나 한 달 동안의 상담을 집계할 때마다 한 번도 1위의 자리를 놓친 적이 없었던 것만으로도 설명이 가능한 '신천지'에 대해서 계속해서 집중 취재를 할 수밖에 없는 것은 당연한 일이었다. 얼마 전 전주에서 신천지의 실수로 한국교회에서 활동하고 있는 추수꾼 명단이 밝혀져 얼마나 큰 충격이 되었던가. 독자들의 교회에는 신천지의 침투조가 얼마나, 또는 어떻게 활동하고 있는지 갑작스레 궁금해진다. 사람 함부로 의심할 수는 없겠으나 최소한의 경계와 검증이 필요한 때이지 않나 싶다. (2007. 1)

그들만의 믿음, 양심적 병역 거부 내용을 담은 〈방문자〉

최근 상영해 평단에서 좋은 지지를 받았던 신동일 감독의 〈방문자〉라는 영화. 영화는 4분여의 롱테이크로 여호와의 증인인 청년이 법정에서 진술하는 장면을 담고 있다. 청년은 총을 잡지 않겠다는 종교적 신념 때문에 재판을 받았고 끝내 징역형을 선고받는다. 청년의 이런 행동에 지극히 속물 같던 지식인 주인공이 크게 감화받는 이야기가 이어진다. 매사에 불평불만만 터트리고 지적 허영심에 사로잡혀 있던 주인공은 청년의 때 묻지 않은 양심을 목격하고는 오래전 잃어버렸던 눈물과 웃음을 되찾는다. 그렇게 쉽게 주인공의 심경에 변화가 올 것이라 말하는 건 순진한 일이겠으나 나름 이 장면을 통해 관객들 상당수가 설득당했다(고 한다.). 양심적 병역거부를 인정하라는 요구가 영화에서는 절실하게 나타난다. "예수께서는 칼로 흥한 자 칼로 망한다고 했습니다." 영화에서는 청년은 총을 잡지 않겠다는 신념의 근거를 예수의 가르침에서 찾는다. 세상적인 관점에서 보면 이런 여호와의 증인의 태도인 집총거부와 살인하지 말라는 십계명 사이에 무슨 차이가 있는지 이해하기 어려울지도 모르겠다. 대개는 예수뿐 아니라 부처도 살생하지 말라고 가르쳤고 종교적 신념이 아니라 해도 살인하는 법을 배우지 않겠다는 결심은 결코 비난받을 일이 아니기 때문이다.

앞의 이유로 이 영화를 보지 말자고 하는 것이 싸움의 본질이 될 수 없다는 것을 잘 알고 있다. 그러나 딱히 다른 대안이 쉽게 떠오르진 않는다. 몇 년 전 성공회대학교 한홍구 교수는 양심에 따른 병역거부권이 갖는 의미와 현행 징병제도의 문제점을 지적하고 이와 관련한 몇 가지 쟁점을 짚은 적이 있었다. 특히 양심에 따른 병역거부권과 대체복무제는 특정 종교에 대한 특혜가 아니라 특정 종교에 대한 국가권력의 부당한 박해와 차별을 중지하자는 것이라며 현재 병역거부자들에게 적용되는 차별적인 가석방 기준 등을 실례로 들었던 적이 있었다.

사회적인 문제로서의 양심적 병역거부 문제도 충분히 그 이유에 타당성이 있고, 개인적으로 동의하는 부분 없진 않지만 중요한 것은 양심적 병역거부 운동 대개의 당사자들이 '여호와의 증인' 신도들이라는 것이다. 때로는 이슈보다 배경이 문제가 되는 경우도 있다. 세상 사람들에게 '여호와의 증인'의 주장이 제법 설득력 있게 들릴 수는 있겠지만 제대로 된 신앙의 눈으로 바라봤을 때 그들이 말하는 양심이 절대로 상식적인 것은 아니지 싶다. 양심적 병역거부에 관한 한국교회와 사회의 거부감을 보수적인 이들의 반대 논리로만 보아서는 안 된다는 말이다. 잘못된 교리로 인한 반국가, 반사회적인 믿음과 빗나간 종교적 신념까지 더해져 국가를 사탄으로 여기고, 국민의 의무를 거부하기도 하는 '여호와의 증인'의 문제 제기마다 정당성이 더해진다면 그 파장은 걷잡을 수 없을지도 모른다. 물론 인권 문제로 여러 부정적 이슈를 터뜨렸던 집단에 대해서도 인권 단체의 배려는 있을 수 있다고 생각한다. 허나 오래전부터 윤리, 도덕적 문제를 야기하고 있는 단체들의 본질을 알지 못하고, 현상적인 모습만 바라보며 그 행동과 신념을 순수한 것(일)이라고 이해하는 것이 문제가 될 소지는 적지 않다.

영화를 만드는 것은 자유이다. 그러나 적어도 그 자유 뒤에는 반드시 책임이 뒤따라야 한다. 그러기에 반대 의견도 경청하고, 본질적 모순이 있지 않나 따져보는 지혜도 필요할 것이다. 부디 현상만 바라보고 판단하는 우를 범하지 않았으면 한다. 중요한 것은 병역거부만의 문제가 아니라 그러한 문제를 제기하는 단체들의 반사회, 반국가 인식의 바탕이 되는 교리의 문제들, 그리고 그 배경과 본질의 것들도 잘 살펴봐야 한다. 이러한 것들을 제대로 확인하지 못하고 동조하는 것은 사회 이슈와 변화의 기댄 그들만의 옳지 않은 믿음에 동의하는 것일 수도 있어서다. (2007. 7/8)

탁 소장님! 여기가 이단인가요?

〈대륙횡단〉

2003년도에 개봉되었던 〈여섯 개의 시선〉이라는 영화는 여균동, 박찬욱, 박광수 등 당대 유명 감독들의 인권을 바라보는 시선이 여섯 편으로 묶인 옴니버스 영화다. 작품들 중 여균동 감독의 〈대륙횡단〉이라는 작품은 김문주라는 한 뇌성마비 1급 장애인의 일상적인 사건, 감정, 기록을 13편의 짧은 장면으로 구성한 이야기로 장애인들의 애절한 삶을 유머러스하게 때로는 진지하고 담담하게 그려냈다. 마지막 부분에 장애인 이동 투쟁으로 잡혀간 친구를 생각하며 주인공이 홀로 광화문 네거리(대한민국에서 정치 사회의 중심지)를 무단으로 횡단하는 장면은 장애인들에게 있어서 지금 살아가는 순간순간이 참으로 힘들고 아픔이 가득함을 제목만큼이나 고단한 먼 길로 나타내고 있다. 이렇듯 장애인들이 살아가기에 쉽지 않은 이 나라에서 종교적인 부분도 예외는 없어 보인다. 교회의 문턱이 높다거나(말 그대로 정말 교회의 문턱이 높다든지 성도이기 전에 장애인으로 구분 짓는 시선과 편견 등), 그들이 안고 있는 아픔의 치유와 위로, 그리고 처한 상황의 한계를 미끼로 사용하는 이단의 전략이 늘어나는 등 비장애인들도 어려운 이 숙제를 어찌해야 할지 모를 때가 많다. 예전 선친께서 말이 없어 좋다며 섬겼던 농아인교회를 섬긴 목적 중 하나가 이단의 농아인을 상대로 하는 포교에 도움을 주고 싶어서였다는 것을 기억한다. 아울러 안요한 목사와 시각장애인들을 상대로 한 이단의 미혹에 관한 이야기를 나누며 우리도 이단 문제로 이리 힘든데 장애인들이 겪는 이단 문제는 또 얼마나 힘들까 싶은 생각도 깊어졌다. 부디 귀한 관심 가져 주길 바라며, 장애인의 복지 관련 문제도 중요하겠으나 영적인 문제에도 구체적인 대안과 고민이 있었으면 한다. (2007. 7/8)

〈밀양〉

1. 가슴에 닿는 어느 평론, '죽고 싶은 명백한 이유, 살아야 하는 은밀한 이유'. 연약한 인간에 관한 이야기. 상영 내내 가슴 답답했고, 공감했으나 불편했고, 또 아프고 절망과 소망이 공존했던, 어두움에 결국 빛이 스며들 거라고 말하는 듯 보이나 많은 숙제를 안겨 준 영화.

2. 영화 〈그놈 목소리〉에 이어 다시 세상에서 가장 천인공노한 짓임을 일깨워 준 유괴 장면, 극 중 주인공의 내내 아픈 삶과 그 주변을 바라보며 우리 주변 아픈 이웃들의 고통을 이해한다고는 하나 그것은 불가능한 일일지도 모르겠다.

3. 한 가지 분명한 것은 감독이 의도한 대로 다른 종교와는 달리 기독교가 죄와 용서, 구원과 소망의 종교이기에 선택했다는 것에서 영화

탁 소장님! 여기가 이단인가요?

의 중심을 제대로 바라보며, 종교가 말하고자 하는 것을 제대로 안고 살며, 또 가르쳐야 한다는 것을 놓치지 말자는 것과 하나님을 볼모로 잡고 구원의 독점권을 주장하며 불특정 다수에게 협박(?)하는 기독교인이 되지 말자는 것. 그리고 하나 더는 감독의 "우리가 살아야 할 의미가 저 하늘 위에 있는 것이 아니라 우리가 살고 있는 땅, 즉 내 곁에 있어야 한다는 단순한 의미를 전달하려는 작품"이라는 것에는 반하여 "우리가 살고 있는 땅에도 우리가 살아야 할 의미가 있으나 결국 우리 삶의 목적은 하나님 나라에 있다"라는 것도 잊지 말아야 할 것이다. 세상 사람들과 우리의 차별점. (2007. 7/8)

〈킹덤 오브 헤븐〉과 〈화려한 휴가〉

> "폭력의 광기를 주의 뜻으로 합리화하는 자가 많죠. '선행'과 약자를 돕는 '용기'만이 '참된 믿음'의 모습이오."
> – 영화 〈킹덤 오브 헤븐〉 속 대사 중 –

탈레반 인질 사건으로 한창 떠들썩할 때 보았던 영화들을 통해 폭력에 대해 다시금 생각해 본다. 많은 의문 중 가슴 아픈 아이러니가 하나 있다. 지금 탈레반에 납치, 감금된 지체들을 위해 그 폭력의 야만성을 성토하고 기도하는 이들 중에 1980년 광주 항쟁 때의 그 참혹했던 일들을 저지른 군사독재 정권을 위해 기도하고 지지했던, 당시 조찬 기도회에 참여했던 이들이 있다는 것이다 (2007. 9)

#1 영화잡지도 있고, 평론들이 줄을 잇고 있으나 영화에 문외한인 이가 영화 이야기를 이따금 칼럼에 담고 있는 이유는 영화라는 매체로 사회와 종교를 이야기할 수 있어 좋고, 교회와 이단에 대해 비유와 적용을 통해 그리 무겁지 않게 말할 수 있어서이다. 그간 '이단'이란 단어는 처음으로 세월호 사건 때 한동안 언급되긴 했으나 아직도 세상 사람들과의 주제로는 어려운 부분이 적지 않다(물론 2020년 코로나와 신천지가 맞물리면서 세상 사람들도 이단에 대한 이해가 조금씩 생기긴 했지만). 그런데 몇몇 드라마와 영화들을 통해 자연스럽게 이단과 사이비를 논할 수 있게 됐으니 그나마 다행스러운 일이다.

〈매트릭스〉, 진짜와 가짜의 세계

지금 우리가 사는 세상이 사실은 디지털 신호로 이루어진 가상의 세계이며, 우린 그것을 진짜처럼 믿고, 잠들어 있는 동안 시스템에 필요한 전기를 공급하는 배터리에 불과하다는 내용의 영화 〈매트릭스〉. 매트릭스는 자궁을 뜻하는 용어로, 영화 속의 배경이 되는 가상공간을 가리킨다. 영화는 두뇌 속의 기억을 조작하여 인간을 지배하려는 컴퓨터와 이에 대항하는 인간들 간의 대결을 그렸는데 당시 엄청난 흥행이 됐으나 문화사역자나 종교인들에겐 논란이 컸다.

중학교 1학년 때쯤으로 기억한다. '나이키'라는 신발이 처음 등장했을 때 그전엔 보기 힘들었던 한껏 멋 부린 신발과 이후 그것과 흡사한 짝퉁들을 처음 맞댄 기억을 잊을 수가 없다. '나이키'의 짝퉁임을 쉽게 눈치챌 수 있었던 '나이스'라든지 '프로스펙스'의 짝퉁이 분명한 줄 세 개가 그려진 '프로세펙스'같은. 한참을 웃었던 기억이 있다. 그러나 그 짝퉁들도 뭔지 모를, 나름의 진지한 구석은 있었던 것 같다. 여하간 그 일은 여태껏 늘 회자하고 있는 '가짜를 통한 진짜의 확신'에 관한 공식을 품게 했고, 선친의 사역까지 이해할 수 있었던 하나의 매개체가 되기도 했다. 그리고 한참이 지나 〈매트릭스〉란 영화가 예전의 기억을 조금 업그레이드해서 다시 고스란히 수면 위로 올려 줬더랬다. 누군가의 말처럼 성형수술이 유행하고, 몸에 걸친 브랜드가 몸 자체보다 중요해지고, 광고를 보고 상품을 사는 게 아니라 상품을 보고 광고를 사는 세상이 되었다. 여기엔 종교도 당연히 예외일 수가 없다. 이렇듯 가짜가 진짜로 둔갑하는 현상을 프랑스 언어로는 '시뮬라시옹'이라 한단다. '시뮬라시옹'은 가상현실을 말한다고 한다(영어로는 시뮬레이션). 가상현실과 가상 세계에 대해 쉽게 설명한 것을 찾아보니 이렇게 정리가 되어 있다. 우리가 이 땅에 살면서 다른 나라에 대해서는 뉴스로만 접하게 된다. 중국에서 코로나가 발생했다면 뉴스를 통해서만 그 사실을 접하게 되고, 인식하게 된다. 거기서 어떤 왜곡이 있다 해도 왜곡된 것으로만 인식하게 되고, 왜곡된 인식은 거꾸로 현실 세계에도 영향을 미치게 되는 것이다. 그런 점에서 가상 세계가 현실 세계보다 더 강한 규정성을 갖게 되고, 가상 세계가 더 큰 영향력을 갖게 되는 것이므로 우리가 사는 세상은 결국 현실 세계라기보다는 가상 세계라고 말해야 하지 않겠냐는 것이다. 바로 실체보다 기호가 더 본질적인 위치를 차지하게 된다는 것이 '보드리야르'의 '시뮬라시옹' 이론이라는 것이고, 그것은 철학사적으로도 중요한 주장이 된다.

이 내용을 갖고 이단이나 사이비 종교를 이해하는 것이 크게 무리는 없어 보인다. 이단이나 사이비 종교의 실제와 본질은 분명히 잘못되었는데도 기호, 즉 그들의 경전이나 교주의 메시지, 그리고 교주를 따르는 이들의 나름대로 과학적인 설득들을 신뢰하고 좇다 보니 깊은 구렁텅이에 빠지게 되는 것이다. 결국, 세뇌되고 가상의 것이 현실의 것을 앞서 아무리 현실적인 방법으로 설득하고 이해를 구해도 그것이 받아들여지지 않는 것이다. 아울러 매트릭스 안에 있는, 이단에 속한 이들은 매트릭스 밖의 현실 세계에 대해 이해하지 못한다. 자기가 속한 곳이 진짜라 여기고 있어서다. 영화에서 시온의 인간들은 기계들에 맞서 인큐베이터에 갇혀 허상의 세계를 사는 이들을 해방하려 한다. 그 수단은 매트릭스 내에 해킹으로 몰래 접속해 들어가 사람들에게 이 세상이 허상임을 깨닫도록 가르치고, 깨달은 자들을 매트릭스로부터 탈출시킨다. 허상임을 깨닫도록 가르치는 것이 어려운 것은 영화에서도 마찬가지다.

탁 소장님! 여기가 이단인가요?

개인의 희생에 의한 타인의 회생이라는 기독교적 관점을 기반으로 삼고 있는(물론 정통의 기독교적 관점보다는 뉴에이지의 영향이 좀 더 강하지만) 결말처럼 이단에 속한 이들이 그 가짜를 깨닫고 진짜인 하나님 품으로 돌아오는 꿈을 꾸고 있으나 가짜가 더 진짜 같은 세상에서는 그것이 쉽진 않아 보인다. 이것이 우리가 애타는 마음으로 간절히 싸우고 있는 이유이다.
(2008. 9)

* 〈매트릭스 1〉이 나온 지 22년 만인 2021년 12월, 〈매트릭스 4〉가 나왔다. 부제가 '리저렉션'이라고 하니 그리스도의 부활로 생각해야 하는지, 사상이나 관례 등의 부활로 받아들여야 할지 제목 조차 어렵다.

〈불신 지옥〉

대중의 사랑을 받는 데는 실패했으나 오랜만에 평단의 호평을 끌어낸 길거리 등지에서 전도 내용으로 들어온 〈불신 지옥〉이라는 영화가 최근 개봉했다. 호러 영화이자 종교적 광신이 어떻게 한 소녀를 죽음으로 몰고 가는가를 파헤친 일종의 오컬트 추리영화이기도 한 '불신 지옥'은 우리가 살아가는 이 시대가 온갖 종류의 광신과 불가해한 현상으로 일그러진 지옥이라고 스산하게 읊조린다. 우선 기독교인들이 이 영화를 어떻게 받아들일지는 모르겠다. 보수적인 이들은 기독교를 폄하, 비하한다고도 생각하겠지만 종교는 소재일 뿐, 사회의 광신에 대한 문제를 제기함에 있어 중요한 목적을 두었다고 한 감독의 변을 들어보면 그 부분이 그리 중요하지 않을 수도 있겠다. 그러나 중요한 것은 영화 기자들과 평론가들의 기독교 몰이해함의 문제다. 이를테면 모 이단의 영향을 받은 교회에서 귀신을 퇴치하는 안수기도를 하다가 자신의 아내를 폭행 살해한 사건을 정통교회에서 발생한 일로 다룬다거나 성령을 느꼈다는 것을 무속에서 말하는 신들림과 비슷한 궤로 이해하며 의문을 가진 평이나 기사 등이 바로 그것이다. 감독의 생각도 이와 다르진 않아 보인다. 앞의 이야기처럼 한국 사회의 기독교에 대한 저항감을 이야기한 영화가 아니라지만 그의 말과는 다른 것들이 곳곳에서 느껴짐은 어찌해야 할지. 지나친 기복으로부터 시작된 이단들이 생겨나고 또 그러한 교회들도 많다는 것을 부정하고 싶지는 않으나 기독교와 무속 신앙이 결국 기복신앙이라는 점에서 일치한다고 믿고 있고, 그것이 기독교의 본질이라고 착각하는 적지 않은 세상 사람들의 생각이 편치만은 않다. 그러나 더 씁쓸한 것은 교회가 이단들과 싸우지 않으니 때로는 세상 사람들이 더 열심하고 있다든지 건강치 못한 교회들로 인해 교회가 세상 사람들의 조롱거리가 되는 문제이다. (2009. 10)

〈2012〉

2012년 종말 문제가 인터넷 검색 순위 1위로 올랐을 정도로 모 TV 프로그램의 여파는 컸다. 여러 이유를 들어서 예상한 그 날짜가 잠시나마 신빙성이 있어 보이긴 했으나 하나님 주신 말씀 한 구절로 모두 정리가 되었다. "그러나 그 날과 그때는 아무도 모르나니 하늘의 천사들도, 아들도 모르고 오직 아버지만 아시느니라(마24:36)." (2009. 10)

〈러블리 본즈〉

* '러블리 본즈'란 죽음이나 불행한 사건 등 예상치 못한 시련을 통해 점점 커지는 유대감을 뜻하는 말로 아픔을 통해 더욱 깊어지고 단단해지는 사랑을 뜻한다.

'러블리 본즈'는 감동과 휴머니즘을 기조로 하는 미국영화에서 흔히 연상할 수 있는 단어다. 존 그리샴의 책보다 더 많이 팔린 베스트셀러로 국내에 번역 소개된 이 책은 14살의 나이에 이웃집 남자에게 성폭행당한 뒤 살해된 "수지"라는 소녀가 죽은 뒤 천국에서 이 세상을 내려다보며 이야기를 들려주는 구조다. 작가는 자신의 성폭행 기억을 되살려, 희생자 자신뿐 아니라 갑작스런 죽음으로 실의에 빠진 사람들이 상처를 딛고 서서히 일어서는 과정을 담담하게 묘사하고 있다. 죽은 소녀는 이제는 당연히 학교에 갈 수도, 남자 친구를 사귈 수도 없다. 그저 천국에서 자기 죽음을 감당해야 하는 가족들을 바라만 보고 있을 따름이다. 슬픔을 과장하지 않으면서도 인생과 가족의 의미에 대한 심오한 통찰을 담아 많은 교훈을 던져 주고 있다.

작금의 개신대 사태를 지켜보며 만감이 교차한다. 그중 선친의 가장 가까웠던 동료들이 한국 교회를 혼란케 하고, 진리를 더럽히는 일에 앞장서고 있는 것을 보면 '아연실색'이란 단어로도 그 충격을 표현하기가 어렵다. 자신들이 지금 무엇을 하는지조차 모르고 있는 못난 선배들과 그럼에도 여전히 그 만내의 실에 서서 열심히 진리를 수호하고자 애쓰는 교수들과 목회자들의 교차점을 바라보며 기도밖에 할 수 없는 것이 아프기도 하고, 또 고맙기도 하다. 위의 소설(영화)처럼 선친은 16년 전 사건의 진실을 기억하며 우리 곁에서 남은 이들의 삶을 지켜보고 있을 것이란 생각이 든다. 하나님께서는 소설처럼 범인을 잡는 것에 초점을 맞추는 것이 아니라(그러나 영화에선 결국 그 살인범은 비참한 최후를 맞는다.) 남은 이들의 유대의 중요성을 일깨워 주고 있는 것 같다. 힘들어도 끝까지 잘 버텨야 할 테다. 진실에는 공소시효가 없기에, 진리를 지켜내는 것이 때로는 고단하지만 그가 가장 기뻐하시는 일이기에. (2010. 4)

탁 소장님! 여기가 이단인가요?

〈아이들〉

    1991년 3월 26일, 개구리 소년들이 사라졌다. 그리고 발견된 유해는 그간의 행적과 사라진 이유에 대한 명확한 결론을 담지 못했고, 그 죽음이 타살인지 아닌지를 놓고 그동안 의견이 분분했다. 그리고 20여 년이 지난 후 사건은 영화화 되었다. 끝나지 않은 사건에 대해 감독은 지금까지 정리된 내용을 널리 알려서 더 이상의 상처가 없게 하는 것이 영화가 해야 할 역할이라 말했다. 내내 선친의 죽음 또한 같은 선상에서 이해가 되었고, 다시는 종교 관련하여 1994년 같은 사건이 이 땅에 일어나지 않도록 하는 것이 내가, 그리고 우리가 해야 할 역할이라고 다시금 믿을 수밖에 없다. 개구리 소년 중 한 아이의 아버지가 무심코 던진 "아이가 죽은 걸 알면 나아질 줄 알았는데 … 애가 죽을 때 얼마나 아팠을까요?"라는 한 마디에 감독은 부모들이 겪은 아픔의 본질에 한 발 더 다가서게 됐다고 고백한다. 17년 전 그날, 집 앞 복도에 쓰러져 참으로 힘들었을 그 짧은 시간이 그에겐 얼마나 길게 느껴졌을까. 또 얼마나 외롭고 아팠을까를 몸서리치게 깨닫게 해준 132분이었다.

* 영화에 황 교수라는 이가 '인지부조화'에 대해 강의하는 모습이 있다. '자신이 믿고 있었던 것들이 무너지기 때문에 필사적으로 자기가 틀린 것을 인정하지 않게 되지. 그리고 그 틀린 이론을 믿는 이들 사이에서 그것이 더욱 견고해지고 … 그러니 인간이란 참 애틋한 거야.'라는 대사가 인상적이었다. 그러나 결국 그도 영화 중반 '인지부조

화'의 늪에서 스스로 자멸하고 만다. 인지부조화를 설명하는 대표적인 예라면 시한부 종말론 신자들에 대한 예가 적절하겠다. 1992년 휴거를 외치며 시한부종말론을 추종했던 신도들이 예상한 날짜에 휴거가 일어나지 않았을 때도 그 이론이 적용된다. 자신들의 행동(재산과 직장 심지어 가족까지 버리고 종교 생활에 모든 것을 바친 것)과 인지(휴거가 틀렸다는 것) 사이의 부조화가 생기면, 자신의 인지를 바꾸게 되는, 즉 '휴거 예상 날짜가 틀린 것뿐이다'라고 인지를 바꾸게 된다. 즉, 자신의 종교를 버리지 않는다는 것이다. 결국 시한부 종말론(이단)에 심취했던 신도 중에서 자신의 희생이 큰 사람들일수록 이런 경향이 강하다. (2011. 4)

〈그대를 사랑합니다〉

한국 영화에는 노년의 사랑을 다룬 영화들이 매우 적다. 몇 년 전, 〈죽어도 좋아〉라는 영화가 사람들의 관심을 잠깐 끌었을 뿐. 한국 영화에서의 노년의 사랑은 금기시되어있거나 젊은이들의 사랑을 보조하는, 내지는 소재주의로만 전락하고 있을 뿐이다. 나름 진보적 의식이 있다고 자부하는 필자로서도 노인 문제에 관한 관심은 언제나 마음뿐이었던 것 같다. 그래서 그랬는지 보고 싶은 마음이 크지는 않았으나 원작자가 '강풀(유명 만화가)'이라는 이유로 관람을 결정했다. 결론부터 말하자면 한마디로 감동적이고, 근사한 영화였으며 최근 가장 탁월한 선택 중 하나였지 않나 싶다(단 영화 보기 전에 손수건을 준비하지 못한 것이 실수였다.^^). 영화의 치매 문제나 자살을 다루는 방식에 관해서는 아직도 왈가왈부하는 사람들이 있으나 중요한 것은 노년의 인생에 있어 그들의 간절한 사랑과 치열한 삶이 모든 말과 논쟁을 잠재우기에, 충분했다는 것이다. 사랑하는 어머니와 장모님을 포함, 우리 신앙 선배들의 치열하고 이러한 고귀한 삶이 아니었다면 우리가 어찌 이렇게 편케 살고, 아울러 자유로운 신앙이 가능했겠나 싶다. (2011. 4)

〈블랙스완〉

성경의 인물이건 신앙의 귀한 선배들이건 현재를 살아가는 누구라 할지라도 사람의 그 불완전성으로 인하여 선과 그 반대의 마음을 한데 지니고 살아갈 수밖에 없다. 그리고 순간순간 악을 뒤로하고 선을 선택했을 때 우리는 그것을 어떤 의미로는 '승리했다'라고 말한다. 선과 악의 공존을 예술로 승화시켜야만 하는 영화 속 주인공은 선(백조)에 대해서는 흠잡을 수 없는 연기를 펼치나 악(흑조)의 관능을 표현하기엔 부족하다고 여긴다. 결국 공연이 다가올수록 열망과 중압감에 짓눌린 주인공의 정신은 분열하고 몸은 변이를 일으키고 만다. 작품의 영화적 완성도는 훌륭한 평가를 받았으나 믿는 이들에게 주는 교훈은 아마도 '두 가지의 공존 속에서 살아가며 모든 문제 가운데 우리의 선택은?' 일 수 있겠으나 영화의 해석이야 역시나 영화를 보는 각각의 몫일 테니 다른 해석을 나누길 원하는 분들이 있다면 오랜만에 영화관으로 한 번 달려가 보시길 바란다.

* 갑작스레 떠오르는 생각을 담아봤다. '신천지'는 영화 한 편 볼 수 있는 여건이 주어지지 않는다는 이탈자의 이야기를 듣고는 달리 영화 관련해서 할 이야기가 없지만 그래도 신천지 하면 '침투조'나 '추수꾼'이 떠올려지니 여러 사람을 속이고, 서로를 의심하는 내용의 〈무간도〉, 〈디파티드〉, 〈레드라이딩 후드〉 등의 영화가 생각난다. '하나님의교회'가 좋아할 만한 영화라면 당연히 〈2012〉 같은 지구 종말류의 영화들이지 아닐까 싶다. 더불어 고백하고 싶은 것이 있다. 그깟 물질 좀 아끼겠다고 가끔 복제 DVD를 사기도 했는데 앞으로는 영화인들의 노동의 수고를 기억하며 영화는 영화관에서 볼 수 있도록 할 테다. 그리고 이왕 말이 나왔으니 현대종교에서 출간된 책들도 필요한 내용만 복사해서 보는 얌체족이 있는 것으로 아는데 가끔은 이해하지만 그래도 직원들의 수고와 노동의 대가를 생각하며 정당한 물질을 지불하고 반드시 구입해 봐주시면 감사하겠다. (2011. 4)

〈히어 애프터〉

　　나이 들면서 더욱 멋지고 근사한 삶을 사는 이가 저 멀리 바다 건너에 있으니 배우이자 감독인 클린트 이스트우드다. 그의 늦깎이(?) 감독 데뷔 후, 〈밀리언 달러 베이비〉 등의 영화를 보며 이후 그의 작품들을 놓치지 않으려 애썼고, 특히 〈그랜토리노〉 같은 경우는 내 인생 영화 중 손에 꼽을 정도로 인상적이었다. 이번 그의 영화 〈히어 애프터〉는 죽음과 사후세계를 소재로 했다. 영화엔 죽음의 구체적이고 직접적인 이야기를 담지는 않았지만 죽음과 삶에 대한 이런저런 생각을 하기에 무리는 없었다. 죽음 이후의 세계는 누구도 정확히 알 수 없기에 감독 역시 알지 못하고 말할 수 없는 것에 관해서는 이야기하지 않으려 하는 듯싶었다. 어느 평론가의 말처럼 이스트우드는 그것이 '카메라의 윤리이자 재현의 온당한 태도라고 생각하고 있는 듯하다'라는 것에 동의한다(그런데도 요즘 천국과 지옥을 다녀왔다고 간증하며 사는 이들 중엔 그 수위가 남달라 걱정이다. 최소한의 사역의 윤리조차 없이 성경과 성도들을 배려하지 않는 모습이 답답하나 더 안타까운 것은 그들 간증자에 대한 구체적 검증 없이 교회에 득(?)이 되는 부분만 듣고 초청하는 교회들이 많다는 거다.). 아무튼 '죽음이란 거울'을 통해 제대로 된 삶을 살아가며, 더 많은 이들과 많이 이야기하고 사랑하고, 또 감사하며 사는 것이야말로 가장 큰 행복이지 않나 싶다. 특히 믿는 이들에게는 더더욱. 그리고 때로는 '하나님 나라의 소망'과 '선택된 사람들'의 자긍심만 말하지 말고 하나님의 뜻이 이 땅에 이루어질 수 있기를 바라는 불특정 다수와의 '더불어 고민함과 나눔'도 기대해 본다. (2011. 5)

〈오늘〉

약혼자가 빗속에서 고등학생이 모는 오토바이에 치여 죽었다. 그러나 그녀는 용서를 통해 행복을 찾으려 한다. 이후 용서를 주제로 범죄 피해자 가족들을 만나 다큐멘터리를 찍던 중 그녀는 자신이 용서한 학생이 또, 살인을 했다는 소식과 사과도 없는 가해자에 대한 용서를 취소하겠다는 피해자들의 후회를 들으며 혼란스러워진다. 영화 〈오늘〉의 내용 중 일부이다. '반성하지 않는 가해자에 대한 용서는 강요해서는 안 되며, 진정한 용서를 위해선 먼저 자신이 상처를 돌볼 시간이 필요하다'라는 메시지를 담았다. 그리고 용서의 함정과 위선을 물으며 가해자의 인권보다 제목처럼 오늘 하루라도 편히 살았으면 하는 피해자의 고통을 더 매만져주며 종교 자비가 피해자의 상처를 치유 없이 덮을 수도 있다고 읊는다. 주연을 맡은 배우 송혜교는 '용서하는 사람도 마음의 준비를 해야겠지만 용서받는 사람도 용서받을 준비가 돼 있어야 한다. 용서는 잘해보자는 화해의 제스처이고, 항상 좋은 결과를 낳을 것으로 생각했는데 용서가 때에 따라서는 최악의 결과를 낳을 수 있다는 것을 영화 〈밀양〉에서 보여준 바 있다.

이젠 기억도 가물가물해지는 오래전, 한 살인사건의 피해자 가족은 사건 직후 붙잡힌 이가 진범이든 아니든 간에 그도 분명 피해자라 믿으며(언젠간 배후와 공범에 대한 양심선언을 해주기를 바라며) 그를 용서했더랬다. 사형과 무기징역을 구형받았던 그는 피해자 가족들의 탄원 덕분에 십수 년의 형량만 살고 출소했다. 그러나 사건의 공소시효가 끝난 지 3년이 지난 지금까지도 그 진실은 밝혀지지 않고 있다. 피해자는 그 진실이 언젠가 분명히 드러날 것이라 믿으며 여전히 그의 양심선언을 기대하고 있다(오

탁 소장님! 여기가 이단인가요?

래전 평강제일교회 담임을 지낸 이의 양심선언과 이후 내부 고발자를 통한 그 교회의 이중성에 대한 제보, 아울러 최근에는 당시 살해범으로 지목됐던 임모씨와 교회의 커넥션 의혹을 제보하며, 고 탁 소장 사건 관련한 문제의 해결점을 찾을 수 있는 녹음 파일까지 들려준 이가 있었다. 안타까운 것은 받아들이기 어려운 조건을 제시했기에 진실을 알 기회가 더뎌지긴 했으나 언젠가 하나님의 방법으로 모든 진실과 진상이 밝히 드러날 것이라 믿는다. 제보자는 '우리 모두 괴물이 되어야만 진실을 알 수 있을 것'이라는 의미심장한 말을 남기기도 했으나 굳이 그러한 방법이 아니더라도 멀지 않은 시기에 반드시, 그리고 명명백백하게 선친의 사건이 만천하에 드러나게 될 것이다. (2020. 7/8). 그리고 또 하나 중요한 것은 그와 관련됐던 교회의 문제이다. 그 교회의 수장 그룹들은 지금까지 단 한 번도 진심 어린 사과를 하지 않고 있으며, 여전히 많은 사람을 미혹하고, 한국교회의 지도자들을 회유하며, 더 나아가 고인과 피해자들을 쉬지 않고 비난하고 있다. 무언가를 용서하고, 또 용서해야 할 가치가 무엇인가를 다시 한번 깊이 고민하게 된다. (2011. 12)

〈프로메테우스〉 등

1. '우주인을 신'으로 믿는 '라엘리안 무브먼트'의 주장으로 낯설진 않지만 그래도 리들리 스콧의 영화이기에 기대했던 〈프로메테우스〉는 지구상의 모든 역사를 뒤엎을 가공할 진실을 목격한 이들의 이야기를 바

탕으로 한다. 인간이 외계인의 유전자 조작을 통해 탄생된 생명체라는 증거들을 발견하면서 인류의 기원을 찾기 위한 탐사대를 꾸리고, 우주선을 타고 외계 행성에 도착해 미지의 생명체와 맞닥뜨리며 여러 일을 겪는다는…. 아쉬웠던 것은 이제껏 본, 같은 장르의 영화들과 내용이 크게 다르지 않아서와 그 내용이 영화적 재미와 거대한 농담 정도로 여겨도 될 것들이지만 진지한 푸념을 말할 수밖에 없는 이유가 갑작스레 생겨서다. 어쩌면 그것이 영화에 대한 예의가 아닐 수도 있겠지만 영화와 현실을 구분 못 하는 이들, 가끔 세상 지식인 그룹들이 보이는 현실에서의 상식적이지 못한 태도와 그 빗나간 믿음들이 요즘 더욱 영화 같아서이다. 밖으로는 '사이언톨로지'같은 문제성 집단에 휘둘리며 사는 톰크루즈, 윌스미스, 론하워드 등의 배우와 감독 등 유명 인물들이 끼치는 악한 영향력 때문이겠고, 안으로는 모 기독교 대학의 전 총장과 장자 교단이라 자부하는 모 교단의 노회장까지 지낸 인물이 이단에 빠지고, 모 연합 기관들의 수장들이 벌이는 코미디와도 같은 여러 해프닝 때문이다. 우리 신앙 선배들의 피가 흐르는 교회를 이단들에게 매각하는 것은 또 어떤가 싶기도 하고…. 이단의 문제는 지식과 경제, 그리고 신앙의 연륜 등만으로 설명할 수 없다. 많이 배우지 않았고 아직 부족한 신앙이나 어떻게든 건강한 믿음을 가지고 사는 것에 감사하지 않을 수 없다. 악한 영들에 휘둘리는 그 영향력도 이리 대단한데 하나님께서 우리를 얼마나 멋지고, 근사하게 사용할 것인가에 대한 소망과 비전을 품고 더 잘 살아야 함을 SF영화를 보며 깨닫는 중이다. 영화나 보며 스트레스 좀 풀러 왔다가.

탁 소장님! 여기가 이단인가요?

2. 알래스카에서 작업자들을 외부의 위협과 야생동물들로부터 보호하는 임무를 지닌 주인공은 일행들과 함께 고향으로 돌아가던 중, 비행기가 알래스카의 알 수 없는 설원 속으로 곤두박질치게 되고 살아남은 생존자들은 추위와 두려움, 그리고 눈보라 속에 남겨지게 되면서 상상하지 못하는 재난에 직면하게 된다. 설상가상 이제껏 경험한 적 없는 늑대들과도 맞서게 된다. 그 남자의 쉽지 않은 반격은 "살고, 또 죽으세"라는 의미심장한 말과 더불어 시작된다. 영화 〈더 그레이〉다. 도저히 버티기 어렵고 견딜 수 없는 상황임에도 인간의 사투로 말미암아 그 한계를 이겨낸다는 것과 어려운 난관에 봉착했을 때 인간 군상들이 어떻게 달라지고, 또 살아가는가를 엿볼 수 있었다. 얼마 전 막을 내린 올림픽에서 김재범 선수의 승리 소감이 생각났다. "'죽기 살기'로 싸웠더니 졌는데 '죽기'를 각오하고 싸우니 이기게 되더라"라는. 한국교회는 이단을 포함한 악한 영들과의 '죽기' 또는, 적어도 '죽기 살기'로 싸우고 있는가? 아니면 우리 지역과 교회, 가족 등 이해관계가 걸려있는 것에만 관심을 두는가?

3. 뒤에서 좀 더 소개하겠지만 용산 참사를 다룬 〈두 개의 문〉이나 〈도가니〉 같은 영화에 대한 관심은 처음엔 크지 않았으나 보이지 않는 힘은 대다수의 공감과 문제 제기, 그리고 분노를 이끌어냈다. 결국 진실 또는 사건의 문제 제기가 법이나 정치를 통해서 이루어지는 것보다 영화를 통해서 비로소 그 문제의 물꼬가 터진 적이 많기에 영화의 '긍정적인 면'을 응원하지 않을 수 없다. 영화 〈부러진 화살〉의 대사 중, '재판

이 아닌 개판' 같은 소송들과 선친의 테러(죽음) 등을 간접적으로나마 경험해 봤기에 법의 정의 역시 항상 강물처럼 흐르기를 소망하며, 사실을 넘어선 진실이 부디 묻히지 않길 바란다.

4. 마라톤은 42.195km, 하지만 영화 〈페이스메이커〉의 결승점은 언제나 30km까지다. 메달도, 영광도 바랄 수 없이 우승 후보의 기록을 단축하기 위해 전략적으로 투입된 선수, 오직 누군가의 승리를 위해 30km까지만 선두로 달려주는 것, 그것이 그들의 목표이자 임무다. 그래도 언젠가 한 번은 그들만을 위해 달리고 싶어 하는 이들. 얼마 전 끝난 올림픽을 보며 메달의 주인공들만(그것도 금메달 딴 이들에게만) 스포트라이드를 받는 것을 넘어 보이지 않는 곳에서 수고와 희생을 아끼지 않은 이들에게도 격려와 박수를 놓치지 않았으면 한다. 아울러 교회 안팎에도 피스메이커로 사는 이들이 적지 않다는 것을 잊지 않았으면 한다. 그들로 인해 한국교회의 건강함, 갱신이 이끌어지고 있다는 것을. 영적 피스메이커들의 고군분투함에도 불구하고 본 주자들이 제대로 질주하지 못해 아쉽긴 하나 종국에는 모두 함께 우리가 감당해야 할 마침표를 잘 찍어낼 수 있을 것이라 믿는다.

5. 다큐멘터리 〈두 개의 문〉은 어느 영화 평론가의 말 그대로 항소이며, 재심이다. 2009년 1월 20일, 용산에서 여섯 명이 죽었다. 다섯 명은 철거민이었고, 한 명은 경찰특공대였다. 이들의 죽음은 예기치 못한

탁 소장님! 여기가 이단인가요?

단순 사고였는지 아니면 의도적인 살해였는지, 두 개의 문 중 하나의 문은 사라졌고, 마지막 남은 진실의 문을 열 수 있는 이들은 살아남은 이들이다. 법정극의 구도를 끌어온 〈두 개의 문〉은 3년 전 용산의 절규와 비명을 외면했던 우리에게 뒤늦게 날아든, 이제라도 역사의 배심원이 되어달라고 말하는 간곡한 초대장이다. 더불어 죽음을 대하는 삶의 태도와 예의이기도 하다. 19년 전, 어느 살해 사건 역시 두 개의 문 중 하나의 문이 오래전 우리 곁에서 사라졌지만 남은 진실의 문을 열 수 있는, 그것이 누군가의 양심선언이든 영화 등 미디어를 통해 해결점을 찾는 일이든 지푸라기 하나 잡고 싶은 심정은 여전하기만 하다.

    6. 위에 소개된 영화 외에도 영화를 볼 때마다 직업의 특성상 영화의 내용을 몇몇 이단들에 연결해서 생각하곤 한다. 치명적인 바이러스로 물고 물리는 좀비 또는 뱀파이어 류의 영화를 보면 가족조차 몰라보는 '신천지'를 떠올리지 않을 수 없고, 세계 침략의 야욕을 담은 악당들의 블록버스터 같은 영화들은 당연 '통일교'를 생각하지 않을 수 없다. 윌 스미스의 〈맨인블랙3〉는 오랜만에 시리즈를 만나 좋았지만 '사이언톨로지'라는 문제성 단체의 신자라는 인식 속에 영화에 깊게 몰입하는 데 방해가 됐다. 직원들과 함께 본 영화 〈언터처블: 1%의 우정〉은 접점이라고는 전혀 없는 두 남자의 동거 이야기인데 엉뚱하지만 유쾌했다. 서로의 마음을 열어가는 두 사람처럼 막혀 있는 담들이 있다면 같이 영화 한 편 보시며 풀어보시길. (2012. 9)

〈레드라이트〉

　〈레드라이트〉란 영화 이야기를 지난달 칼럼에 이어 추가했다. 최근 보게 되었고, 꼭 담았으면 해서다. 영화는 세상에 존재하는 심령술은 모두 사기극에 불과하다고 믿는 천재 물리학자 톰버클리(킬리언 머피)와 그가 보좌하고 있는 냉철한 심리학자 마가렛 매틴슨(시고니 웨버)는 은퇴 후, 30년 만에 돌아온 세기의 심령술사 사이먼 실버(로버트 드니로)가 가진 경이적 능력의 정체를 파헤치기 위한 실험을 하게 된다는 내용을 담고 있다. 내용 중 버클리는 병을 고치며 이적을 베푸는 이들의 집회에서 교주를 중심으로 주변인들의 술수와 사기를 파헤친다. 그때 속임수가 밝혀지는 시점에 경고를 하는데 이를 '레드라이트'라 부른다. 직역하면 '붉은빛'이라는 뜻으로, 흔히 신호등에서 위험, 경고의 상징으로 사용되는 적신호를 의미한다. 가짜 심령술이나 가짜 초능력을 조사하는 연구가들 사이에서 '레드라이트'는 일종의 전문 용어 혹은 은어처럼 사용되는데 심령술사를 빙자해 사람들을 속이고 다니는 사기꾼이라는 사실을 알려주는 일종의 경고인 것이다. 즉, '레드라이트'는 '심령술과 사기극을 구별하는 결정적 단서'이기도 하다.

　최근 몇몇 이단의 치유의 현장에도 이러한 일들이 진행되고 있을 것으로 예측하는 것이 어렵지 않다. 아마도 1988년으로 기억한다. 이단 '예수중심교회'의 이초석과 『내가 본 천국』의 저자 펄시콜레의 집회 때

① 망원렌즈로 잡은 헤프닝. 등단하던 콜레 박사가 갑자기 넘어져 일어나지 못해 주위에 사람들이 몰렸다.(○안)

② 장정들이 일으키려해도 요지부동

③ 이초석이 비키라며 손을 들고 등장

④ 쭈구리고 앉아 콜레의 가슴에 손을 얹고 기도하는 이초석

⑤ 손을 잡아 일으키고 있다.

⑥ 겨드랑이를 끼고 부축하는 모습. 이때 장내는 열광의 도가니가 되었다.

'레드라이트'라고 딱 잘라 말하기에는 조금 무리가 있겠으나 한편의 코미디와 같은 상황이 발생됐었다. (p.271 사진 참고)

　이후 '영생교', '만민중앙교회' 등에서도 이적과 기사의 조작 의혹이 있었다. 아무튼 톰 버클리는 자신의 어머니가 암 환자임에도 불구하고 가짜 심령술사의 말에 속아 병원 치료도 제대로 받지 못하고 사망한 이후, 심령술은 절대로 존재하지 않는다고 믿게 된다. 그리고 자신의 어머니와 같은 피해자가 발생하는 것을 막기 위해 마가렛 교수의 보좌 교수로 심령술사를 빙자하는 사기꾼들을 폭로하기 위해 동분서주한다는 내용을 담고 있다. 비록 영화이긴 해도 거짓을 밝혀내기 위해 동분서주하는 그들의 모습을 보며 현실 속의 우리는 신리에 거하고자 발버둥 치며 살고 있다곤 하나 반드시 해야 할 일들엔 무감하고 속수무책인 경우가 많았음을 고백한다. 또한 이단 사역자 중에는 자신과 지인이 이단에서 돌아온 이후, 또는 여전히 그곳에 속해 있는 상황에서 이단 문제에 깊숙한 관심을 두는 이들이 많아지고는 있으나 중요한 것은 나와(우리와) 이해관계 걸려서 관심을 두기보다는, 하나님께서 우리에게 명하신 그 명령에 준행하는 삶으로서의 이단 문제에 관심을 갖고 살아가는 것이 더 옳지 않나 싶다. (2012. 10)

〈사이비〉

영화 〈사이비〉, 겉으로 보기엔 비슷해 보이지만 근본적으론 아주 다른, 사이비의 뜻을 모르는 이들은 없을 것이다. 그런데 나와는 상관없을 것 같은 그 단어의 적용이 멀리에 만 있는 것이 아니라 우리 안에, 내지는 우리 가까이에 있을 수 있다고 동명의 영화는 말하고 있다. 당신이 믿고 있는 것이 과연 진짜이냐고. 또 거짓을 말하는 선한 자와 진실을 말하는 악한 자를 대비시키며 인간의 양면성을 거세게 꼬집는다.

수몰 예정 지역인 마을에 교회가 새로 생긴다. 기적을 빙자해 사람들의 보상금을 노리는 장로와 그를 돕는 목사, 그들의 정체를 유일하게 알고 있는 주정뱅이 폭군, 그리고 이들을 둘러싼 사람들은 결국 충돌하고야 만다. 영화가 전하고자 하는 메시지는 '과연 우리가 믿고 있는 것이 진짜일까?'라고 진리를 향해 가고는 있으나 문제가 적지 않은 한국교회가 이젠 아무리 진리를 외쳐도 믿지 않는 현실을 대변해 주는 듯싶다. 무튼 선과 악의 경계, 그리고 마을을 구원할 유일한 '믿음' vs '믿음'을 의심하는 한 남자를 주축으로 한 영화는 웬지 두 번 다시 보고 싶진 않지만, 작금의 한국교회와 그 주변을 다시금 돌아볼 수 있는 계기가 마련되었다는 것에 의미를 부여하지 않을 수 없다. '믿음'에 대한 날 선 물음에 부디 정답에 근접할 수 있는 한 해가 되기를 바라마지않는다.

＊ 영화가 개봉된 지 5년 후에 영화를 원작으로 하는 드라마가 〈구해줘 2〉라는 이름으로 선보였다. (2014. 1)

#2 삶이 더 영화 같은 시대를 살아가며 영화든 삶이든 간에 그 끝이 부디 해피엔딩이었으면 좋겠다. 그 마음을 담아 전하는 글이 여전히 서투르지만 무한한 애교쯤으로 받아지길 바라며 영화와 삶의 이야기를 계속해서 전하고자 한다. 특히 영화에 대한 사적인 기억들을 공적인 지면에 담곤 하는데 전문가는 아니나 영화를 통해 세상 속을 들여다볼 수 있는 것이 좋아서이다. 그래도 기도하며 때로는 진지한 마음으로 관찰하고, 나름 고민도 안고 썼으니 너그러운 이해가 있기를 바라며, 간혹 동의와 공감이 더해진다면 더할 나위 없겠다. 영화의 연출은 감독의 몫이지만 세상의 총연출은 하나님의 것임을 믿으며.

〈변호인〉

관객 수 1136만 명을 기록하며 마무리한, 따로 언급할 필요가 없는 영화. 고 노무현 전 대통령과 관련된 실화를 모티브로 한 소재에 관한 관심과 배우들의 출중한 연기력 호평 등에 힘입은 〈변호인〉의 흥행은 여러 가지 면에서 의미 있는 성과를 거뒀다. 앞서 〈부러진 화살〉, 〈도가

탁 소장님! 여기가 이단인가요?

니〉 등에 이어 사회참여 영화 흥행 붐을 이어가며 사회문제에 대한 관심을 불러일으킨 것이 그 성과 중 하나겠다. 변호사란 변호사 자격증 소지자를 뜻하고 변호인은 법률적 도움을 주는(변호사 포함) 이를 칭한다는 것을 영화 외적인 것을 살펴보다 알게 되었다. 그런데 영화 '변호인'에서 보여주는 것은 변호사의 '진정성(진실한 마음과 행동이 일치함을 뜻한다, 라고 사전에 나와 있다.)'이다. 같은 직종의 한 이가 쓴 글을 보니 변호사는 법정대리인이란 호칭 외에 상담자라고도 불린단다. 상담자는 심리적인 문제나 고민이 있는 사람의 말을 들어주고 공감하며 조언해 주는데 진실한 마음 없이 진실한 상담은 불가능할 것이다. 전통적 의미에서의 변호사의 역할은 법정대리인과 상담자 역할 모두를 포함한다고 볼 수 있다는데 필자도 마찬가지지만 의뢰인은 법률적 문제라는 외부적 사건 외에도 심리적 고통이라는 내부적 사건을 마음에 품고 변호사를 찾아가나 요새 대다수 변호사의 역할은 외부적 사건만 다루는 법정대리인에 국한돼 있는 게 사실이다. 의뢰인의 법정대리인으로서 사건, 사고를 잘 처리하는 능력에 더해 의뢰인의 내면의 아픈 소리를 진심으로 들어주고 안아준다면 이는 더 좋은 변호사, 나아가 '변호인'으로의 첫걸음이 될 것이다. 영화 〈변호인〉이 일 처리만 유능한 변호사를 다뤘다면 천만 넘는 관객의 호응은커녕 별 감동도 얻지 못했을 것이다. 유능한 세법 변호사가 국밥집 주인의 아픔에 공감하고 변호에 나섰을 때 그는 변호사를 넘어선 '변호인'이 됐다. 진실한 마음과 행동이 일치하는 변호사의 진정성이 얼마나 큰 감동을 주는지 영화는 보여준다. 유명한 변호사가 아닌 진정성 있는 '변호인'으로 가는 길이 쉽지만은 않은 것처럼 교계나 세상에서 제법 알려지길 바라는 사역의 길보다는 진정성 있고, 진실한 신자 내지는 사역자의 길을 걸어가야 함을 일개(?) 영화가 가르쳐줬다. 잠은 못 자도 봐야 할 영화는 반드시 봐야만 직성이 풀리는, 취미를 넘어서 영화를 사랑하는 이유다. 본지는 여전히 진실한 상담과 헌신의 맘으로 심리적 고통을 안고 있거나 법적인 자문, 그리고 여러 정보가 필요한 이들에게 '진정성'을 갖고 열심히 섬기도록 할 테니 여전히 뜨거운 응원과 지지를 부탁드린다. (2014. 4)

〈또 하나의 약속〉

삼성 반도체 공장에서 일하다 백혈병으로 숨진 고 황유미씨를 다룬 영화, 〈또 하나의 약속〉은 시민들의 연대를 통해 '또 하나의 기적'을 만들어냈다는 데 그 의미가 있다. 평소 영화의 엔딩 크레딧 전, 출구로 달려가곤 했으나 이 영화만큼은 마지막까지 자리를 지킨 채 영화 제작에 참여한 시민들의 이름을 모두 관람(?)하며 극장 문을 나섰다. 재작년 현대종교에 닥친 감당키 어려웠던, 소송으로 강제경매 등의 어려움에 처했을 때, 김동호 목사의 제안으로 초등학생부터 해외 교민까지 나서서 십시일반의 마음으로 '현대종교 살리기 운동'을 벌여주셨던 그때가 떠올라서였다. 이 영화가 영화 산업 및 상영관 전반에 대기업 독과점의 횡포와 문제점이 개선되는 계기가 된 것처럼 본지가 겪는 어려움들을 통해 그것이 늘 '더불어'의 힘으로 발전될 수 있다는 것과 관군이 의병의 힘보다 못해서는 안 되며, 이단 문제는 언제나 '열 사람의 한 걸음'이 중요하다는 것을 깨닫게 해줬다. 이단들의 공격과 압박을 통해 하나님은 우리를 더욱 단단하게 단련시켜주시며, 모든 것이 그의 뜻대로 움직이고 있는 것을 매번 확신하며 살고 있다. 많은 어려움 속에서 제작되었고, 영화가 상영되는 내내 많은 난관 속에 처했던 이 영화를 보다 많은 사람들이 관람하고, 또 영화의 내용이 담은 사회 현실을 개선하기 위해 계속해서 적극적으로 응원해 줄 것을 당부한 제작사의 이야기는 한국교회를 향한 필자의 소망과도 크게 다르지 않다.

* 혹시 위 영화가 조금 아쉬웠다면 이어 개봉한 다큐멘터리 영화 〈탐욕의 제국〉을 보길 권한다. 이 영화 역시 반도체 공장 구성원들을 다룬 작품인데 피해자들의 투쟁보다도 그들의 개인적 삶에 더 관심을 두었기에 또 다른 주목을 받고 있다. 그리고 지면을 빌어 감사하고 싶은 것은 〈변호인〉이나 위의 영화들에서 각 방면의 전문가들의 헌신적인 도움이 있었기에 여러 문제들이 세상에 알려지고, 함께 그 문제를 풀어가게 됐던 것처럼 현대종교도 여러 전문가(변호사, 세무사)의 헌신적인 섬김과 자문이 있었기에 지금의 우리가 존재하고 있다. '그냥 이단이 밉고, 싫다'에서 그치는 것이 아니라 마음과 지혜를, 기도와 힘을 모아 달라는 요청에 기꺼이 응하며 함께 문제를 풀어가는 이들이 좀 더 많아질 수 있기를 바란다. (2014. 4)

〈폼페이: 최후의 날〉

잘 알고 있는 사건이기에 다른 소개는 필요치 않을 것 같다. 제목 말미에 '최후의 날'이란 부제가 붙어있으나 그 일이 지구의 마지막 사건은 아니었다. 최근의 온난화 등을 통한 지구 생태계 파괴 등과 터져지는 사건, 사고들을 보며 지금이 마지막 때인 것은 분명하지만 그날과 그때는 오직 하나님만 아시니 그저 하루하루를 열심히 살아가는 것이 우리들 삶의 정답이지 않을까 싶다. 더불어 그날과 그때를 알 수 있다고 주장하는 종교사기꾼들이 등장하는 것도 무리가 아닌 시대를 살아가고 있기에 시한부종말론을 주장하는 '하나님의교회' 등의 이단에 대응하는 방법들 중 건강한 종말관을 가지고 사는 것을 중히 여겨야 할 것이다. 더불어 본래의 기독교의 정신으로도 돌아가야만 한다. 그것은 예수의 정신이기도 하다. 예수를 강조하면서 예수를 팔아먹는 행위를 중단하고, 지금이라도 늦지 않은 심정으로 어떻게 사람답게 살아야 하는가와 하나님을 섬겨야 하는지에 대한 고민을 게을리하지 말아야 할 것이다.

* 최근 머리 아픈 몇몇 사건들로 인해 잠시 머리를 식히고자 아무 생각 없이 봤는데 뜻밖에 '마라나타'의 고백을 읊조리게 한 영화였다. (2014. 4)

〈집으로 가는 길, 노예 12년〉

극한의 고립감만을 볼 땐 위의 두 영화는 닮아있다. 프랑스에서 마약범으로 몰려 외딴섬 마르티니크 교도소에 수감되어 집으로 돌아오기까지 상상할 수 없는 일들과 처절한 고달픔을 견뎌내야 했던 실화를 바탕으로 한 앞의 영화 〈집으로 가는 길〉이나 아내, 그리고 두 아이와 함께 자유로운 삶을 살던 음악가 주인공이 공연을 미끼로 납치되어 노예로 팔려 간 후, 아무리 '자유인'이라고 항변해 봐도 소용없이 끔찍한 노예 생활을 하며 가족에게 돌아갈 날만 기다린다는 영화 〈노예 12년〉은 역사적 무게만 다를 뿐 사랑하는 가족의 품으로 돌아가길 애타게 바라는, 그들 삶의 극한의 부분을 다루었다는 것은 동일하다. 물론 작금의 현실도 크게 다르진 않다. 최근 이산가족 상봉 때 눈물 없이 지켜보기 힘들었던 이산가족들이나 이단에 의한 피해를 겪은 이들이 가족의 회복을 위해 처절히 싸우고 있는 것을 지켜보노라면 빠른 시일 내에 통일된 조국에서 살 수 있기를, 그리고 이단으로 인해 깨진 가정의 회복이 이루어지길 간절한 마음으로 소망하지 않을 수 없다. 그러나 각각의 전문가들은 우선 지금 상태로의 통일은 축복이 아니라 재앙이 될 수 있다고 경고하고 있다. 통일이 곧 된다 하더라도 남북의 간극, 즉 남북한이 함께 살 수 있는 사회, 문화, 정서적 교분을 갖춰야 하며, 정치, 경제, 종교 등의 부분에서도 철저한 통일에 대한 준비가 필요하다고 입을 모은다. 아울러 이단 교주들이 사망하는 상황에서도 과도기적 시점에 주어질 회복의 기회를 놓치지 않도록(교회와 가정으로 돌아올 이들과의 간극을 줄일 수 있도록) 특단의 대책이 준비돼야 할 것이다. 그렇지 않을 경우, 쉽지 않은 이 싸움이 처음부터 다시 시작되어야 할지도 모를 일이다. (2014. 4)

〈신이 보낸 사람〉

북한, 또는 탈북 관련 영화는 그 주제가 버거워 부러 피해왔는데 신천지에서 제작했다는 루머와 섬기는 교회에서의 적극적인 광고, 또 관련 영화로는 나름대로 흥행 가도를 달리고 있는 것의 궁금함과 호기심 때문에 보지 않을 수가 없었다. 북한 지하교회의 현실을 거의 흡사하게 연출했다는 영화는 처음부터 끝날 때까지 신앙과 믿음에 대해서, 북한 선교의 근본적인 문제에 대해 다시금 관심, 고민케 되는 계기를 마련해주었다. 극 중 "하나님께서 감당하지 못할 시험은 허락지 않는다고 하셨는데 왜 이런 시련을 주시나요?"라던 한 이의 대사가 기억난다. 그러나 영화의 끝 장면을 보며 든 생각은 감당하지 못할 시험이란 것은 주관적일 수밖에 없지만 모든 것이 하나님의 계획하심에 있다는 것만큼은 인정하며 살아야 한다는 것이었다. 현대종교의 시련들도 다시금 생각해 보니 각각의 구성원들에게 경각을 주시고, 더 열심할 수 있는 계기를 마

탁 소장님! 여기가 이단인가요?

련해 주신 것이기에 예나 지금이나 감사하지 않을 수 없다. (2014. 4)

〈찌라시: 위험한 소문〉

　증권가 '찌라시'는 '지라시'라는 일본 말에서 나온 전단 등의 종이 등을 일컫는다. 증권가라는 말이 붙어서 신빙성이 있어 보이지만 많은 정보 중 서로에게 가짜 정보를 흘려 서로를 속이고, 그것을 이용해 이득을 챙기기도 한다. 가짜 정보나 '그러카더라'식의 언론 플레이는 익히 들어왔던 바다. 요즘 이단들의 크게 무리하는 모습도 어쩌면 영적 전쟁도 정보전이어서 그런지 모르겠다. '큰민음교회(현 사랑하는교회)' 변승우는 입만 열었다 하면 필자에 대해 확인되지 않은 이야기들을 남발하며 거짓 정보들을 흘리고 있고, 최근 하나님의교회는 교계 모 신문사(이 신문은 이단 옹호 언론이기도 하다)의 허락도 받지 않은 채 그 신문 이름으로 자신들 홍보성 기사를 따로 게재하여 발간하는, 도저히 믿기 어려운 막장들이 만들어지고 있다. 그들에게 중요한 것은 진실이 아니라 진실일 것이라고 믿는, 또는 억지스러운 진실을 만들어 내는 데 있지 않나 싶다. 그러고 보니 이단들의 상상도 조금 어설퍼 보이긴 하지만 현실로 나타났던 적이 적지 않았던 것 같다. 그들의 속임수는 늘 세상보다 한발 앞서 있다. (2014. 4)

다시 〈라이언 일병 구하기〉에서 〈퓨리〉까지

지면을 통해 〈라이언 일병 구하기〉란 영화를 자주 소개했던 이유는 여전히 기억에 어른거리는 몇몇 단상들 때문이다. 최근 〈퓨리〉라는 영화는 사실적 묘사만 보자면 〈라이언 일병 구하기〉의 맥을 잇고 있다. 다른 전쟁영화와는 달리 영화 〈퓨리〉는 탱크 한 대와 그 탱크에 몸담고 있는 5명의 병사에 집중하며 전투를 세밀하게 담아냈다. 퓨리를 지휘하는 '워대디'는 전쟁 영웅이다. 영웅이 된 이유는 간단하다. 수많은 전투에서 살아남았기 때문이다. 나머지 4명은 그를 믿고 따르긴 하지만 때마다 옥신각신한다. 세상사 군상들처럼. '워대디'의 최대 목표는 이런 부대원들을 끝까지 살리고 지키는 것이다. 영화를 보는 내내 세월호가 떠오른 것은 우연이 아니었다. 아이들을 살릴 수 있었던 이들은 그 당시에 어디에 있었나? 그러고 보니 세월호 사건 자체가 어쩌면 치열했던 전쟁이었지 않았나 싶다. 얼마 전 베링해 근해에서 침몰한 '오룡호'의 선장이 침몰하는 배와 마지막까지 함께했다는 기사를 보면서도 세월호가 생각났다. 영화와 현실에서 만날 수 있었던 이들을 왜 세월호에서만큼은 만나지 못했을까. 새해에는 더 많은 '오룡호의 선장'과 '워대디'들을 만나고 싶다.

* 그렇다고 무작정 '그들'의 등장만을 기다릴 수는 없고, 때로는 우리가 '그들'이 되

탁 소장님! 여기가 이단인가요?

어, 그 같은 삶을 살길. 아울러 전쟁 이야기를 꺼내게 되니 지난 12월 전쟁설 관련 해프닝이 생각난다. 예나 지금이나 그릇된 예언의 남발들이 적지 않다. (2015. 1)

〈제자 옥한흠〉과 〈카트〉, 그리고 〈쿼바디스〉

때로는 가벼운 대중영화보다 독립영화에 끌리는 경우가 많다. 그간 독립영화라고 하면 대중성은 떨어지고 평론은 좋으며, 왠지 고리타분할 것이라는 선입감이 없지 않았다. 그러나 시간 가는 줄 모르는 재미와 더불어 우리의 삶의 방향까지 잡아주는 때도 많다. 비록 마감 날짜 때문에 89세 소녀 감성 강계열 할머니와 98세 로맨티스트 조병만 할아버지의 76년의 연애와 이별을 담은 〈님아, 그 강을 건너지 마오〉와 임종을 통해 보게 된, 살아있다는 것의 기적에 대해 말하고자 했던 〈목숨〉이란 영화를 대형 스크린으로 보지 못한 것이 아쉽기만 하다. 하지만 몇 편의 영화만으로도 삶의 이정표를 바로잡을 수 있게 되어 다행이다. 특히 이번 영화들 몇은 공교롭게도 '사랑의교회'와 직, 간접적인 관계가 있었는데 〈제자 옥한흠〉과 〈카트〉, 그리고 〈쿼바디스〉가 그 주인공이다.

〈제자 옥한흠〉, 어렵게 찾아간 시내의 자그마한 소극장에서 권사, 장로들로 보이는 몇몇 이들과 함께 그간 보고팠던 옥한흠 목사를 (스크린에서나마) 만날 수 있었다. 작금의 교회와 세상이 혼란스러워서 그런지 살아 계셨을 때 뵀던 것만큼이나 반가웠다. 어렸을 적 성도교회에 출석했을 때는 옥한흠 전도사로, 선친의 소천 전, 후에는 사랑의교회 담임 옥한흠 목사로, 그리고 이렇듯 세월이 흘러서는 영화를 통해 고 옥한흠 목사로 만났다. 이제 다음 차례는 하나님 나라에서 선친과 함께 모두가 만나는 귀한 시간이겠지! 선친과는 잘 지내고 계시는지 모르겠다. 무튼 한국교회와 성도들을 건강하게, 귀한 예수의 제자로 설 수 있도록 온몸을 내던지며 살았던 은보 옥 목사의 삶이 담긴 영화를 보면서는 앞의 전쟁영화에서 세월호가 떠오른 것처럼 날마다 터져지는 한국교회의 사건, 사고들이 떠올랐다. 그가 살아있다면, 작금의 한국교회를 보며 어떤 말씀을 하셨을까 싶다. 심하게 꾸짖시나 않았을지 모르겠다. 예전 목사님을 뵈려고 작은 선물 하나를 들고 찾아갔던 적이 있었다. 그런데 그런 것을 살 돈이 있다면 사역을 위해 보태 쓰라고 뵙자마자 작정하고 야단을 치는데 당황스럽고 무안했던, 그러나 왠지 그 일이 참 감사했던 기억이 난다. 그처럼 상투적이고 형식적인 만남과 인사치레를 마다하셨던 그에게 작은 일로라도 한 번 더 혼나고 싶고, 또 한국교회를 향해 간절한 마음으로 꾸짖는 모습을 다시금 보고 싶다. 물론 그 바람은 바로 이뤄졌다. 영화 속에서 그는 더욱 강력하게 한국교회를 향해 외치고 있었다. '한국교회를 살리는 방법은 목회자가 날마다 죽는 것입니다. 십자가와 가까워질수록 나는 더 작아지고, 십자가에서 멀어질수록 나는 더 커집니다' 라고. 25년간 설교를 준비하며 단 한 번도 30시간 이내에 설교를 준비

탁 소장님! 여기가 이단인가요?

한 적이 없었다는 주변 지인들의 이야기에, 말씀과 삶이 일치하고 그저 정직하게 살길 원해 기득권 속에서도 끊임없이 고민하고 기도와 말씀 중심으로 살고자 몸부림쳤던 그의 삶에 고개를 숙이지 않을 수가 없었다. 교회의 성장보다는 각 사람이 제자의 삶을 살 수 있도록 혼신의 마음으로 성도와 한국교회를 섬겼던 그의 모습은 작금의 물질 만능의 목회를 지향하는 상당수 교회에 커다란 울림이 되고 있다. 그 흔한 가족사진 하나 찍지 못해 장례식장에서야 가족사진을 찍었다는 차남의 눈물은 우리의 선배들이 이렇듯 하나님의 일을 위해서는 가족조차 포기해야 했던 아픔이고 슬픔이다. 탁 목사를 통해 『교회는 이긴다』라는 책을 알게 되었다. 책의 제목처럼 그간 교회는 이겨왔고, 그리고 이겼고, 앞으로도 이길 것임에 하나님께서 다 이겨놓은 싸움의 마침표를 건강한 교회 공동체가 이루고, 그래서 하나님의 나라가 이 땅에 근사하게 이뤄질 수 있도록 제자 된 우리들이 온몸으로 부딪히며 살아가야 할 것이다. 그것이 먼저 떠난 귀한 선배들에게 바치는 최소한의 헌사가 아니겠는가. 영화〈카트〉역시〈제자 옥한흠〉과 더불어 만감이 교차하는, 작은 울림이 있었다. 비정규직 여성 노동자들의 투쟁이라는 실화를 바탕으로 한 영화는 두고두고 기억해야 할 무거운 책임과 거룩한 부담감을 안겨줬다. 정치, 사회, 종교 등 이 땅의 '갑'과 '을' 모두가 행복하게 살 수 있는 세상이 되기를 소망한다. 현대종교도 '을'의 상황에 놓인 경우가 적지 않기에 양심을 감추거나 '갑'들에게 아첨 떨던 일이 많지는 않았는지 반성하지 않을 수 없다. 더불어 우리의 영원한 '갑'은 늘 우리에게 '을'로 다가오시는 하나님밖에 없음을 고백하지 않을 수 없다.

본지 기자들과 관람한 영화 〈쿼바디스〉는 기자들의 신앙적, 사회적 성향이 어떻든 간에 대부분 영화의 한 줄 평은 '가슴이 답답하고, 한국교회 정신 차려야 하지 않겠나?'이지 않았을까 싶다. 영화관을 통째로 빌려(?) 관람한(관객이 우리들밖에 없었다) 〈쿼바디스〉. 독자들의 신앙이 진보든 보수든 간에 꼭 한 번 보기를 권하지 않을 수 없는 영화다. 영화가 비판하는 것은 한국 기독교 자체가 아니라 일부 대형 교회 목회자들이다. 다큐멘터리 감독 '마이클 모어'라는 가상 인물을 내세워 한국교회의 현실을 좇는데 영화 속 목사들은 거대한 교회 자산을 대물림하기 위해 세습을 일삼고, 신도를 성추행했다는 이유로 교회에서 쫓겨난 뒤 새로운 교회를 개척한다. 빚을 져가며 거대한 예배당을 짓고, 이름난 교회가 같은 이름으로 신도시에 분립하니 작은 교회들이 설 자리를 잃게 된 현상도 나온다. 교회는 점점 커져가고, 예수는 점점 작아져 버린다. 아버지 목사가 교회의 주인이고, 아들 목사가 다음 주인이기도 하다. 그러나 교회는 침묵한다. 영화는 대형교회의 문제점들을 적나라하게 파헤치기보다는 우리가 왜곡해온 예수 말고 진짜 예수를 만나는 일에 초점이 모아졌으면 하는 감독의 바람이 담겨 있다. 아울러 감독은 또 한국교회는 어디로 향하고 있는지 묻고 있다. '쿼바디스'는 '어디로 가시나이까?'라는 뜻을 가진 라틴어다. 지금의 적지 않은 교회들이 누구의 가슴도 뛰게 하지 못하고 있음을 부인하긴 어렵다. 이단들의 예배드리는 모습을 본 적이 있는가? 비록 그 예배가 하나님께서 받지 않는 예배이지만 겉만 봐

탁 소장님! 여기가 이단인가요?

서는 그들의 생기 넘쳐 있는, 간절한 모습이 부러울 때가 있었다. 사역상 여러 교회를 돌아다니며 일부이긴 하나(어쩌면 상당수일지도) 주일 낮, 잠이 덜 깬 듯 멍한 모습으로 예배를 드리거나 아슬아슬하게 축도 전, 슬리퍼에 반바지로 교회에 나오기도 하고, 오후의 특강 때에도 그 모습들이 가관일 때가 적지 않았다. 늘 고백하는 것처럼 가짜는 진짜처럼 살고, 진짜는 가짜처럼 사는 시대를 살고 있다. 우리는 열심히 예수의 뒤를 쫓고 있다 생각하며 살지만, 어느 날 눈 비비고 자세히 눈을 떠보면 예수와는 정반대의 길을 가고 있음을 알게 될지도 모른다. 이제라도 다시금 그 뒤를 쫓아가야 하는데, 어떻게든 쫓아가야 하는 데 주저하기를 반복한다. '한국교회는 어디로 가고 있는가?' (2015. 1)

〈인터스텔라〉와 〈그래비티〉

지난해 전 세계적으로 흥행한 SF 영화 〈그래비티〉를 중, 고등학생용이라고 한다면, 〈인터스텔라〉는 대학생·대학원생용 하드(hard) SF 영화라고 할 수 있겠다. 내지는 〈그래비티〉는 엄마의 우주여행이고, 〈인터스텔라〉는 아빠의 우주여행이라고도 말할 수 있겠다. 〈그래비티〉를 보면 그 흔한 외계인도 없고, 우주 전쟁도 없다. 그러나 손에 땀을 쥐게 하는, 누구도 경험하지 못한 진짜 재난을 온몸으로 체험케 한다. 지구로부터 600㎞가 떨어진 곳, 소리도 산소도 없고, 우주에서의 생존도 불가능해 보인다. 우주망원경을 수리하기 위해 우주를 탐사하던 스톤 박사는 폭파된 인공위성의 잔해와 부딪히면서 그곳에 홀로 남겨지면서 겪게 되는 일들을 기록했다. 반면 〈인터스텔라〉는 경제가 완전히 붕괴된 미래에서 지난 20세기에 범한 잘못이 전 세계적인 식량 부족을 불러왔고, NASA도 해체된 상황이다. 이때 시공간에 불가사의한 틈이 열리고, 남은 자들에게는 이곳을 탐험해 인류를 구해야 하는 임무가 주어진다. 가족들을 뒤로한 채 인류라는 더 큰 가족을 위해, 희망을 찾아 우주로 떠난다는 이야기. 영화는 우주 탐험의 어려움과 부녀의 그리움이 두 축을 이룬다. 결국 딸은 5차원 공간에 갇힌 주인공인 아버지의 사랑을 확인하고, 인류도 구할 수 있게 된다.

두 영화 중 〈인터스텔라〉를 통해서는 앞의 〈라이언 일병 구하기〉처럼 생각이 많아졌다. 시간의 상대성은 아버지와 딸을 갈라놓았지만 5차원 공간에 갇혀있는 상태에서는 어떻게든 교통이 가능하나 현실에서는 그 일이 불가능할 때가 있다. 굳이 우주와 관련해 거창하게 이야기하진 않아도 사랑하는 이가 문제성 종교에 빠졌을 때, 바로 앞에 두고서도 가족이 더는 가족일 수 없는 기막힌 단절의 상황이 적지 않아서다. 이 시대에 수많은 곳에서 벌어지고 있는, 영화보다 더 영화 같은 이야기가 이단 피해자들이 겪고 있는 삶이지 싶다. 그것은 절망이고 지옥이다. 그러나 가족의 사랑이 종국엔 희망을 건네주지 않을 수 없다는 것이 영화의 메시지이기에 가족애가 남다른 이 땅에서 흥행에 성공했고, 아울러

탁 소장님! 여기가 이단인가요?

이단 피해자들의 소망 또한 반드시 이뤄질 것이라는 믿음 또한 깊어졌다. 영화에서 주인공을 우주로 보내는 노박사가 시 한 편을 낭독해 주는 장면이 있다. '순순히 어두운 밤을 받아들이지 말라. 빛이 꺼져감에 분노하고 또 분노하라'는 시인데 작금의 한국교회에 건네는 중요한 일침으로도 받아들여진다. 아울러 주인공의 이야기처럼 답하고 행동할 수 있었으면 한다. '우린 답을 찾을 거야! 늘 그랬듯이'(2015. 1)

〈우리는 형제입니다〉

고난 중에서도 주인공인 형(목사)이 건실하고 기독교인 다운 삶을 살고자 노력하는 모습이 최근 대중영화 중 가장 좋은 이미지를 관객에게 선사했다는 영화 전문가 강진구 교수의 글에 공감한다. 영화에서나마 이처럼 우직한 목회자 상을 보게 된 것이 얼마 만인가. 과거의 상처와 전력이 동기부여와 회개이기보다는 세상 무용담으로 가득한 허울뿐인 간증으로 재탄생되거나 자신의 주관적인 체험들을 지나치게 객관화시켜 성도들을 벼랑 끝으로 모는 일들이 현실에는 적지 않다. 정직해야 하고 진심이 우러나와야지만 사람들과 하나님께 인정받는 것이 아닌가 싶다. 영화에서 형이 아픔을 승화시키는 과정과 종교적 배경이 전혀 다른 동생과 화해하던 모습, 좌충우돌하지만 함께 치매에 걸린 어머니를 찾아 나서는 모습이, 예상했던 내용과 크게 다르진 않았지만 그럼에도 뭉클했다. 다른 종교의 배경을 갖고 있으나 교리적 언쟁으로 확장되기보다는 지난날 고생하면서 살아온 서로를 인정하는 태도로 교감이 형성되어지는 과정은 이단 피해자들에게 내심 부러운 결말인지도 모르겠다. 기독교가 결코 이단과 타협할 수 없는 이기적인(?) 종교이긴 하나 하나님이 주시는 간절한 사랑과 성경이 주는 지혜와 진심의 기도를 안고 이단에 속한 이들에게 다가간다면 아마도 고압적인 자세의 충고나 인간적이고 세상적인 설득보다 더 귀한 결과가 있지 않을까. 타 종교인을(또는 이단에 속한 이들을) 가족으로 둔 그리스도인은 어떻게 살아야 하는가? 질문의 해답을 영화 속에서 발견할 수 있다는 의견에도 동의한다. 올해도 변함없이 피해자들의 회복을 소망하며 두 손 모으고자 한다. (2015. 1)

〈돈크라이마마〉

2012년, 같은 학교 남학생들로 인해 한순간에 딸을 잃은 주인공의 슬픔과 복수를 담은 영화다. 그런데 영화의 감독이 지금까지도 이단에 빠진 아내를 회복시키고자 고군분투하고 있다는 것을 아는 이들이 많지 않다. 내용은 조금 다르나 영화와 현실이 닮아있다. 피해자들과 함께 연일 아내의 회복을 위해 싸우고 있는 감독과 피해자들을 위한 기도가 끊이지 않길 소망한다. 모든 일이 잘 마무리되고, 다시금 그가 만들 근사한 영화를 만날 수 있었으면 좋겠다. 이왕이면 이단 피해자들의 아픔을 제대로 묘사해 줄 수 있는 영화라면 더할 나위 없을 것 같다. 진심 가득한 영화가 작금의 한국교회와 피해자들을 위로해 줄 수 있기를 소망하며. (2015. 1)

〈꾸뻬씨의 행복여행〉

기차가 만석인지라 선택의 여지 없이 영화석(2015년 당시에는 ktx에 영화 차량이 따로 있었다)을 택했다. 평소 영화를 좋아하긴 하지만 원하지 않는 영화를 보는 일은, 좋아하지 않는 음식을 대하는 일과 크게 다르지 않을 거라는 생각에 기대하지 않았던 영화. 그러나 의지와 상관없는 일들이 때로는 생각지 못한 즐거움을 줄 수도 있다는 사실을 깨닫게 해준 〈꾸뻬씨의 행복여행〉을 소개한다. 영화는, 매일 같이 불행하다고 외치는 사람들을 만나는 런던의 정신과 의사 '헥터', 과연 진정한 행복이란 뭘까 궁금해진 그는 모든 걸 제쳐두고 훌쩍 행복을 찾기 위한 여행을 떠나면서 벌어지는 내용을 담고 있다. 돈이 행복의 조건이라고 생각하는 상하이의 은행가, 가족과 행복하게 살고 싶은 아프리카의 마약 밀매상, 생애 마지막 여행을 떠난 말기 암 환자, 그리고 가슴속에 간직해 둔 LA

의 첫사랑까지 '헥터'는 여행지에서 만난 수많은 인연을 통해 그만의 리스트를 완성해나간다. 설레고 흥겹고 즐거운, 그리고 때로는 위험천만하기까지 한 여행의 순간들, 진정한 행복의 비밀을 찾아 떠난 주인공은 행복은 있는 그대로 사랑받는 것, 온전히 살아있음을 느끼는 것, 귀 기울여주는 것 등의 내용을 행복 수첩에 채워가며 여행을 이어간다. 식상한 내용이 없진 않았으나 행복을 찾는 여행의 여정을 담은 영화는 대부분의 이야기에 공감과 설득력을 더해주며 잔잔한 감동을 안겨줬다. 특히 '사랑은 귀 기울여주는 것'이라는 장면, 서로의 이야기에 귀 기울여주는 것만큼 근사한 일이 또 있을까.

평소에 아이들의 이야기에 귀 기울이며 살아왔던 것이 살면서 가장 잘한 일이지 않나 싶은 마음으로 간절히 소망하는 것은 한국교회도 이단 피해자들의 이야기에 좀 더 귀 기울여줬으면 하는 바람이다. 더불어 절망 가득한 세상을 살아가고 있으나 행복이 그리 먼 곳에 있지 않다는 당연한 진리를 믿으며 아프고 상한 이들, 헐벗고 병든 이들의 목소리 포함, 우리 믿는 이들을 필요로 하는 이들의 이야기에 귀 기울이며 사는 삶을 소망한다. (2015. 2)

〈내부자들〉
– 내부자들? 외부자들! –

1. 종횡무진 교계를 혼란케 하는 이들 중에 종교 브로커라 불리는 이들이 있다. 최소한의 상식이나 일말의 믿음 내지는 신앙을 기대하기 어려운 존재들이다. 능한 정보력과 정치력으로 제 입맛에 맞게 이단이든 정통이든 상관없이 나쁜 커넥션을 이뤄 가는 데 주력하곤 한다. 이단은 이롭게 교회는 분열로, 사역자들에 대한 비방과 압박은 끊임없이! 이들의 활동은 고 탁 소장의 사역 시기와도 맥을 같이 해왔다. 대략 기억을 정리해 보면 『탁명환! 그는 박수 무당인가?』 등의 책을 썼던 김모씨로부터 시작해 어떤 이유도 없이 무작정 선친과 현대종교에 대해 비난 기사들을 써댔던 이모씨, 이단을 옹호하며 교계를 어지럽히더니만 결국 그 자신이 이단으로 규정됐던 또 다른 이모씨의 활동으로 이어졌다. 지금은 이단 옹호 언론인 황모씨 등이 그 맥을 이어가고 있다. 아! 예장합동 측에 몸담았던 또 다른 김모씨를 빠뜨릴 뻔했다. 종교 브로커의 전설(?)이라 할 수 있는데 아직도 현직에서 활동 중이다. 그 외 일일이 열거하지 못할 정도로 많은 이들이 계보를 잇고 있다. 교단 요직에 있기도 하고, 연합기관과 언론 등에도 몸담고 있다. 그러나 대개의 교회와 성도들은 그 정체를 쉽사리 눈치채기가 어렵다. 겉으로 드러난 것만 봐서는 도통 알 길이 없기 때문이다. 거짓, 내지는 사실이더라도 진실일 수 없

는 정보들로 언론 플레이하는 그 잔재주들로 수십 년간 내공을 쌓아 왔으니 도리어 지지와 후원을 받는 일도 있다. 그 정체를 어느 정도 알고 있다 한들, 수없이 복잡한 이해관계들이 맞물려있기에 본질을 꿰뚫어 본다 해도 더는 어찌할 방법이 없을 때가 많다. 그나마 다행인 것은 이단 해제, 교회 분열 등의 아픔을 겪고 난 후 늦게나마 격앙된 감정을 안고 소송 등의 문제 제기를 진행하고 있는 이들이 늘고 있어서다. 작금의 한국교회 최대의 적은 이단과 한국교회 중간에서 공생하는 영적인 기생충들이다. 그런데 기실 따지고 보면 그들과 반대에 있다고 하는, 정통이라 불리는 이들의 이단에 대한 고민과 대책이 과연 '얼마나 다른가?' 하는 거다.

2. 최근 〈내부자들〉이란 영화가 감독판까지 가세하여 흥행 가도를 달리고 있다. 조폭과 검찰, 언론과 정치, 그리고 재벌의 커넥션과 내부자의 고발이 아니고서는 알 수 없는 각계 지도층의 비리들을 담았는데 상상하던 작금의 현실 사회와 크게 다르지 않은 상세한 조합과 구성에 놀라지 않을 수 없었다. 한국 사회를 움직이는 기득권자들의 실체가 무엇인지를 적나라하게 보여준 만큼 관객들은 그것이 실체인 양 그 뒷모습을 더 알고 싶어 열광(?)하는 것이 영화 평론가이자 고신대 강진구 교수의 '관음증 탓일 수 있다는 글'과 일면 배치될 수 있겠으나 한국 사회의 구조적인 부패와 모순을 밝히는데 영화가 조금이나마 일조했다는 평도 적지 않다. 특이한 것은 본 영화에서의 희망적인 결말이 감독 확장판

탁 소장님! 여기가 이단인가요?

에서는 완전히 뒤바뀌어졌다는 것이다. 새롭게 추가된 결말이 '스포일러'가 될 수 있어 말은 아끼겠지만 그 결말을 보며 소름 끼쳤다는 이들의 이야기에 시대의 절망이 영화이든 현실이든 간에 당분간 현재진행형이 되리라는 것을 유추하지 않을 수 없다.

3. 이단 문제를 다루는 사람 중에 필자를 포함해 이단 척결의 의지를 빼면 과연 남는 게 있을까 싶은 생각이 든다. 그 의지조차 혹 가짜는 아닐까 하는 의심도 든다. 다분히 구태의연한 정치적 삶이 신앙으로 포장된 이들을 털고 가야 하는 것도 이단 대처만큼이나 중요한 일이 돼버렸다. 작금의 세상 정치 구도와 비교해 봐도 결코 덜하지 않은 정치적 구도와 암투, 구역질 나는 기득권 싸움과 세속에 찌들어가는 일들을 지켜보는 것만으로도 벅찬데 종교 브로커들을 거르는 일들까지…. 해가 지날수록 더욱 바빠지고 있으나 직무유기는 하지 않으련다. 물론 우리만 잘난 싸움을 한다고 생각진 않는다. 모두가 연약한 사람들이니 조금 덜 연약한 사람들이 더 연약한 이들을 붙잡아주고, 비판하며 바로잡아주는 것이 옳다고 믿는다. 우리가 종교 브로커들과 달라야 할 점은 그들은 자신의 흥함을 위해서만 일하지만 우린 온전히 하나님의 흥함을 위해서 살아야 한다는 것, 이것이 우리 믿는 이들의 일생에 걸쳐 간직될 수 있는 자긍심과 신념이 되어야 할 것이다. '희망'이라는 그 모호한 것이 다시금 '믿음'이란 확신으로 바뀌게 될 것을 믿으며. (2016. 2)

#3 영화제 수상작들일수록 그 내용을 이해하기가 쉽지 않다. 그 진부함과 썰렁함(때로는 무거움)을 받아들이기가 여의치 않은데 그와 반대로 평론가들의 뜨거운 반응들은 어떻게 이해해야 할지, 초짜 영화광의 숙제이다. 아무튼, 영화를 통해 세상을 열어보고 풀어가며, 가끔은 기독인의 삶도 조명해 볼 수 있으니 오래전부터 가졌던 취미 하나만은 잘 선택한 것 같다(어렸을 때, 그리고 군인 신분으로까지 틈만 나면 원하는 영화를 보기 위해 어떻게든 노력했던 할리우드 키드의 삶은 현재진행형이다.). 지금 하고 있는 사역만 아니라면 아마도 영화 관련 일을 하며 살았을지도 모르겠다. 그 아쉬움들을 영화로 달래보려고, 작정하며 짬 나는 데로 이곳저곳 늦은 저녁과 새벽까지 영화관을 섭렵한 것은 행복한 기억이다. 그러나 행복한 마음에 찬물을 끼얹은 것은 아이러니하게도 종교의 내용을 담으려 애는 쓰나 전혀 종교성을 담지 못한 영화들 때문이었다. 어쨌건 평론가들과 감독들과는 다르게, 쉽게 말할 수 없는 것은 진리가 아니라는 논리 아래, 그동안 보았던 영화의 속내를 필자의 눈높이에 맞춰 들여 보고자 한다. 그 적용 범위를 신앙과 이단 문제로 확대해 보고자 함도 물론이다.

탁 소장님! 여기가 이단인가요?

〈스포트라이트〉

아이들과 관람한 영화 〈스포트라이트〉는 둘째 녀석의 취향은 아니었는지 힘들어하는 모습이 역력했다. 그와 다르게 첫째는 진지하게 몰입하기에 그나마 잘한 선택이지 싶었다. 하고 있는 일에도 적지 않은 도움이 될, 언론의 부패한 종교 권력을 밝혀내는 과정이 강렬했다. 직원들과 언론인들에게 추천해 마지않으며, 칼럼에 담고자 하는 마음 역시 굳혀졌다. 그런데 다음 날, 아카데미 시상식에서 그 영화가 작품상을 거머쥐며 일순 게재하고자 했던 계획을 철회할까 잠시 망설였다. 흥행은 실패했으나 수상으로 인해 세상에 크게 알려질 테니 왠지 내 손을 떠난 것 같은 느낌이랄까? 혼자 알고 즐기다 주변 사람들에게 말해주고 싶었던 것이 다른 경로를 통해 모두가 알게 될 때 느껴지는, 소수만이 즐기던 동네 맛집이 매스컴을 타자 인산인해를 이룰 때의 심정과도 다르지 않다(그러나 결국 게재키로 했다. 마감이 코앞인지라^^).

스포트라이트의 뜻은 우리가 잘 아는 것처럼 무대, 영화 등의 연출에서 윤곽을 뚜렷하게 해야 하는 곳에 집중 조명을 비추는 장치를 말한다. 신문사 등 언론사에선 집중 취재의 뜻으로 쓰이고 있다. 영화에서는 미국의 3대 일간지 중 하나인「보스턴 글로브」내 팀 이름으로 사용됐다. '스포트라이트'팀은 매일 벌어지는 일들을 보도하는 것이 아니라 하나의 중요 사건을 몇 달씩 파고드는 데 팀이 겪었던 일을 소개하는 내용으로 영화는 이뤄졌으며, 사실에 기반을 두었다. 가톨릭 보스턴교구 사제들의 아동 성추행 사건을 취재하는 데 사건을 파헤치려 할수록 더욱 굳건히 닫히는 진실의 장벽 속에 결코 좌절하지 않고, 끈질긴 추적을 멈추지 않은 가운데 마침내 성스러운 이름 속에 감춰졌던 사제들의 얼굴을 드러나게 하고야 만다.

영화 상영 내내 같은 언론인으로서 만감이 교차했던 것은 쉽지 않은 상황 속에서도 팀원 모두에게 직업의식을 넘어선 소명, 내지는 사명을 발견해서다. 언론의 사회적 역할을 다시금 묻지 않을 수 없었다. 또 하나의 만감의 교차는 다수의 영화평에서도 언급됐지만, 영화 초반에 신문사 발행인이 독자의 53%가 가톨릭 신자임에도 교회에 정면으로 도전하는 취재를 허가하는 대목에서 (같은 발행인의 관점에서) 과연 '그 같은 상황에 직면했을 때 그렇게 할 수 있을까?'하는 부분이었다. 기득권에 사로잡혀 외치고 알려야 할 것들에 혹시 하나님보다 독자의 눈치를 먼저 살폈던 적은 없었는지 모르겠다. 반대로 최근 본지의 후원자이며 독자였던 이가 한국교회의 '참여 금지' 규정 단체의 본지 게재에 대한 항의 차원으로 후원과 독자 중지를 알려온 것 역시 아쉽기만 하다. '내가 보기에는 어떠한가?' 보다 '그분이 보시기에는 어떠한가?'의 삶을 사는 것이 이토록 어렵고, 언론의 값이 땅에 떨어진 나라에서 분명한 직업의식과 더불어 하나님의 공의를 드러내고자 하는 언론인으로 살아가는 것 또한 쉽진 않으나 언젠가 두 마리 토끼를 다 잡을 수 있을 때가 올 것이라 믿는다. 언론에 몸담은 지 이제 겨우 스무 해 갓 넘겼을 뿐이니….

탁 소장님! 여기가 이단인가요?

* 〈스포트라이트〉는 무려 세계 64곳의 영화제에서 215개 부문의 수상 후보에 올랐고, 상도 여럿 탔다고 한다. 그에 반해 우리의 목적은 소명, 내지는 사명의 준행을 통해 얻게 될 하나님 나라의 상급, 그뿐이지 싶다. (2016. 4)

드라마 〈시그널〉

불경스럽게 들릴 수도 있겠으나 막장만 아니라면 일부 드라마가 주는 위안과 나눔은 때론 종교의 위로보다 결코 작지 않다. 어디든 기댈 수 없는 아프고 지친 요즘 같은 시기에 서민들의 삶의 애환을 다룬 작품이 살가운 웃음과 울음을 나눠주고 있다. tvN의 〈응답하라! 1988〉 등의 드라마들이 그렇다. 더 나아가 이젠 드라마도 진화해 사회적 담론을 형성하고, 본질적 문제 제기를 던져주기도 하는데 〈시그널〉이란 드라마도 그중 하나다.

현재의 경찰청 '장기미제전담팀'의 프로파일러가 과거의 형사기동대의 한 형사와 무전을 나누면서 오래된 미제 사건을 해결하는 구도로 짜인 이 드라마는 적지 않은 팬층을 형성했다. 내용 중에 과거의 형사가 "과거는 되돌릴 수 있습니다. 포기하지 마세요"라고 말하는 부분이 있는데 그간 수많이 아팠던 시대의 사건, 사고들을 돌아보며 후회스러움과 아쉬움을 뒤집고 싶은 간절한 열망 가득한 무언가로 읽힌다. 그간 대부분 사건, 사고는 천재보다 인재로 인한 문제들이 많았기에 더욱 그러하다. 예를 들면 세월호 사건과 성수대교 붕괴사건, 그리고 수많았던 이단들로 인한 사건들과 선친의 사건 등이 그러하다. 아닌 게 아니라 극 중에서 형사 하나가 장기미제 사건 중 '오대양 사건'을 꼭 다뤄야 한다는 말에 잠시 놀랐더랬다. 드라마에서 '오대양 사건'의 언급이라니. 이후에도 몇 번씩 그 사건을 다뤄야 한다는 이야기에 (그 형사는 인터넷상에서 '오대양 형사'라는 별명이 붙여졌다) 작가의 의도를 궁금해하지 않을 수 없었다. 혹여나 당시 오대양 사건이 잘 해결되었다면 지금의 세월호 사건이 일어났을까?'라는 가정 아래 그 내용을 담은 것은 아닐까 싶기도 했다. 그러한 의도가 있었다면 이젠 영향력 있는 사회적 의견이 현실보다는 미디어 등을 통해 충실히 견지, 반영되는 상황에 이를 것이다. 그러나 드라마는 딱 거기까지이다. 그 이상의 것들은 기실 사람으로부터 만들어지고 이뤄져야 하는 것이기에 위의 고민과 결론 역시 우리의 몫으로 남겨둬야 할 테다.

"증거도 증인도 저 멀리 하나의 점처럼 감정 섞지 말고 봐야 한다"라는 또 다른 형사의 이야기는 진실을 파헤치기 위해선 정보의 양이 충분해야 한다는 것을, 결국 그 양이 충분해질 때, 사실들은 진실을 비추는 거울이 되고야 만다는 것을 말하는 것이리라. 우리 주변엔 수많은 미제 사건들을 근성 있게 파헤치는 사람들이 있다. 남의 일로 생각지 않고, 나의 일인 양 열심히 하는 의로운 경찰들이 있고, 차가운 바닷속에서 아무 영문도 모른 채, 처절히 숨겨간 아이들의 억울함을 풀고 진실을 알고자 2년여 동안을 눈물로 살아온 이들이 아직도 거리에 서 있다. 더 나아가 역사의 진실을 알리고 역사를 바로 세워나가고자 무려 1220번 이상을 모여 정부가 해야 할 일들을 대신 감당한 위안부 할머니들과 시민들을 빼놓을 수 없다. 이단에 빠진 가족의 문제를 해결하고자 매일 애타게 기도하며 싸우고 있는 이들까지 포함해 셀 수 없이 많은 이들이 우리 가까이에서 눈물과 땀을 쏟아내며 힘겹게 살아가고 있다. 과거는 고정되어 있지 않다. 역사는 사실들을 기록하고 기억하는 자들의 것이다. 지우려는 자들이 많으나 기억하는 이들 역시 적지 않기에 최선을 다해 싸워봐야 하지 않겠나. 이 같은 문제들에 대해 극 중 또 다른 형사는 "미제 사건은 내 가족이, 내가 사랑하는 사람이 왜 죽었는지도 모르니까 잊을 수가 없는 거야. 하루하루가 지옥이지"라고 말한다. 우리가 풀고 해결해야 할 모든 문제가 미제 사건이지 않나 싶다. 문제는 그 문제들을 앞서 풀어야 할 사람들이 드라마의 '장기미제전담팀'에 미치지 못하고 있다는 거다. 그러나 정보와 기록, 그리고 기억만 살아 숨 쉴 수 있다면 반드시 풀어지리라 믿는다. 무엇이든, 어떤 사건이든지 간에. (2016. 4)

〈자백〉

1. 이젠 어떠한 이야기를 해도 정치적이지 않을 수 없는 시대가 됐다. 시편 9편의 말씀을 통해 의로운 재판관이며 공의의 하나님께서 여

전히 일하고 계신다는 확신과 더불어 그의 나라가 온전히 이 땅에 거하기를 소망한다. 살면서 때로는 망각이 귀한 선물이기도 하나 망각해서는 안 될 수많은 것들, 공의로운 분별을 통해 불의한 것들이 더는 이 땅에 머무르거나 반복되지 못하게 해야 할 것이다. 작년 끝자락에 놓친 영화 이야기로 새해 벽두의 문을 열고자 한다.

2. 아프면서도 통쾌했고, 스산한 부분이 없진 않았지만 인생 최고의 영화로 기억될 〈자백〉은 시민들의 스토리 펀딩으로, 한 해직 기자를 통해 목숨을 걸고 만들어졌다(해도 과언이 아니다.). 감독 최승호는 "국민이 원하는 것을 보도할 뿐만 아니라, 국민이 원하지 않지만 그럼에도 반드시 필요한 정말 중요한 뉴스를 보도하는 게 공영방송의 역할이다. 지금 공영방송은 언론이라고 말하기에 어려운 상태가 됐다. 공영방송이 무너지지 않았다면 〈자백〉을 굳이 영화로 만들 필요도 없었다"라고 말했다. 다분히 정치적 편향이 강한 영화라고 할 수도 있지만 분단된 조국의 현실에 관한 애잔함, 언론의 사명과 소명을 담은 〈자백〉은 정치적이기보다 사람에 관한 이야기이고, 우리 사는 세상과 삶의 이야기이며, 또한 종교 이야기가 되기도 한다. 영화보다 더 영화 같은 일들과 어디에서도 일어날 것 같지 않은 일이 이 나라에서는 연일 계속되고 있다. 탈북자들과 거대한 조직의 압박으로 인해 어디에도 하소연할 수 없는 억울한 심정으로 평생을 살아가는 이들 모두가 주인공이다. 그중 국정원에 의해 간첩으로 내몰린 어느 탈북자, 간첩이라는 명백한 증거는 동생의 증언

탁 소장님! 여기가 이단인가요?

'자백'이었다. 그런데 만약 국정원이 거짓말을 하고 있을지도 모른다는 의심을 품게 된 한 언론인이 움직였고, 2015년 대법원은 그 탈북자에게 무죄를 선고했다. 최근 대한민국 국가권력의 거짓말들은 까도 까도 끝이 없다. 그 거짓말들에 편승한 채 권력과 한배를 탔던 정치인들과 종교인들, 그리고 언론들은 권력이 힘을 잃고 나니 언제 그랬냐는 듯 동시에 비난들을 쏟아내며 희생양을 찾아 돌 던지기에 여념이 없다. 처연하기만 하다. 우리 교계도 역사의 소용돌이 속에 예언자적 소명을 다해야 했으나 권력의 눈치를 살피며 살다가 이제서야 마구잡이 비난들을 퍼붓고 있다. 심지어 시국선언에 참여했던 몇몇 인사들의 모습은 코미디요, 세월호 사건에 막말을 퍼부었던 이들이 권력에 기대는 모습은 한편의 막장 드라마 같았다. 현 국가 혼란의 핵심적 성격은 '최순실 국정농단'이 아닌 '헌정질서 파괴'이며, 언론 역시 헌정질서의 회복을 위해 '언론다움'을 되찾아야 한다는 목소리가 높다. 때맞춰 교계 언론의 '언론다움'을 되찾는 계기도 마련될 수 있었으면 한다. 작금의 상황에 모두가 자유로울 순 없지만 적어도 '교회가 정치에 앞장설 수는 없으나 정치가 잘못 갈 때 교회가 바로잡아 줘야 한다'는 본질을 놓치지 않았으면 한다.

3. 영화에서 권력자들과 실무자의 모든 정황과 증거가 명백히 드러났음에도 불구하고 끝까지 사과하지 않는 모습은 예나 지금이나 변함이 없다. '기억이 나지 않고, 모른다'의 반복은 언제쯤 멈춰지게 될까. 영화가 상영되는 동안 선친 사건 이후, 22년간 단 한 번도 사과가 없었던 평

강제일교회가 떠올랐다. 사과하고 인정한다는 것이 그리 어려운 건지.

4. 그래도 지금까지의 역사가 그랬듯 세상은 꿈꾸고 노력하는 사람들로 인해 바뀌고 있다. 그 꿈들은 이뤄지기 전엔 불가능한 꿈이었고, 모든 역사적 성취들도 그것이 이뤄지기 전까진 불가능한 일이라고 생각한 것들이 많았다. 우리 사회의 변화가 시작되고 있다. 그 바람과 변화가 세상에서 먼저 시작돼 한편으로는 부럽기도 하고, 부끄럽기도 하나 우리 믿는 이들의 변화로 이어질 것으로 생각하니 그리 나쁘지만은 않다. 현대종교도 의로운 칼날이 무뎌지지 않도록 더욱 노력할 테다. 2016년 모두이 자백들이 옴 합해 반드시 희망의 언어로 바뀌길 간절히 소망해 본다.

* 영화 〈자백〉은 시민들의 펀딩으로 이뤄지기도 했는데 현대종교가 예전 '사면초가'의 위기에 빠졌을 때 김동호 목사의 제안으로 십시일반의 나눔을 통해 기사회생했던 일과도 맞물려져 감동이 더했다. 함께, 더불어 나누며 사는 것이 이 땅에서의 또 하나의 하나님 나라이지 싶다. (2017. 1)

탁 소장님! 여기가 이단인가요?

영화 〈핵소 고지〉와 〈사일런스〉를 통해 본 종교와 삶의 작은 고찰

1. 영화 〈핵소 고지〉는, 안식교 신자 데스먼드 도스가 제2차 세계대전에 참전해 보여준 활약상을 재현한 전쟁영화이기에 지금껏 잘 알려지지 않은 안식교의 병역거부 영화라고도 할 수 있을 것 같다. 어릴 적 트라우마로 무기를 손에 들지 않겠다는 신념을 가진 그가 국가의 만류에도 불구하고 자발적으로 오키나와 전투에 의무병으로 참전해 부상병 75명을 구출해낸 사실에 기인해 영화가 제작됐다(마지막 장면에는 실제 도스의 생존 당시 영상이 꽤 길게 삽입되었다.). 그런데 딱 거기까지다. 좀 더 넓고 깊게 생각해 봐도 실제 사실에 기초해 만들었고, 전장에서 수많은 이들을 구해낸 전쟁영화, 그 이상도 이하도 아니라는 평이다. 평론가들은 전쟁과 평화에 대한 근본적이고 본질적인 고민과 메시지는 부족하다고 일침을 가한다. 세밀한 전투 묘사가 돋보이긴 했으나 이번 영화가 안식교에 대한 홍보를 넘어서진 못했다.

2. 비슷한 시기에 개봉한 영화 〈사일런스〉는, 천주교 신부들의 배교와 순교를 다룬 영화다. 일본 작가 엔도 슈사쿠의 소설 『침묵』(1966)을 각색한 작품으로 17세기 포르투갈 출신 예수회 신부 페레이라가 에도막부시대 일본으로 갔다가 선불교로 개종한 충격적인 실화를 뼈대로 그 위

에 이야기를 덧입혔다. 영화의 전반적인 구성은 영화 〈지옥의 묵시록〉을 떠오르게 한다.

주인공인 로드리게스 신부와 가루페 신부는 소문으로만 떠도는 페레이라 신부를 직접 만나기 위해 가톨릭 박해가 극에 달한 일본을 찾아 끔찍한 광경을 목도한다. 스콜세지는 이 작품을 애초 〈그리스도 최후의 유혹〉(1988)의 속편으로 기획했지만, 제작이 계속 미뤄지다가 거의 30년 만에 빛을 보게 됐다. 주인공인 앤드류 가필드는 고통받는 일본 신자들과 응답하지 않는 신 사이에서 고뇌하는 신부의 모습을 애절하게 표현했다. 촬영은 4개월간 일본이 아닌 대만에서 진행됐는데 가필드는 하루 3시간만 자는 강행군으로 산을 오르고 태풍을 견딘 끝에 몸무게가 18kg이나 빠졌다고 한다.

3. 흥미로운 점은 두 영화 모두 종교적인 신념이 강한 남자가 일본에서 고군분투하는 내용이고, 또 하나는 두 영화의 주인공 모두를 무신론자인 앤드류 가필드란 배우가 연기했다는 점이다. 이 배우를 눈여겨본 두 거장, 멜 깁슨과 마틴 스콜세지는 2014년 그를 나란히 차기작에 캐스팅했다. 공교롭게도 가필드는 실제 무신론자에 가깝지만 〈핵소 고지〉에선 제2차 세계대전 오키나와 전투에서 집총을 거부한 안식교 신자, 〈사일런스〉에선 17세기 선교를 위해 일본으로 간 포르투갈인 예수회 신부를 연기했다. 아무튼, 기독교와는 다르나 이들 영화가 기성교회에 던져주고자 한 메시지를 우연찮게 생각해 보며 도전까지는 아니나

탁 소장님! 여기가 이단인가요?

적어도 크리스천으로서 '앞만 보고 살다가 가끔 뒤돌아봐야 할 때를 놓치며 살지는 말자' 정도의 다짐은 하게 됐다. 그리고 이단들도(또는 세상 사람들도) 이 땅에서 나름 열심히 믿고 사랑하며, 또 섬기고 나누며 살고 있건만 반대로 '빛과 소금'의 역할보다는 정치와 물질 등에 휘둘리며 제대로 된 삶을 살지 못하는 기독인들이 적지 않다는 것과 그것들을 어떻게 받아들이고, 또 어떠한 대안을 마련할지에 대한 고민과 실천의 문제까지 그 짧은 시간 안에 생각하게 됐으니 그 경각만큼은 감사히 받아들이련다. '가짜는 진짜같이, 그리고 진짜는 가짜같이'의 삶을 부끄러워해야 함에도 그것들을 잊고 사는 이들이 늘고 있다. 이단과 세상을 거울삼는 일들이 많아지는 이유이기도 하다. 부디 '예수의 얼굴'이 아닌 '예수의 마음'을 품고 살 수 있길, 이 시대가 예전처럼 순교와 배교 사이에 하나를 선택해야만 하는 시대는 아니지만 나도 모르는 사이에 배교의 편에 기울지 않도록 더욱 중심을 잡고 살아갈 수 있길 간절히 소망하고, 또 소망해 본다.

4. 영화를 통한 마지막 흥미로운 점은 〈핵소 고지〉를 다룬 「오마이뉴스」 기사 중 "양심적 병역거부자가 주인공인 영화가 아카데미 6개 부문에 노미네이트 되어 음향편집상과 효과상을 수상했다. 이것만으로도 충분히 놀라운 일이다. 그런데 이 병역거부자는 미군에서 수여하는 무공훈장을 받았다고 한다. 무공훈장과 병역거부자라는 어울리지 않는 조합만큼이나 흥미로웠던 건 이 영화의 감독이 독실한 가톨릭 신자로 알려진

멜 깁슨이라는 사실이다. 우리나라에서 병역거부를 가장 심하게 반대하는 세력이 보수 기독교인데, 우리나라로 치면 아주 보수적인 가톨릭 신자인 영화감독이 여호와의 증인 병역거부자 이야기를 영화로 만든 셈이다. 흥미로운 여러 조합에 대한 기대를 안고 〈핵소 고지〉를 봤다"는 부분은 기독교 신앙에 근거한 병사를 중심으로 한 전쟁영화 정도로 가볍게 생각했다가 영화관을 나설 때면 머리를 한 대 맞은 것 같은 기분이 들 수도 있음을 짐작게 한다. 그러나 멜 깁슨의 종교는 개신교가 아닌 로마 가톨릭이기에 '가톨릭'에서 바라보는 '이단'의 문제를 생각해 보면 '기독교'와 '이단'이 아닌 '가톨릭'과 '이단'으로 수정을 해야 하기에 기사의 인트로 부분은 이유 없어 보인다. 가톨릭을 대하는 개신교의 입장은 아직까진 부정적이고, 또 가톨릭의 관점을 통한 이단 문제는 최근 한국 가톨릭의 신천지에 대한 문제 제기 외에는 없었기에 그 부분에 대해 논하기보다는 병역거부의 문제를 마지막으로 짚어보며 끝을 맺고자 한다.

    5. 그간 병역거부의 문제는 여호와의 증인에게만 해당하는 줄 알았다. 안식교도 이와 비슷한 입장이 있다는 것을 영화를 보고 나서야 알게 됐다. 물론 과거에는 여호와의 증인과 안식교가 종교적인 이유로 병역을 거부했지만 이후 정부에서는 안식교 신도들을 비전투부대에 근무하게 했고, 지금은 대부분 여호와의 증인에게만 병역거부의 문제가 제기되고 있는 것으로 안다.
    평화활동가 김승국은 병역거부에 대해 다음과 같이 말했다. 안식교

탁 소장님! 여기가 이단인가요?

의 입장은 병역 혹은 군 복무 자체를 거부하는 것이 아니라 '무장 전투 요원으로의 군 복무'만을 거부하는 것, 즉 '비무장 전투원 군 복무의 입장(noncombatancy)'이라고 할 수 있다. 이 입장은 "애국적 집총거부", "양심적 협조", "양심적 무장거부"라고 불리기도 한다. 안식교의 입장은 '전투행위에 대한 양심적 병역거부(noncombatant CO)'로 분류할 수 있다. 물론 양심적 병역거부는 논리적으로 당연히 집총거부를 포함하며, 집총거부야말로 양심적 병역거부의 핵심 요소를 이룬다고 할 수 있다. 그러나 역사적 사실에 대한, 보다 정확한 인식을 위해서는 때로 종교적 신념을 이유로 한 '집총거부'와 '병역거부'를 구분해서 접근하는 것이 유용할 것이다. 안식교 신자들은 군 복무 자체를 거부하는 게 아니라 '무장 전투 요원으로의 군 복무'만을 거부하는 것, 즉 '비무장 군 복무'를 추구하는 데 비해, 여호와의 증인은 군 복무 자체를 거부하고 있다. 본지는 양심적 병역거부의 취지에 대해 무조건 반대하자는 것은 아니다. 그러나 종교의 신념 부분의 본질에 대해 조금 더 꼼꼼히 살펴봐야 할 필요가 있으며, 또한 지난번 본지가 제기한 것처럼 종교적 신념 아래 '양심적 병역거부'를 행사하고 수감생활을 택하는 여호와의 증인들이 자칫 병역을 거부한 조건으로 수감생활을 하는 것처럼 보일 수 있지만, 죄의 대가를 치르는 '죄인'임에도 타 재소자들보다 죄가 가볍다며, 수감생활 중 편의를 누릴뿐더러 관규까지 위반한다는 제보들을 가볍게 간과하긴 어렵다. 또한, 양심적 병역거부가 종교적 신념인지, 또는 특혜적 도피인가에 대해서도 관련 기관에서 제대로 살펴봐야 할 것이다. 안식교의 여러 상황을 좀 더 세밀히 관찰해야 할 과제까지 안겨준 이번 영화 관람은 보통 때처럼 편안한 재충전은 되지 못했지만 좀 더 열심을 다해 '진리가 진리임을 선포하며' 살아야 할 동기부여와 새로운 과제를 안겨줬기에 나름 감사한 마음이다. (2017. 4)

〈택시운전사〉

1980년 광주민주화운동을 소재로 한 영화 〈택시운전사〉의 감독은 현대사의 가장 아픈 기억인 광주를 바라보는 시선을 재정립한 계기를 마련한 것과 젊은 세대가 5·18에 관한 관심을 두게 한 것을 영화의 가장 큰 수확이라고 말했다. 광주의 아픔은 현재진행형이다. 역사의 아픔을 고스란히 안고 있는 이 도시는 이단들로 인한 영적인 피해 역시 작지 않다. 아마 한국에서 이단 활동이 가장 많은 지역을 꼽으라면 이곳이 아닐까 싶다. 신천지를 예로 들어도 부산지역의 두 지파를 합한 숫자보다 이 지역 지파의 숫자가 더 많을 정도로. 영화의 내용이야 대부분이 보고 들어 잘 알고 있을 테니 따로 언급하진 않으련다. 중요한 것은 역사적 아픔이든 영적인 아픔이든 간에 그 회복과 치유는 살아남은 이들과 남아 있는 이들의 몫이라는 거다. 아픔과 상처를 싸매주고 안아줘야 하는 일엔 너 나 할 것 없이 모두의 동참을 필요로 한다. 영화 한 편이 광주의 아픔

탁 소장님! 여기가 이단인가요?

을 조금이나마 치유할 수 있었던 것처럼 이단 피해자들의 아픔과 눈물 역시 외면치 말고 치유할 방안을 함께 마련해나갈 수 있었으면 한다.

* 추석 연휴 캐나다 에드먼턴 지역 교회연합회의 초청을 받았다. 오가는 길이 40시간이 걸릴 정도로 멀고, 그리 익숙한 도시는 아니었으나 그곳까지 한국의 이단들이 활동하고 있었다. 먼 타지에서 글을 씀에 더욱 감회가 새롭다. 광주를 넘어 대한민국과 전 세계 열방에까지 이단 문제, 그 대책의 지경이 좀 더 넓어지고 깊어질 수 있길 바라며…. (2017. 11)

〈아이 캔 스피크〉

〈낮은 목소리〉 등 그간 위안부를 소재로 한 영화가 몇 있었다. 그 영화들의 존재 이유는 한결같이 기억하기 위해서라고 믿고 싶다. 어떤 역사적 사실도 잊혀서는 안 되기에. 〈아이 캔 스피크〉 포스터를 처음 봤을 때만 해도 추석맞이 가족 오락영화로만 생각했지, 먹먹한 역사적 울림이 담겨 있을 것이라고는 전혀 생각지 못했다. 영화는 실제로 있었던 2007년 미국 하원 '위안부 청문회'를 모티브로 만들어졌다. '일본군 위안부 사죄 결의안' 통과를 위해 노력한 이용수 할머니와 고 김군자 할머니의 실화를 바탕으로 한 영화는 누군가 말했듯 아픈 역사를 유머와 함께 담아내면서 어떻게 '무례하지 않을 수 있는지' 잘 보여주는 사례로 완성됐다.

위안부 문제는 우리가 영원히 간직하고 기억해야 할 소중한 숙제와 과제로 남겨놓기로 하고, 이 지면에서는 영화가 위안부 문제의 곁에 살짝 안고 있는 노인에 관한 이야기를 담고자 한다. 처음엔 늘 그렇듯 영화에 등장하는 주인공을 우리가 흔히 생각하는 역사의 소용돌이 속에서 고통을 감내했던 고지식한 노인의 이야기를 담았을 것이라 예상했었다. 그러나 그 예상은 영화에서도, 그리고 인물로도 여지없이 깨져버렸다. 칼럼니스트 이승한의 이야기처럼 주인공은 단순히 괴팍한 인물이 아니라 자신이 원하는 바를 정확하게 알고 실천하는데 두려움이 없는 사람이고, 영화는 그런 그를 쉽게 넘겨짚으려던 주변 사람들과 관객에게 그의 진짜 모습을 성실히게 보여주는 데 주력힌다. 주인공에게 선입견을 드리웠다가 보기 좋게 깨지는 경험은 기실 우리가 대부분 노인을 대하는 태도와 크게 다르지 않다. "주름이나 관절의 노화, 기억력 감퇴 등 노년이 공통으로 경험하는 몇 가지 신체적 특징들로 인해 개인에게서 눈에 보이는 개성을 앗아가 버리고 만다. 그 탓에 세상은 노인들을 나름의 성격과 역사를 지닌 독립된 개인으로 바라보는 대신, 흔히 상상할 수 있는 '노인'이라는 카테고리 안에 집어넣고는 더는 궁금해하지 않는다"고 말하고 있다. 필자는 그로 인해 청년들을 대상으로 한 강의보다 노인들을 대상으로 한 집회 때 더욱 긴장의 끈을 놓치지 않게 됐다. 지방에 계시는 두 어머니의 지혜를 보면 그 이유는 더욱 명확해진다. 그들의 연륜과 세상에 대한 상식과 지식, 그리고 지혜로운 의견들과 믿음까지 더해질 때면 젊은이들은 감히 흉내조차 내지 못하는 무언가가 있다. 카테고

탁 소장님! 여기가 이단인가요?

리 안에 갇혀 노인들을 평가하는 것을 그만둔 이유이다. 영화는 위안부의 문제를, 그리고 사람에 대한 선입견과 또한 최소한의 배려 등에 대해 선하고 지혜롭게 가르쳐 줬다. 당분간 웬만한 것보다 더욱 영화를 사랑하고 좋아할 수밖에 없을 것 같다. (2017. 11)

〈덩케르크〉

〈라이언 일병 구하기〉 이후 더욱 사실적이고 선명한 전쟁영화는 끊이지 않고 나타났다가 사라지기를 반복했다. 그중 특이하게도 이 영화는 죽이기 위해서가 아니라 살기 위해서 만들어진 역사적 사실(전쟁)이며, 그에 기초해 만든 영화다. 2차 세계대전 당시 프랑스 덩케르크 해안에 고립된 40만 명의 영국군과 연합군을 구하기 위한 사상 최대의 탈출 작전을 담았으나 본질적으로는 결국 인간의 본성에 대해서 말하고자 했다. 여러 평을 종합해 보면 실화를 바탕으로 한 이 사건에 극적인 드라마는 없다. 덩케르크 해변에 남겨진 앳된 군인들이 도버해협을 건너 집으로 돌아간다. 그게 전부다. 귀향을 방해하는 장벽이 있으나 사건이라기보다는 사고에 가깝다. 말하자면 〈덩케르크〉는 100분가량 지속되는 전쟁 속 시간에 대한 묘사다. 캐릭터와 사건, 인물들의 충돌을 서사의 축으로 삼은 여타 전쟁영화와 달리 〈덩케르크〉는 이야기에 한정해서 볼 때 빈곤하고 빈약한 평이 주를 이룬다. 그럼에도 이 영화를 지면에 담고 싶었던 이유는 작금의 한반도를 중심으로 돌아가는 국제 정세의 상황이 일촉즉발의 순간에 결국 '죽임'이 아니라 '살림'을 위한 노력이 필요하다는 것과 아울러 영적 전쟁에서도 이단에 대한 '증오'보다는 '회복과 살림'이 본질이어야 한다는 것을 말하고 싶어서다. (2017. 11)

〈김광석〉

1. 부러 영화를 보지 않았다. 개봉관을 찾기 힘들었던 이유도 있었으나 더 큰 이유는 젊은 날 위로가 되었던 그의 노래가 최근의 여러 사건과 맞물려 세상 뉴스에 등장하며 온갖 눈총과 이목을 받는 것 그 자체가 싫어서였는지도 모르겠다. 그의 생전의 노래 가사 말과 전혀 어울리지 않는 현 상황의 묘한 뒤섞임이 어서 끝이 났으면 한다.

2. 선친이 떠나기 한 달 전, 통일운동의 선구자였던 문익환 목사가 먼저 세상을 떠났다. 새벽녘 잠에 덜 깬 아들의 손을 붙잡은 채 선친은 바삐 우이동 쪽의 한 장례식장으로 향했다. 말없이 찾아온 부자의 모습을 바라보는 영정사진 속 그의 눈빛은 한없이 따뜻해 보였다. 일면 보수적이기도 했던 선친이 문 목사의 죽음을 안타까워하며 아파했던 모습은 진

탁 소장님! 여기가 이단인가요?

짜 보수와 진짜 진보의 아우르는 그 무언가가 있음을 짧은 시간 보여줬더랬다. 그리고 채 몇 년이 지나지 않아 김광석이라는 가객도 세상을 떠났다. 그렇게 잠시 동안 사랑했던 세 사람이 떠나고, 그들을 사랑했던 누군가는 여태껏 살아남아 그들이 이루지 못했던 일을 위해 애쓰고 있다.

3. 김광석의 삶은 절망스러움이 가득했던 것 같다. 그러나 그와 반대로 그의 노랫말은 세상을 따뜻하고 희망차게 했으니 웬만한 종교인의 것보다 낫지 않나 싶다. 그의 죽음과 관련한 작금의 상황이 어떻게 돌아가든지 간에 여전히 그의 노래가 많은 이들에게 격려와 위로가 되어 줬으면 한다. 부질없는 생각이겠지만 그를 처음 만났을 때 좀 더 적극적으로 예수의 삶을 전할 수 있었다면, 그리고 그의 근사한 목소리로 찬양을 들을 수 있었다면 얼마나 좋았을까 하는 생각이 여태껏 가슴에 남아 있다. 지금이라도 주변의 사랑하는 이들 중에 예수를 알지 못하는 이들을 너무 쉽게 떠나보내는 일이 없도록 해야겠다.

세상 노래조차 절망 속에서도 희망을 노래하는 시대를 살고 있다. 여전히 그리운 세 사람을 기억하며…. (2017. 11)

〈남한산성〉

소설가 김훈의 동명 소설을 영화화했다. '말의 정치'가 이뤄진 병자호란, 나아갈 곳도 물러설 곳도 없는 고립무원의 남한산성 속 조선의 운명이 걸린 가장 치열한 47일간의 이야기를 그려낸 영화다. 쏟아지는 호평과 찬사에, 또 묵직한 모습의 영화 〈남한산성〉은 관객들의 사랑을 한 몸에 받았다.

"죽음은 견딜 수 없고 치욕은 견딜 수 있사옵니다."
먼저 이조판서 '최명길'이 '인조'에게 말한 위의 대사는 청과의 화친을 통해 위기를 극복하려 하는 그의 굳은 신념을 고스란히 담아내 깊은 인상을 남겼다. 인조에게 화친의 답서를 쓰기를 간청하는 그를 역적이라며 비난하는 조정 대신들 앞에서 청의 굴욕적인 제안을 받아들여 순간의 치욕을 견디고 후일을 도모하려 했던 최명길의 소신을 분명히 드러내고 있다.

"오랑캐에게 무릎을 꿇고 삶을 구걸하느니 사직을 위해 죽는 것이 신의 뜻이옵니다."
청에게 답서를 지어 보내라는 '인조'에게 고하는 예조판서 '김상헌'의 말은 죽음을 각오하고 청과 맞서 싸워 대의를 지키고자 했던 그의 곧

탁 소장님! 여기가 이단인가요?

은 기개를 느끼게 한다. 남한산성의 성문을 열기 위한 청의 공격이 점차 거세지는 가운데, 전국의 근왕병을 불러 모아 끝까지 저항한 것을 간곡하게 청하는 그의 강인한 면모가 드러났다.

"청군이 성을 둘러싸고 있는데 어찌 밖이 아니라 안에서 서로를 죽이라 하는가!"

청과의 화친을 도모하기 위해 적진에 다녀온 예조판서 '최명길'의 목을 베라는 대신들의 요구에 "그만들하라!"고 외치는 '인조'의 대사는 화친과 척화를 두고 첨예하게 대립하는 대신들 사이에서 혼란스러워하는 임금의 심정을 고스란히 드러낸다. 조선의 운명이 걸린 위기 상황에서도 서로를 비난하는 대신들의 모습에 상심한 인조의 고독을 담아내며 깊은 여운을 전했다. 영화의 대사들이 호사가들의 입방아에 오르내리며 자의적 해석에 다름 하지 않는 평들이 난무하고 있다. 정치인들 역시 너나 할 것 없이 '팔이 안으로 굽는 식'의 평을 내놓고 있다. 그중 가장 눈길을 끄는 것은 그나마 도올의 평이다. "역사에는 진보와 보수, 좌와 우가 있는 것이 아니라, 오직 상식과 몰상식만 있다"며 "싸워 이길 수 있는 군대와 식량이 있으면 싸우는 것이 상식이요, 싸울 수 있는 아무런 기력이 없으면 화해하는 것이 상식이다"라고 말한 부분. 그런데 감독은 예상과는 다르게 "척화파와 주화파, 어느 한쪽으로도 마음이 기울지 않는다"고 말했다. 세상의 정치든 교회의 정치든 간에 '아전인수' 하지 않기를 바란다.

* 두 기로에서 이리저리 생각을 옮겨가는 모습이 이조판서나 예조판서가 아닌 흡사 '되는 대로 되어갈 수밖에 없다.'던 영의정 김류의 소신과 꼭 닮아있음에 흠칫 놀랐다. 이율배반적 상황에 몸을 맡기며, 그 상황의 모순에 분노하거나 대적하지 않은 채 온갖 개인적인 곤란함을 회피해가는 김류 식의 삶, 그 같은 삶을 살아온 내 안에 그 방식이 더 많이 차기 전, 부디 의롭고 지혜로운 선택도 많아졌으면 한다. 이미 많이 늦긴 했지만. (2017. 11)

드라마 〈구해줘〉

영화 매체는 아니시만 얼마 전 종영된 드라마 〈구해줘〉는 종방 이후에 더 큰 화제를 모으고 있다. '다시 보기'로 몰아서 봐야겠다는 소리도 자주 들려온다. 집회 때 아예 드라마 홍보까지 해대고 있으니 이런 일이 또 있을까 싶다. 그럼에도 세상 이들에게 이 같은 드라마가 이단 사이비를 알리는 데 있어 '딱'이지 싶은 생각이 든다. 전문가가 보더라도 매회 실존하는 이단들의 등장이 놀랍지 않을 수 없었다. 작가와 감독이 '공부를 많이 했구나!' 싶다. 배우들의 연기도 지금까지의 종교 드라마에 나타난 어색함이 사라지고, 모든 것이 완벽에 가까웠다. 드라마를 다시 보며 각 곳에 숨겨진 이단들과 그 특징들을 찾아보는 것도 또 하나의 재미(?)이지 않나 싶다. 피해자들의 외침 역시 작금의 이단 피해자의 아픔들을 생생히 전해주기에 부족해 보이지 않았다. 드라마의 영역이 우리의 할 일을 빼앗고 있는 것 같아 조금의 긴장은 있었지만 이런 대중 매

탁 소장님! 여기가 이단인가요?

체들의 관심이 나쁘지만은 않다. 이제 세상의 것들이 이단 등의 문제에 있어서 어쩌면 한국교회보다 더 잘 대처하고 있는 것은 아닌가 싶다. 짊어져야 할 일 중에 빼앗기는 일들이 많지 않기를 바랄 뿐이다.「현대종교」기자들의 펜 끝이 더욱 날카로워질 수 있도록, 본지의 사고가 무뎌지지 않도록 계속해서 뜨거운 관심을 부탁드린다. (2017. 11)

〈1987〉

작년의 인생 영화가 공영방송을 지키기 위해 온몸으로 싸워온 구성원들의 9년 동안의 기록을 담은 〈공범자들〉이란 영화였다면 올해는 새해가 시작된 지 얼마 지나지 않았으나 영화 〈1987〉이라고 자신 있게 말할 수 있을 것 같다. 역사의 오류를 바로잡고자 끝내 포기치 않고 싸웠던 각계각층의 시민들과 자신들 삶의 원칙에 충실했던 이들의 이야기를 30년 만에 스크린으로 다시 보게 되니 더할 나위 없는 감동이 밀려왔다.

영화 제목과 같은 학번의 첫 시작은 모든 것이 녹록지 않았다. 시대가 아팠던 만큼 고민도 많았던 시절, 인생에 있어 가장 역동적인 때이기는 했으나 극 중 여대생의 말처럼 "그렇게 한다고 세상이 바뀌나?"라는 생각도 많았더랬다. 그러나 세상은 변했고, 앞으로도 노력과 헌신을 통해 우리가 꿈꾸는 세상을 더욱 잘 가꿔 갈 수 있을 것이라는 희망을 안게 된 것도 그때였으니 영화가 주는 감동이 더할 수밖에. 그 감동이 계속해서 현실에서의 삶이 되길 원한다면 세상을 바꾸려 했던 두 청년의 죽음과 지금도 세상을 변화시켜나가기 위해 몸부림치는 이들을 잊지 않는 것부터가 순서일 테다. (2018. 2)

〈예의 없는 것들〉

2006년에 개봉된 〈예의 없는 것들〉이라는 제목의 영화가 있었다. 자신이 도살자나 다름없다는 생각에 회의를 느끼게 된 청부살인업자인 주인공이 "나름의 룰을 정하라!"는 누군가의 충고에 '이왕 청부 살인하는 것, 불필요한 이들만 골라서 깔끔하게 처리하기'로 규칙을 정하고 도시의 예의 없는 이들을 정리해간다는 내용을 담고 있다. 지면에 담기에 불경스럽긴 하나 여태껏 이 영화를 기억하는 이유는 인간말종들에 대한 속 시원한 응징이 현실에 대입이 되고, 당시에 무언가 억눌려 있던 응어리들을 영화로나마 해소할 수 있어서였던 것 같다.

더불어 사는 삶에 있어 '예의'는 빠져선 안 될 중요한 요소이자 덕목이다. 허나 지나친 예의는 일종의 속임수가 될 수 있고, 부족하다면 결례가 될 수 있다. 불행히도(?) 필자는 사람을 대할 때 지나칠 정도로 예의를 갖추는 편이다(그렇다면 마음과 행동이 따로인 속임수를 담고 있는가? 지인인

의사가 말했다. "기독교인이자 공인이라 할지라도 착한 사람 코스프레만 하며 사는 것은 불행한 일일 수 있다고, 할 수만 있다면 겉과 속 모두 선한 마음을 품고 사는 것도 좋겠으나 살면서 거룩하게만 살 수는 없으니 화가 날 땐 화도 내고 소리도 지르며 자유롭고 솔직하게 사는 것이 필요하다"라고. 정말이지, 이제는 수십 년 동안 벗어버리지 못한 가면을 던져 버리고 그렇게 살고 싶다는 생각이 든다.). 그러면서 상대방에게도 최소한의 예의를 기대하는데 부응하지 못하는 경우가 적지 않다. 그때부터 시작되는 스트레스와 더 나아가 겉만 보고 사람을 함부로 대하며 배려라고는 눈곱만치도 찾아볼 수 없는 이들을 보거나 만날 때면 분노는 최고조에 달한다.

불특정 다수와의 수많은 온, 오프라인 관계로 인해 직원들의 스트레스 수위도 높아지고 있다. 배려와 예의의 부재 때문이지 싶다. 어쩌면 애당초 소망하는 기준의 기대치가 허황된 것이었는지도, 그 같은 기대를 안고 사는 것을 아예 포기하는 것이 나은지도 모르겠다. 그런데 그 '예의'의 부재가 개인의 것이 아니라 사회나 정치, 또는 종교에서 나타나는 것이라면 문제는 크게 달라진다. 개인적으로야 혼자라는 두려움과 조바심에 자기 자신을 방어하고자 하는 이유 등 때문일 수 있겠으나 사회와 정치가 민생을 포기한 채 개인과 정당의 이득을 취하는 데만 눈이 멀거나 기본을 망각하게 된다면 국가적으로 매우 불행한 일이 되고 말 것이다. 특히 종교적으로는 종교인들이 해야 할 소명들을 제대로 감당하지 못할 때는 종교를 넘어 사회 전체에 심각한 문제를 야기할 수도 있다. 작금의 여러 가지 문제의 유감이 이젠 분노가 되어 속이 새까맣게

타들어만 가고 있으니 의사의 조언대로 이젠 작심하고 분노를 드러내며 살아야 할 것 같다. 그 첫 번째로 '한기총 해체'와 더불어 대통령이 하야 할 것이 아니라 (전광훈 목사의 말을 빌려) 본인이야말로 연말까지만 목회하고, 누가 뭐라고 하기 전에 스스로 교회에서 나오시라! 그러나 '스스로'의 기회를 저버린다면 이 같은 분노가 모여 타의에 의해 험한 말로를 맞게 될지도 모르겠다. (2019. 7/8)

〈애드 아스트라〉
― 경외감, 의심, 공포 ―

미 육군 소령 '로이 맥브라이드'(브래드 피트)는 우주의 지적 생명체를 찾기 위한 '리마 프로젝트'를 수행하다 실종된 아버지를 영웅이라 믿으며 우주 비행사의 꿈을 키웠다. 어느 날 '로이'는 이상 현상으로 우주 안테나에서 지구로 추락하는 사고를 당하고, 인류를 위협할 전류 급증 현상인 '써지' 사태가 아버지가 벌인 위험한 실험에서 시작되었다는 이야기를 듣게 된다. 아버지가 살아있다는 충격적인 사실과 함께 믿고 있는 모든 것이 흔들리며 그를 막아야 한다는 임무를 맡게 된 '로이'는 우주로 향한다. 배우 '브래드 피트'의 인생 최고작이라고 할 수 있는 〈애드 아스트라〉라는 영화의 내용 중 일부이다.

탁 소장님! 여기가 이단인가요?

영화에서 인간에 대한 주인공의 환멸과 분노는 결국 모든 이들이 전설로 여기는 우주 탐험가였던 아버지에 대한 경외감까지 의심으로 바꾸고 걷잡을 수 없는 공포로까지 이어지게 된다. 아버지는 지구에서 가장 멀리 떨어진 곳에서 인간의 멸종을 바라고 있었던 건가? 사람들을 멀리하고자 하는 주인공 역시 그 같은 생각과 다르지 않은, 그가 원하든 원하지 않든 아버지를 닮아갈 운명에 놓여 있는 것일까? 아버지와 같은 숙명을 품고 있는지에 대한 주인공의 생각이 깊어져만 간다. 연약한 인간의 욕심과 광활한 우주의 대비를 통해 영화는 반성도 성찰도 없는 과학의 발전과 더불어 문명에 대한 탐욕에 대해 다루고 싶었던 것 같다. 아울러 탐욕과 패권의 전쟁터인 지구와 그 지구를 떠나서도 여전히 같은 문제의 연장선상에 놓여 있는 인간에 대한 분노까지도. 주인공은 그 분노를 아버지에게서 보게 되고, 결국 자신도 다르지 않음을 고민하게 된다.

최근 경외감으로 바라봤던 이들이 많은 이들을 의심케 하고, 결국엔 공포로까지 이어지게 했던 사건들이 몇 있었다. 그 같은 사건들은 늘 현재진행형이다. 그래서 인간이지 싶다. 사람에 대한 예의와 배려가 부재한 시대, 생각지도 못했던 사건, 사고들이 끊이지 않는 세상에서 '앞으로 우리는 어떻게 살아가야 하는지?'의 고민과 더불어 과학은 변해가도 신앙만큼은 제대로 지켜갈 수 있었으면 한다. 우리의 믿음을 살벌한 세상 속에서 잘 버티게 해야 함도 물론인데 아름다운 세상, 멋진 미래라는 슬로건과는 다른, 황폐하고 무미건조한 세상을 마주쳐야 할지도 모르는 마지막 때여서다.

* 영화를 보며 선친과 필자에 대해, 그리고 요즘 쟁점이 된 명성교회 부자간의 삶을 한 번 더 생각해 보지 않을 수 없었다. 영화 한 편 편히 보기가 이리 어렵다. (2019. 11)

〈사바하 1〉

– '사바하'라는 뜻은 불교 용어로 기독교의 '아멘' 정도로 이해하면 될 것 같다. –

1. 선친의 25주기쯤 주목할 만한 영화 한 편이 개봉됐다. 신흥종교의 비리를 찾아 나서는 목사의 이야기를 담은 미스터리 스릴러 영화 〈사바하〉. 기독교인이기도 한 감독은 전작인 〈검은 사제들〉에서도 짙은 종교성을 드러낸 바 있다. 본지와 가족에게 이 영화가 특별한 이유는 준비 단계 때 감독의 변 때문인데, 선친 사역을 바탕으로 영화를 준비하고 싶다고 해서다. 몇 달 동안 본지가 조력했던 영화는 기대에 크게 부응하지는 못했지만 그래도 그 노력과 수고에 박수를 보내며, 세상 영화까지도 관심을 두는 사이비종교 문제에 한국교회의 관심과 경각을 다시금 기대하게 되는 계기를 마련해 준 것으로 평가하고 싶다.

2. 다른 언론들과 달리 신천지의 「천지일보」는 영화에 대한 소개보다는 선친에 대한 비난으로 지면을 채웠다. 신천지답다. 감독은 주인공을 선친을 모티브로 해서 기획했다고 밝혔으나 상업적 영화의 특성상

탁 소장님! 여기가 이단인가요?

실존 인물을 그대로 옮겨 놓은 것이 아니라 조금 재미있고 독특하게, 그리고 특별한 구성을 통해 인물을 창조하고자 했다. 최근 흥행에 성공한 〈보헤미안 랩소디〉라는 영화처럼 실존 인물과의 100% 싱크로율이 필요할 수도 있겠으나 이번 영화처럼 사역에 대한 열정과 의협심, 종교 문제에 대한 비상한 관심을 중심으로 재구성한 것이었음에도 영화 속 인물이 선친이라도 된 것처럼 무작정 비난을 위한 비난에 주력함으로 선친의 명예를 훼손하고 있다. 주인공이 목사이지만 내내 담배를 놓지 못한다든지, 강의 후 대놓고 계좌 번호를 화면에 띄우고 후원하라고 강요하는 일들은 당연히 선친의 일들과는 상관없는 내용이다. 앞서 언급한 것처럼 주인공을 세속적인 사람으로 그리긴 했지만 그럼에도 의협심과 열정을 안고 사이비종교 문제를 풀고자 하는 간절함을 말하고자 한 것인데 「천지일보」는 고 탁 소장이 영화에서처럼 돈만 밝혔던 사람이라는 등의 무차별적인 모욕을 남발하고 있다(예전 이와 비슷한 내용으로 온라인상에서 선친과 필자의 명예를 줄기차게 훼손했던 신천지 신자가 민·형사상의 처벌을 받았음에도 25년 동안 같은 내용을 지겹도록 반복하고 있으니 이젠 애처롭기까지 하다. 감독이 바보가 아닌 이상 몇 달 동안 영화 자문을 했던 이와 그 선친의 사역을 폄훼하고자 했겠는가?). 선친의 사역 중 일부가 모티브가 된 거지, 선친의 삶을 그대로 옮겨 놓고자 한 다큐멘터리가 아니었음에도 서두의 주인공과 관련된 재미를 위한 장치에 어떻게든 선친을 옭아매려고 하니 이번에도 그냥 넘어갈 수는 없을 것 같다.

3. 「천지일보」는 줄기차게 자신들이 신천지와 상관없다고 주장하고 있다. 그것이 사실이라면 최근 신천지의 전도비 명목으로 110만 원을 요구하고 십일조 협박을 했던 일 등 그간 신천지의 모든 악행을 꼭 보도해 주길 바란다. 그리고 고 탁 소장 관련 거짓된 기사들 말고 영화 〈사바하〉의 내용과 신천지와의 유사점을 찾는 재미 등을 마련해 주면 구독자 수가 더 늘지 않을까 싶다.^^ 무튼 선친의 사역이 교계뿐 아니라 세상 여러 일에 이어 이제는 영화에까지 동기부여를 마련하고 있으니 다른 일들은 외로 두고 그저 반가울 뿐이다. (2019. 4)

〈사바하 2〉

지인들의 평은 반기독교적 영화라는 의견부터 영화 자체가 믿음과 신앙에 관해, 진리와 거짓이 공존하는 상황에서 그리스도인으로서 어떻게 살아야 할지에 대해 고민하고 생각해야 할 긴 여운을 남긴 영화라는 평까지 호불호가 나뉘고 있다. 고민 좀 해봐야 할 것 같다. 다만 한 번 더 주지하고자 하는 부분은 고 탁 소장을 모델로 만들어진 영화라고는 하나 모든 것을 그와 비교, 내지는 잘못된 이입이 있어서는 안 될 것이며, 틀에 갇히지 않고 좀 더 넓고 깊게 영화를 바라봄이 필요하지 않나 싶다. 특히 연약한 신자로서의 감독의 인터뷰 내용을 보면 그 맘과 상황

탁 소장님! 여기가 이단인가요?

을 조금 더 이해할 수 있다. 부디 내용을 떠나 세상 사람들이 안고 있는 종교 문제에 관한 모습을 보며 '우리는 과연 잘 살고, 또 잘 싸우고 있는가?'의 경각으로 삼아야 할 테다. 어쩌면 영화는 영화일 뿐이겠지만 현실이 더 영화 같고, 반대로 영화가 더 현실 같은 삶을 살고 있는 우리가 주인공이고 조연이며, 엑스트라이지 싶다. (2019. 4)

#4 부디 (part 3의) 여러 글들을 초급 영화인의 치기 어린 애교쯤으로 생각해 주시길 바라며, 책을 보신 후에 오랜만에 가족이나 동료들과 함께 편안한 영화 한 편 보시기를 바란다. 영화 감상은 직원들이나 가족들처럼 가까운 이들과는 편하게 이것저것 머리 아프지 않은 작품이 좋겠고, 조금 어려운 영화와 씨름할 처지라면 아무래도 혼자가 나을 것 같다. 코로나에 장마에 그리고 태풍까지, 여름내 계속된 절망과 아픔으로 지금껏 몸과 마음을 추스르지 못하고 있다. 조금 가벼운 마음으로 영화 이야기를 하게 된 이유다. 삶이 더 영화 같은 시대를 살아가며 영화든 삶이든 간에 그 끝은 부디 해피엔딩이 되기를 바란다.

〈지옥〉

1. 인트로

　10년쯤 됐을까? 정확한 기억이 나진 않지만 '천국과 지옥'에 관한 간증 집회가 성행했던 적이 있었다. 내세의 문제라고만 생각했던 천국과 지옥에 다녀온 이들이 당시엔 왜 이리 많았던지. 그것도 민망했으나 더욱 당황스러웠던 것은 모두 약속이나 한 듯 성경에서 엇나간 간증들 때문이었다. 천국의 공간을 아파트 평수로 묘사한 이도 있었는데 말 그대로 '부끄러움은 모두 내 몫'이었다. 당시 간증자들은 지금 이렇게 지내고들 있을지? 그들이 그토록 간절하게 전하고 생생하게 봤다던 천국이나 지옥으로 돌아갔을지, 아니면 더는 그 이야기를 꺼내고 싶어 하지 않을지 잘 모르겠다. 그래도 한 이는 우리의 비판 기사로 인해 소송으로 다투기도 했으나 결국 문제 제기를 받아들여 천국, 지옥 간증을 접고, 찬양 사역으로 노인들을 열심히 섬기며 살고 있다. 아무튼 1992년 다미선교회의 휴거 소동 이후, 또 하나의 헤프닝으로 기억될 사건이지 않나 싶다. 귀에 못이 박히도록 들었던 그 이야기들을 새해 첫 칼럼으로 택한 이유는 올해부터라도 남은 인생을 좀 더 잘살아 보자는 협박성(?) 의미를 담았기 때문이다.^^ 물론 그에 관한 명확하고 신학적인 정리는 후에 편집자문위원들을 통해 나눌 수 있도록 하겠다.

탁 소장님! 여기가 이단인가요?

2. 영화 〈지옥〉

최근 〈지옥〉이라는 넷플릭스 영화가 〈오징어 게임〉에 이어 연일 화제다. 인간이 '죽음'이라는 것을 예상치 못하게 고지받았을 때 얼마나 잘 받아들일지 상상하며 작품을 구상했다는 연상호 감독. 그가 이전에 애니메이션 〈사이비〉라는 작품을 제작했던 적이 있었기에 종교에 관심이 많다고는 생각했으나 〈부산행〉 등으로 스타 감독 군에 오르면서 다시 종교를 주제로 한 작품을 제작할 것이라고는 예상 못 했다. 사이비종교라는 민감한 주제를 선택한 배경에 대해 그는 언론을 통해 "종교와 인간의 관계는 인간의 모습을 가장 극적으로 드러낼 수 있는 매개체"라며, 아울러 "〈지옥〉이 만들어낸 생소한 세계관에 빠져들려면 어느 정도 시간이 필요하고, 보편적 대중보다는 이 같은 장르를 깊게 즐기는 분들이 좋아할 거로 생각했는데 예상 밖에 많은 분이 작품을 보고 이야기를 나누는 게 신기하다"라고 했다. 아마 그 이유가 작금의 코로나 시기여서, 아울러 여러 이단이 드러나면서 대중의 마음에 더욱 각인되어서이지 않나 싶다. 영화는 흥미와 대중성을 넘어 다양한 생각을 하게 했다는 평이 많은데 뒤에 좀 더 다뤄보겠다.

영화 〈지옥〉에는 최근 활동 중인 이단들과 관련 현상들이 담겨 있다. 심지어는 현대종교를 패러디한 건진 잘 모르겠지만 극 중에 등장하는 언론사가 우리를 떠올리게도 했다(그렇다면 더 재미있게 만들어보거나, 조금 의미 있게 비틀었어도 좋았을 텐데, 이건 뭐! 발행인인 목사를 교주로 만들어 놓고는 무심하게도 영화에 더는 비춰주질 않는다.). 영화 〈사바하〉에서는 주인공인 목사를 세상 것에만 욕심이 과한 모습으로 비추다가도 종국엔 사이비 종교의 문제를 최선을 다해 풀어가는 것으로 나름의 반전이 있긴 했으나 〈지옥〉에서는 그렇다 할 의미가 없던 것이 아쉽다면 아쉬운 부분이었다. 극 중 '미래종교'라는 이름에 우리의 이름이 겹쳐진다며 몇몇이 연락을 주기도 했다. 최근 모 언론과의 인터뷰 중에도 이 부분이 기분 상하지 않았냐기에 '청와대나 정치가 코미디 소재로도 사용되는 세상에서 뭐! 이까짓 것쯤이야!'라고 말하긴 했으나 마음이 편치는 않았다. 그래도 '영화는 영화일 뿐'이니 애써 마음에 담아둘 필요는 없겠다. 그 외 흥미로웠던 부분은 교주 측근인 기획팀이 교주와 간부들의 말과 행동 하나하나를 허투루 하지 않고, 대중에게 가인될 수 있는 모습들로 연출, 연습하는 장면에선 모 대형교회 담임 목사의 측근들이 설교(작성) 팀, 이미지 메이킹 팀, 신도들 반응 체크 팀 등으로 활동한 것이 떠올랐다. 단체의 이름인 '새 진리회'는 작금의 '대순진리회'가, 단체의 마크는 통일교 마크와 거의 흡사함도 눈에 띄었고, 급박한 종말론으로 불안에 떨게 하며 접근, 포교하는 '하나님의교회'도 물론이다. '새 진리회'의 열성적 지지자를 자처하며 신의 뜻을 앞세워 테러까지 일삼는 '화살촉'이라는 단체는 다름 아닌 못된 선전, 선동에 능한 이단 옹호자들 내지는 이단 옹호 언론을, 전체 흐름은 요즘 기승 중인 음모론과 닮아 있었다. 그런데 여기서 음모론자들의 해석 독점이라든지 온갖 근본주의가 성행하는 시대를 성찰하는 등 종교적, 사회적 메시지가 적지 않은 것만큼은 높이 평가하나 딱 거기까지이다. 그 의미들을 빼고 나면 황당한 설정이 가득한 저승사자가 등장하는 호러이며,

탁 소장님! 여기가 이단인가요?

오컬트이기에 진지한 종교 문제나 기독교에 빗대기란 쉽지 않다. 그저 감독의 개인적인 세계관이라 할 수 있겠다.

* 최근 영화 관계자들을 대상으로 한 강의가 두 번 있었다. 비기독교인이 대부분이었던 지라 강의가 쉽진 않았으나 나름 할리우드 키드의 삶을 살아왔던지라 열심히 준비했고, 강의했다. 그래서인지 관심을 둔 이들이 여럿 있었(던 것 같)다. 강의 말미에는 현실이 영화 같고, 영화가 더 현실 같은 세상에서 앞으로 이 문제에 대해 함께 고민하고, 깊이 생각해 볼 수 있는 영화가 반드시 나와주기를 바랐다. 진심이다. 더불어 더는 이단의 피해자가 생기지 않도록 영화인들이 동기부여를 마련해 줬으면 하는 소망도 전했다. 그러나 동시에 교회가 해야 할 일을 세상 사람들이 주도하는 것을 보고만 있을 수는 없기에 독자들도 분발해주길 바란다.

3. 현세의 지옥

작금의 시대가 더 지옥 같다는 이야기가 마음을 두드렸을까. 영화에서 광신도들이 '새 진리회'라는 단체에 반대하는 이들을 죄인이라며 폭력을 행사하고, 광기 어린 어조로 타인의 죽음을 조롱하며, 급기야 공권력조차 이들의 협조자로 전락하는 모습을 생지옥으로 비춘 것처럼 현세에도 감히 상상하기 어려운 아픔과 눈물을 흘리며 사는 이들이 있다. 넓게는 당장 직면한 지구온난화를 비롯한 환경문제와 가난과 질병의 문제들, 경제 양극화로 고통받는 수많은 이들이 그렇고, 가까이에는 자녀를 상습적으로 폭행하고 죽음에 이르게 한 비정한 부모들과 반대로 부모 살해 등의 패륜적인 사건과 노동의 현장에서 처참하게 죽어간 젊은 실습생들과 최근 3주기를 맞이한 김용균씨 등의 노동자들이 그러하다. 사업의 실패와 속한 곳에서의 왕따 등으로 시대의 어두운 터널을 지나면서 육체, 정신적 질환 등으로 인해 생을 마감하고자 하는 이들이 과연 천국 등을 생각할 겨를이 있을까.

　이단, 사이비종교에 빠진 피해자 가족들로부터는 돌아올 수 없는 강인 것 같다며, 죽고 싶은 심정을 토로할 때 이들에게 지옥은 저 멀리에 있을 것 같지는 않다. 더 안타까운 것은 매일 뉴스에서 전해지는 이 같은 소식들을 접하면서도 어떠한 충격과 고뇌도 없이 무감각해져 버린 우리의 모습이다. 과연 이러한 일들에 회복과 치유가 가능할지, 그저 모른 체 하고 우리 일만 열심히 하면 되는 건지, 풀 수 없는 문제들이 너무 많아 답 대신에 고민만 깊어지고 있다. 그래도 '믿는 이'라는 그 하나의 이유로 주변의 기대와 시선이 고정되고 있음을 뿌리칠 수만은 없을 것 같다. 그것이 신앙인의 숙명이기에 선택의 여지도 없다. 올해에는 실수와 한계투성이였던 교회 공동체가 다시금 기적의 반전을 꾀해갔으면 하며, 현대종교도 이단 대처 문제 외에 이제는 주변도 돌아보며 섬김과 나눔의 행함을 올해 최고의 가치로 여기고자 한다. 모든 것에 답이 보이진 않아도 세상에 소망으로 오신 예수를 전하는 일에 더욱 열심일 때 하나님께서는 가장 좋은 것으로 우리의 것을 준비해 주실 것이라 믿어 의심치 않는다. 올해의 끝자락에는 반드시 코로나의 종지부를 찍고, 그간 버티고 이겨냈던 일들이 기쁨과 감사로 이어지길 소망해마지않는다. (2022. 1)

탁 소장님! 여기가 이단인가요?

〈세상은 때로 우리보다 빠르다〉
– 초보 드라마 덕후의 고백 –

말씀에 의존하지 못하고 드라마에 기대는 일이 많아지고 있다면 부끄럽다고 해야 하나? 이러한 불경스러움(?)이 부족하고 연약해서라고 변명이라도 해야 하는 건지, 잘 모르겠다. 분명한 것은 세상의 것이 때때로 믿는 이들의 위로나 격려보다 더 큰 위안이 되기도 한다는 것이다.

최근 넷플릭스 드라마 〈소년심판〉을 정주행하면서는 이 땅의 청소년들이 겪는 애환과 더불어 그들이 안고 있는 문제를 풀어보고자 동분서주하는 이들을 보며, 그간 다음 세대에 대해 생각했던 허울뿐인 소명과 다짐을 모두 지워버렸다. 처음부터 다시 이 문제를 고민하지 않을 수 없는 동기부여가 생긴 것이다. 아무것도 아닌 세상 드라마 하나 때문에 벌어진 일을 처음에는 인정하고 싶진 않았으나 아무것도 아닌 거라고 더는 말하지 못할 것 같다. 수년 전 방영된 〈구해줘 1, 2〉를 통해서는 이단 문제에 대한 세상 작가와 PD들의 생각과 노력을 엿볼 수 있었다. 교회가 해야 할 일을 왠지 드라마가 하고 있다는 생각과 더불어 영리하게 이단과 사이비 문제를 다뤘던 것에 발맞춰 기사로도 담았고, 당시 강의 때마다 〈구해줘〉 특강을 진행하기도 했다. 몇몇 목사들과 사역자들이 은혜(?)가 되기에 충분했다고 고백한 〈나의 아저씨〉라는 드라마는 인간의 본질에 대해 다시금 생각해 보게 되는 계기가 됐고, 가족과 친구, 형제에 대해서도 진지하게 생각해 볼 수 있었다. 20대 청년의 시절부터 일선에 뛰어들었던지라 신앙의 동지들은 많아졌을지 모르겠으나 가까이에 맘 터놓고 이야기 나눌 수 있는 친구는 단 한 명 곁에 두지 못하고 있는 것이 가장 후회스럽다. 그래서인지 〈나의 아저씨〉에 등장하는 주인공의 친구들은 비록 브라운관 안의 사람들이나 내 친구들이고, 가족인 양 즐거웠더랬다. 세상 사람들도 술 한 잔 곁들이면 화해와 용서가 그리 어렵지 않게 가능하나 믿는 이들의 화해와 용서는 때로는 죽음보다 끈질기고 어려운 일이지 싶다. 한 번 싸우게 되면 교회 공동체가 두 쪽, 세 쪽이 나는 것도 두려워하지 않는 교회들을 여태껏 얼마나 많이 봐왔던가. 말로만 사랑한다고 떠들어 대는 신앙인들에게 〈소년심판〉의 주인공인 판사의 말을 빌려 말하고 싶다. "나는 (첫 마음을 잃어버린) 현대판 바리새파 신앙인들을 혐오한다."라고. 애증이 증폭되는 현장에서 여러 일에 환멸을 느낄 때마다 sns 등을 통해 넋두리하며 내뱉고 싶으나 대안 없는 비판은 공허한 메아리가 될 수도 있으니 앞으로 노력으로 대신하겠다.

끝으로 몇 편 더 소개하자면, 지금 일하고 있는 곳에서는 결코 겪어보지 못한(할) 직장인들의 애환과 삶을 다룬, 치열하고도 냉혹한 현실의 문제들을 드라마 〈미생〉을 통해 알게 됐고 배웠다(내게 직장은 '현대종교' 외에는 없었기에). 극의 대사 중 '아무리 빨리 이 새벽을 맞아도 어김없이 길에는 사람들이 있었다. 남들이 아직 꿈속을 헤맬 거로 생각했지만 언제나 그렇듯 세상은 나보다 빠르다'라는 이야기에 공감하지 않을 수 없는 시대를 살고 있다. 아니! 살아내고 있다. 끝으로 신성한 노동과 노동자들의 처한 현실을 떠올리게 했던 〈송곳〉과 이번 선거를 치르면서 생각난 수많은 정치 드라마들이 떠오른다. 세상은 어쩌면 늘 우리보다 빠르고, 깊은 삶을 살며 우리의 스승과 친구가 되어가는 모양새다. 교회가 세상을 인도해 주고 안아줘야 할 책무만 생각했지, 그 반대의 것은 한 번도 생각하지 못했는데, 이제라도 분발해야겠다.

* 드라마가 주는 위로가 깊다는 이야기에 볼멘소리 말고, 먼저는 우리 신앙의 첫 마음을 잃지 않도록 고삐를 단단히 잡을 수 있었으면 한다. 드라마보다 재밌고, 보람찬 대안들이 더 많아질 수 있길 바라며…. (2022. 4)

에필로그

'내 몸이 다 닳아도 고칠 것은 고쳐야지. 틀린 것 눈감아 주면 오답이 판칠 게야. 괜찮아 목숨이 짧아지는 건. 올곧게 살아야지!'

칼럼을 모두 정리하고 나니 나순옥의 〈지우개〉라는 글이 떠오른다. 이제 남은 시간을 올곧게 살아가고 싶다. 부족한 칼럼을 끝까지 봐주시고, 그간 늘 함께해주신 이들에게 깊은 사랑의 맘을 전하며….

탁 소장님! 여기가 이단인가요?

탁 소장님! 여기가 이단인가요?

묻고 답하며 땀 흘려온 10500일의 기록

초판1쇄 펴낸날 2022년 10월 15일
초판2쇄 펴낸날 2024년 7월 15일

지은이 탁지원
펴낸곳 도서출판 현대종교
펴낸이 탁지원
디자인 예영B&P(T.02-2249-2506)

등록번호 제 306-19890-3호(1989. 12. 16)

주 소 12106 경기도 남양주시 순화궁로 249, M동 1215호
(별내동 파라곤스퀘어)
T.031)830-4455~7   F.031)830-4458
www.hdjongkyo.co.kr
e-mail: hd4391@hdjongkyo.co.kr

ISBN 978-89-85200-24-0 (03230)

값 18,000원

■ 잘못 만들어진 책은 교환해 드립니다.
■ 저작권자 ⓒ 월간「현대종교」무단 전재 및 재배포 금지